国家社科基金
GUOJIA SHEKE JIJIN HOUQI ZIZHU XIANGMU
后期资助项目

逻辑全能问题研究

The Problem of Logical Omniscience

陈晓华　著

中国人民大学出版社
·北京·

国家社科基金后期资助项目
出版说明

后期资助项目是国家社科基金设立的一类重要项目，旨在鼓励广大社科研究者潜心治学，支持基础研究多出优秀成果。它是经过严格评审，从接近完成的科研成果中遴选立项的。为扩大后期资助项目的影响，更好地推动学术发展，促进成果转化，全国哲学社会科学工作办公室按照“统一设计、统一标识、统一版式、形成系列”的总体要求，组织出版国家社科基金后期资助项目成果。

全国哲学社会科学工作办公室

序　言

陈晓华博士的学术专著《逻辑全能问题研究》即将由中国人民大学出版社推出，可谓适逢其时。

随着新一代人工智能技术获得蓬勃发展，与之深度相关的“动态认知逻辑”（即辛提卡所谓“第二代认知逻辑”）已得到多学科的高度关注，而“逻辑全能问题”研究正是催生动态认知逻辑的原动力之一。已达半个多世纪的研究推动了试图刻画有限理性人之“认知行动”机制的动态认知逻辑的长足发展，但也产生了一系列亟待澄清与解决的问题。问题的焦点逐渐集中于对经典认知逻辑（所谓“第一代认知逻辑”）所使用的“认知封闭原则”的认识。迄今占主流地位的“解全”方案都致力于弱化认知封闭，这使得在消解逻辑全能问题的同时，陷入了各种“逻辑无能”的窘境。显然，问题的真正解决之道，应诉之于在“非逻辑全能”与“非逻辑无能”之间维持必要的张力、探究合理的平衡机理。

本书正是对这一重大前沿问题的专题研究成果。作者在掌握国内外大量研究资料的基础上，以其扎实、深入、系统的研究所获得的新颖视角，对国内外有关研究的历史发展及主要成果进行了相当精彩的逻辑-历史分析与比较研究，在史、论两方面都提出了一系列重要的学术新见。这些新见都是站在前人的肩膀上把研究推向前进而获得的，体现出求真的学术研究所固有的“学术史意识”。这种扎实的学术研究路径，使得作者的有关新见具有相当的论证性与说服力，也使得本成果成为国内在逻辑全能问题专题研究上内容最为丰富、全面的一本学术专著。

在我看来，本书在史、论两方面的主要学术建树在于：第一，在上述扎实的研究工作基础上，紧紧抓住与“逻辑全能”“逻辑无能”这对关键概念做了系统深刻的阐发，并据此对解全方案标准评判问题进行了深入探讨，提出了“强矛盾信念”和“弱矛盾信念”的新颖区分，并据此提出了一种新的解全制约性标准。第二，运用这种新颖的解全制约性标准系统评估了语形、语义与语用三大类解全方案，清楚地揭示了以往主要的解全方案所取得的成就和存在的问题及问题的症结所在，由此揭示出情境敏感进路的优势地位，并提出情境演算逻辑系统研究经过一定改进构成目前最具活力与前途的研究方向，因为这样的系统能用来刻画认知主体通过推理规则的使用（推理动作）而获得的知识状态变化之机制，这构成本书研究成果的基本落脚点。第三，运用上述研究成果对与逻辑全能和认知封闭问题相关的一系列哲学难题，如同一替代疑难、克里普克的信念之谜、认知悖论问题等进行了新颖的探讨，体现了作者所获成果的重要解题功能。这些研究结果都具有相当的启发力与前瞻性，值得学界予以重视与研究。

我对逻辑全能问题的关注，缘于 20 世纪 90 年代开始的关于认知悖论的研究。经过多年探索取得了这样的认识：逻辑全能问题与一系列认知悖论的关系，恰似休谟问题与当代一系列归纳悖论（新归纳之谜）的关系；逻辑全能问题是现代逻辑的发展向现代哲学提出的一个基本的问题，其地位完全可以和传统哲学中的休谟问题相提并论，值得倍加关注与深入研讨。因此，在我主持国家社科基金项目“当代西方逻辑哲学最新进展研究”时，将之作为核心研究课题之一。该项目的结项成果即为后来列入《国家哲学社会科学成果文库》，并荣获金岳霖学术奖一等奖的《当代逻辑哲学前沿问题研究》，其中的逻辑全能问题研究部分正是由晓华承担完成的。晓华于 2004 年毕业于南京大学逻辑学专业，师从杜国平教授并获得硕士学位，此后一直在湘潭大学哲学系任教。2005 年又在职攻读南京大学逻辑学专业博士生。考虑到他的专业基础与志趣，我为他选定逻辑全能问题研究作为博士论文选题。尽管已有致力于把握“非逻辑全能”与“非逻辑无能”之间的平衡机制这个总方向，但当时在该领域国内研究尚非常薄弱，而国际学界相关研究已卷帙浩繁，是个难啃的“硬骨头”。晓华知难而进，经过扎实而艰苦的努力出色完成了博士论文研究工作并顺利获得博士学位。毕业后晓华又将“南逻人”开拓进取、精益求精、教学相长的传统发扬光大，在逻辑教学、科研和人才培养工作上都取得了突出成绩。逻辑全能问题和动态认知逻辑研究一直构成晓华科研工作的主线，他先后承担了多项国家级或省部级相关研究课题，也使博士论文研究工作所获得的成果得到了不断检验与推进。在问题导向的跨学科交叉研究已形成主要研究范式的今日，相信这本以全面检视逻辑全能问题研究历史及问题攻关为特色的学术专著的出版，必将推动逻辑全能问题与动态认知逻辑这一前沿领域研究在我国学界的进一步展开，取得更多具有原始创新性的成果。

张建军
南京大学哲学系教授
南京大学现代逻辑与逻辑应用研究所所长
中国逻辑学会副会长

目　录

第一章　导言

作为当代哲学逻辑重要分支的认知逻辑，已在人工智能、博弈论、计算语言学以及分析哲学等领域中得到广泛应用，但是逻辑全能问题（Logical Omniscience Problem）的存在，使得认知逻辑的应用与发展受到了很大的限制。辛提卡（J. Hintikka）在从事认知逻辑系统研究之初，就已经认识到了逻辑全能问题的存在，并努力提出解决方案。之后研究学者也纷纷提出许多解决逻辑全能问题的方案（简称为“解全方案”）。为了更好地把握和深入研究逻辑全能问题，本章首先简要地介绍认知逻辑，然后对逻辑全能问题的起源和表现形式展开分析，并对解全方案的研究历史以及现状做一个陈述，作为本书的主要研究工作的铺垫。

第一节　认知逻辑概述

“认知逻辑”[①] 的英文表述是 epistemic logic[②]，而“episteme”源自希腊文，其含义就是“知识”。因此从字面上来理解，认知逻辑就是有关

---

① 常见的认知逻辑综述性文献有：(1) J.-J. Ch. Meyer. Modal Epistemic and Doxastic Logic//D. M. Gabbay and F. Guenthner (eds.). *Handbook of Philosophical Logic*. Vol. 10. Dordrecht: Kluwer Academic Publishers, 2003: 1-38. (2) P. Gochet, P. Gribomont. Epistemic Logic//*The Handbook of the History of Logic: Logic and the Modalities in the Twentieth Century*. Vol. 7. edited by D. M. Gabbay and J. Woods. Amsterdam: Elsevier Science, 2006: 99-196. (3) J.-J. Ch. Meyer. Epistemic Logic//L. Goble (eds.). *The Blackwell Guide to Philosophical Logic*. Oxford: Blackwell Publishers, 2001: 183-200. (4) W. van der Hoek, R. Verbrugge. *Epistemic Logic: A Survey*. Game Theory and Applications, Nova Science Publishers, 2002: 53-94. (5) V. Hendricks, J. Symons. Epistemic Logic. *The Stanford Encyclopedia of Philosophy*. First published Wed 4 Jan, 2006, http://plato.stanford.edu/entries/logic-epistemic/。

② “epistemic logic”和“coginitive logic”虽然都翻译成“认知逻辑”，但是它们之间存在显著的差别，后者主要讨论推理的心理机制。

知识的逻辑。然而，我们现在看到的认知逻辑已经从知识领域扩充到了信念领域[①]，甚至涉及更多的认识论概念。这一点充分体现在对认知逻辑的定义或描述上。“认知逻辑，一作认识逻辑，但与认识论逻辑颇有大小之别，主要是研究知识和信念的形式化问题的逻辑分支。”[②]“认知逻辑就是用逻辑演算的方法来研究含有诸如知道、相信、断定、认为、怀疑等认识模态词的认识模态命题形式的一门学科。”[③] 可见，认知逻辑在某种意义上就是模态逻辑的一种解读方式，或者说认知概念在逻辑形式系统中是一种算子。这样，如果算子在形式系统中所体现出来的属性或特征就是认知概念的属性或特征，那么这个逻辑系统也就被大家接受；如果形式系统所刻画出来的属性或特征并不吻合我们日常的认知概念，那么该形式系统可能还有待于进一步完善，才能称得上认知逻辑系统。

一、认知逻辑发展简史[④]

众所周知，认识论有一个悠久的哲学传统，可以追溯到古希腊。从某种意义上说，认知逻辑研究也是由亚里士多德肇始的，在《前分析篇》和《后分析篇》中可以看到他研究了现代认知逻辑所研究的基本问题。[⑤] 认知逻辑在中世纪虽然是使用自然语言进行讨论，但也得到了一定的发展。[⑥] 早在 12 世纪中期，格罗斯泰特（Robert Grosseteste）和阿伯拉德大帝（Abelard the Great）试图用公式表示蕴涵命题的认知概念。经过伯利（Walter Burley）和奥卡姆（William of Ockham）的努力，认知逻辑在 14 世纪最初 20 年开始开花结果。认知逻辑的深入研究大约在 1330 年的牛津，如基尔文顿（Richard Kilvington）和海特斯布瑞（William Heytesbury）的研究；14 世纪的后半期认知逻辑研究得到巩固和进一步

---

① 如果“epistemic logic”仅限于“知识逻辑”，如雷谢尔（N. Rescher）的《认知逻辑：知识逻辑概论》(*Epistemic Logic*：*A Survey of the Logic of Knowledge*)，那么“信念逻辑”应为“doxastic logic”。

② 周昌乐．认知逻辑导论．北京：清华大学出版社，2001：Ⅶ.

③ 李志才．方法论全书（Ⅱ）：应用逻辑学方法．南京：南京大学出版社，1998：171.

④ 关于认知逻辑的发展历史详细描述，参见 P. Gochet，P. Gribomont. Epistemic Logic//*The Handbook of the History of Logic*：*Logic and the Modalities in the Twentieth Century*. Vol. 7. edited by D. M. Gabbay and J. Woods. Amsterdam：Elsevier Science，2006：99－196。

⑤ W. Lenzen. Epistemic Logic//I. Niiniluoto，M. Sintonen，and J. Wolenski（eds.）. *Handbook of Epistemology*. Boston：Kluwer Academic Publishers，2004：963－984.

⑥ 对这一时期有兴趣的读者，参见：I. Boh，*Epistemic Logic in the Middle Ages*. Routledge，1993。

的发展，像斯特罗德（Ralph Strod）和意大利曼图亚的彼得（Peter）证明了认知蕴涵命题的一般规则的公式表示。中世纪的学者把真关联到知道、相信和具有信念。他们发现亚里士多德已经意识到从言、从物的构造，认识到推理的有效取决于知识（信念）模态。这样要详细考察的问题就与内涵语境中的叠置模态以及替换关联起来了。

虽然模态逻辑在亚里士多德那里就已经得到了讨论，且中世纪一些哲学家也做出了一些建设性的工作，但直到 1912 年，刘易斯（C. I. Lewis）才真正创立了第一个狭义（真势）模态逻辑形式系统，而认知逻辑作为广义模态逻辑的一个分支，却是到了 20 世纪 40 年代才发展起来的，之后陆续应用于多种学科中。1947 年，卡尔纳普（R. Carnap）出版了《意义与必然》（*Meaning and Necessity*）一书，书中讨论了含有“相信”和“断定”认知模态词的语句。这可能是现代认知逻辑的最早研究。1948 年，波兰逻辑学家耶西（Jerzy Łoś）发表了题为《多值逻辑与内涵函项的形式》（“Many-Valued Logics and the Formalization of Intensional Functions”）的重要论文，提出了“信念”或“接受”逻辑，并且提出了关于信念逻辑的几个公理，从而使他成为信念逻辑的创始人。1951 年，冯·赖特（G. H. von Wright）的《模态逻辑概要》（*An Essay in Modal Logic*）对模态逻辑做出了一种认知解释，创造了一个新的术语“认知模态”，引进新的算子 V（知道为真）和 F（$\sim V\sim$ 的缩写），称之为“认知算子”，真正开启了认知模态命题逻辑系统研究的新纪元。[①] 1957 年，美国逻辑学家科恩（L. Jonathan Cohen）发表了题为《间接引语的逻辑可以形式化吗?》（“Can the Logic of Indirect Discourse Be Formalized?”）一文，对包括认知模态词在内的一类模态词的逻辑分析进行了考察，认为为它们构造各种认知逻辑具有十分重要的意义，可以避免使用间接引语所造成的语义悖论。[②]

第一本详细而系统地讨论认知逻辑形式系统的著作是 1962 年辛提卡写的《知识和信念：逻辑导论》（*Knowledge and Belief: An Introduction to the Logic of the Two Notions*），阐述了“知道”和“相信”等认知概念，对认知逻辑的研究做出了开创性的贡献，奠定了认知逻辑形式系

---

① G. H. von Wright. *An Essay in Modal Logic*. Amsterdam: North-Holland Publishing Company, 1951: 29.

② 周昌乐．认知逻辑导论．北京：清华大学出版社，2001：3-4.

统的基础。辛提卡使用模型集来刻画知识的语义，从一种全新的视角来看待从模态逻辑到认知逻辑的对应转换问题，使认知逻辑发展提高到了一个新的阶段。在《知识和信念》一书中，认知逻辑原则或公理建立的模态系统与认知主体相关，认知主体可能或不可能证实这些原则。可及关系上的索引不能够满足认知主体和认知情景的相关性，这种主体是不活动的，辛提卡将其命名为“第一代认知逻辑”。① 第一代认知逻辑是通过列出知识和信念可能全部的系统以供选择最“适合”或“符合直觉”的系统而得到粗略的刻画。至此，认知逻辑研究趋于成熟，并开始为越来越多的人所重视。

辛提卡系统刻画的是单个认知主体。知识不是一个人的事情，它负载着信息。而信息需要交流。这样，多主体认知逻辑就发展成为研究主体之间的相互行动，如博弈论问题。在这样的情境中，人们在讨论主体的知识共享时，公共知识就是一个重要的概念。在许多运用中，特别是在计算机科学、人工智能和博弈论中，就需要刻画多主体。多主体之间的知识交流就产生了群体知识，即公共知识。刻画这一现象可以在上述系统中增加主体以及公共知识算子。由单主体到多主体，一个最简单的方法是对每一个主体使用某个特定的认知算子。例如，$K_1\neg K_2 p$，直观上的意思是“主体 1 知道主体 2 不知道 p”。

20 世纪 70 年代以奥曼（R. J. Aumann）为代表的博弈论学者正是在上述思路下独立发展了认知逻辑，用它来刻画博弈者对于他人行为的知识，试图根据理性主体的优选行为给博弈论的均衡概念提供逻辑解释。他们对公共知识给出了形式化定义，标志性的文章就是 1976 年的《不一致的达成》（“Agreeing to Disagree”），开启了认知逻辑的另一种研究范式，也奠定了认知逻辑在博弈论中的基础地位。这样，交互认知的逻辑研究启程了。而后奥曼在 1999 年的《交互认识论 I：知识》（“Interactive Epistemology I：Knowledge”）一文中对“公共知识”这一概念详细地进行了讨论。1988 年巴威斯（J. Barwise）发表的《三种公共知识的观念》（“Three Views of Common Knowledge”）一文就对公共知识做了详细讨论。对于公共知识，有三种不同的理解，即刘易斯的叠置方式、奥曼的不

---

① J. Hintikka. A Second Generation Epistemic Logic and Its General Significance// V. F. Hendricks et al（eds.）. *Knowledge Contributors*. Dordrecht：Kluwer Academic Publishers，2003：33－55.

动点方式以及克拉克和马歇尔的情景共享方式。① 巴威斯证明了叠置方式的公共知识定义和不动点方式的公共知识定义在有穷的条件下是等价定义，如果处于无穷状态下，这三种定义是两两互不相等的，并且认为不动点方式是公共知识前理论上最好的概念分析方式，而情景共享方式有助于我们理解如何使用公共知识。目前我们采用的是刘易斯的公共知识定义，即对于知识 p，主体 a 知道 p，主体 b 知道 p，且 a 知道 b 知道 p，b 也知道 a 知道 p，依此类推。这个 p 就是 a 和 b 之间的公共知识。这样，我们需要引进新的模态算子：E_G（表示 G 组中每一个人都知道），C_G（表示 G 组中的公共知识），D_G（表示 G 组中主体的分布知识）。这样对于每一个非空集 $G=\{1,\cdots,n\}$，α 是一个公式，则有 $E_G\alpha$、$C_G\alpha$ 和 $D_G\alpha$。借助克里普克（S. Kripke）的语义模型，我们有：

$E_G\alpha$ 在世界 w 中为真：M，$w\models E_G\alpha$ 当且仅当对于任意 $i\in G$，M，$w\models K_i\alpha$。

$C_G\alpha$ 在世界 w 中为真：M，$w\models C_G\alpha$ 当且仅当 M，$w\models E_G^K\alpha$，其中 $K=1$，2，…。

$D_G\alpha$ 在世界 w 中为真：M，$w\models D_G\alpha$ 当且仅当对于任意 $i\in G$，M，$w\models K_i\alpha$。

这样，公共知识的公理和含有公共知识算子的公理形式系统也可以构造出来。②

主体之间的互知而得到的公共知识，从形式系统层面上来说仍是静态的。也就是说到目前为止所说的刻画知识（信念）的系统所刻画的是一种命题知识而不是过程知识。而知识在主体之间，抑或说个体的知识与知识之间的关系，决不会是一种静态，而是一种动态，如知识（信念）的更新。而这一切就预示认知逻辑的研究对象需要从命题知识转移到过程知识上来，这也就是辛提卡所说的第二代认知逻辑，即动态认知逻辑的发展。

辛提卡的《知识和信念》一书虽然奠定了经典认知逻辑研究的基本范

① 对于公共知识的三种不同理解，在这里不做详细的讨论，详情请参见 J. Barwise. Three Views of Common Knowledge//*Proceedings of the 2nd Conference on Theoretical Aspects of Reasoning about Knowledge*，1988：365-379。也可参见 Peter Vanderschraaf，Giacomo Sillari. Common Knowledge//Edward N. Zalta (ed.). *The Stanford Encyclopedia of Philosophy* (Spring 2014 Edition). URL =〈https：//plato. stanford. edu/archives/spr2014/entries/common-knowledge/〉。

② 对于公共知识算子的公理形式系统的构造，可以参见 M. Kaneko，T. Nagashima，N. Y. Suzuki，et al. A Map of Common Knowledge Logics. *Studia Logica*，2002，71 (1)：57-86。

式，但是其认知逻辑系统显示出来的认知主体是一个独立于系统的主体，和系统不相关联。在某种意义上这意味着该认知逻辑系统存在某些不足，正如辛提卡后来反复所强调的①：

> 认知逻辑是从研究逻辑行为的表达式“b 知道”开始的。研究的主要目的之一就是分析“b 知道”中“知道”的建构。在这儿将使用的基本符号是“K_b”。这个符号稍微有一些误解，公式 K_bS 中的 b 对于认知主体（知道者）是有意在 K 的辖域之外而不是在 K 的辖域之内，正如我们的符号所表明的。

显然，我们需要激活认知主体，认知主体最初的符号也表明这一点：认知主体应该在知识算子的辖域之内而不是在辖域之外。认知主体能够读数据，改变心灵，互动或者拥有公共知识，有记忆且依据它来行动，根据各种方法规则来扩张、紧缩或修改他们的知识库，等等。所有的认知主体都在追求知识，是活动的主体。这个思想到了 20 世纪 80 年代有了逐步的体现。认知逻辑从其他学科中吸收了一些思想，如：将认知逻辑与其他非经典逻辑、形式语言学，特别是与计算机学科和博弈论的研究相结合，诞生出一些新的认知逻辑研究方向，并带动了认知逻辑的具体实际应用。比如，1995 年梅耶（J.-J. Ch. Meyer）和范·德·胡克（W. van Der Hoek）合著的《人工智能和计算机科学中的认知逻辑》（*Epistemic Logic for AI and Computer Science*）；1995 年费金（R. Fagin）、哈尔彭（J. Y. Halpern）、摩西（Y. Moses）和瓦尔迪（M. Y. Vardi）合著的《知识推理》（*Reasoning about Knowledge*），以及由他们于 1986 年发起的两年一届的 TARK（Theoretical Aspects of Rationality and Knowledge）会议，使得认知逻辑成为哲学和计算机科学中的一个重要研究主题。

认知逻辑与其他学科之间的交叉研究，可以说是在两个层面上同时展开，也就是应用逻辑和逻辑应用的研究，即理论研究和应用研究。正是这些研究促使研究范式悄悄地发生变化，产生出一些新的研究方向，如：认知语言的更新语义（update semantics），动态模态逻辑（dynamic modal logic），信念修正（belief revision），动态逻辑（dynamics logic）的认知研究，以及认知逻辑的动态研究等。其中信念修正理论对认知逻辑的发展

① J. Hintikka，I. Halonen，Epistemic Logic//*The Routledge Encyclopedia of Philosophy*. London：Taylor and Francis，1998. Retrieved 8 Feb. 2021，from https：//www. rep. routledge. com/articles/thematic/epistemic-logic/v－1.

起到了至关重要的作用。信念修正理论出现在 20 世纪 80 年代初期。1985 年阿尔罗若（C. E. Alchourròn）、加德福斯（P. Gärdenfors）和梅金森（D. Makinson）三人在《理论变化的逻辑：部分满足收缩和修正函数》（"On the Logic of Theory Change: Partial Meet Contraction and Revision Functions"）一文中提出了理性信念的修正理论，根据新的证据（可能矛盾）使得信念扩张、收缩或修正。德·里克（M. de Rijke）证明了控制扩张和修正的 AGM 公理可以转换成动态模态逻辑的对象语言。[①] 同时，塞基伯格（Segerberg）证明了全部的信念修正理论可以用模态逻辑来阐述。正是在这一系列的研究成果上，新的形式系统应运而生，如动态认知逻辑（dynamic epistemic logic）就是在这样的语境下诞生了。[②] 动态认知逻辑中的核心概念就是认知行动算子，表示可以改变认知主体的知识形成，而不能够改变事实。认知行动算子可以用 $[\alpha]\psi$，意思是通过行动 α 得到ψ。α 可以通过定义来表示不同的认知行动。[③] 这主要体现在"公开宣告"等"认知行动"概念研究加入认知逻辑的研究行列当中来了。1989 年普拉扎（J. Plaza）的《公开宣告的逻辑》（"Logics of Public Announcements"）一文被认为是动态认知逻辑研究的起点。随后一大批学者做出了重要的贡献，如：1997 年格布兰迪（J. Gerbrandy）的《有关信息变化的推理》（*Reasoning about Information Change*），1998 年巴尔塔格（A. Baltag）、莫斯（L. S. Moss）和索勒基（S. Solecki）的《公共知识、公开宣告和私人怀疑的逻辑》（*The Logic of Public Announcements, Common Knowledge, and Private Suspicions*）。从 20 世纪 90 年代中期开始，塞基伯格把静态的信念逻辑和动态信念整合成为"动态信念逻辑"。信念逻辑中的信念算子如 $B_a p$ 在 AGM 中解释为"p 在 a 的信念集 T 中"，$\neg B_a \neg p$ 解释为"$\neg p$ 不在 a 的信念集 T 中"，信念算子和否定的其他组合类似。两种解读的明显不同之处是，AGM 能够在信念集上刻画动态算子如"扩张"（"D 表示 p 在 a 的信念集 T 中扩张"，即，$p \in T+D$）、"修正"（"D 表示 p 在 a 的信念集 T 中修正"，即，$p \in T^* D$）和"收缩"（"D 表示 p 在 a 的信念集 T 中收缩"，

① M. de Rijke. Meeting Some Neighbours: A Dynamic Modal Logic Meets Theories of Change and Knowledge Representation//J. v. Eijck and A. Visser (eds.). *Logic and Information Flow*. Cambridge: MIT Press, 1994.

② 关于动态认知逻辑详述，可以参见 H. van Ditmarsch, W. van der Hoek, and P. Kooi. *Concurrent Dynamic Epistemic Logic*. Springer, 2007。

③ 关于行动算子的表示，参见 H. van Ditmarsch, W. van der Hoek, and P. Kooi. *Dynamic Epistemic Logic*. Springer, 2007: 112。

即，$p\in T-D$)。没有一个动态理论能够用标准的模态信念逻辑立刻得到表达。另外，行动语言包括像 $[v]$ 和 $\langle v\rangle$ 算子加在合式公式 p 的前面，分别为 $[v]\ p$，$\langle v\rangle\ p$，塞基伯格解释为"在［所有的］/<一些>v 行动执行后有 p 情形"。在信念语言中引入三个新的算子［+］、［*］和［－］，这三个动态算子在信念集上可以解读为 $[+D]\ B_a p$、$[{}^*D]\ B_a p$ 和 $[-D]\ B_a p$。应用逻辑和逻辑应用的研究是相互促进的，认知逻辑除了在计算机科学、博弈论等学科中的应用外，目前有一个更加宽泛的说法，那就是社会软件（social software）理论，帕里克（Rohit Parikh）在 2002 年的《社会软件》一文中详细地讨论了这一理论，旨在使用认知逻辑、博弈论、信念修正理论和决策理论等来表征社会现象。根据这一理论，计算机科学家可以编写程序来表征社会现象。①

我国有关认知逻辑的研究就如雨后春笋般，从早期的起步到现在的大量研究，并逐步取得了一定的成就。1980 年代前后，马希文给出了一个关于知道的一阶模态逻辑形式系统 w-Js，对知道逻辑的发展做好出了重要贡献。其他像周礼全、陆汝钤、冀建中、王元元、刘叙华等人也对认知逻辑做过介绍和研究。② 我国目前的研究成果主要有：2001 年周昌乐的《认知逻辑导论》、2004 年弓肇祥的《认知逻辑新发展》、2006 年许涤非的《双主体认知逻辑研究》、2010 年李小五的《动态认知逻辑专题研究》（英文版）、2010 年唐晓嘉和郭美云主编的《现代认知逻辑的理论与应用》，特别是 2010 年刘奋荣的《动态偏好逻辑》一书采用动态认知逻辑的方法，为偏好及其变化建立了逻辑模型，并探讨了偏好与知识、信念之间的相互关系。

可以说，认知逻辑的发展经历了一个从单主体到多主体、从单模态到多模态、从不活跃的主体到活跃的主体的过程。也就是辛提卡所说的从第一代认知逻辑的研究进入了第二代认知逻辑的研究。③ 认知逻辑的动态转向暗含了认知逻辑的研究对象从讨论知识和信念的属性转而讨论认知主体在知识和信念中的认知活动，也就是认知主体的学习、获得知识的过程。这一研究正在如火如荼地进行当中。从上面的分析来看，在形式化系统中，知识有了层次，如个体知识和群体知识（公共知识）、

---

① R. Parikh. Social Software. *Synthese*，2002（132）：187 - 211.

② 周昌乐 . 认知逻辑导论 . 北京：清华大学出版社，2001：5.

③ J. Hintikka. A Second Generation Epistemic Logic and Its General Significance//V. F. Hendricks et al (eds.). *Knowledge Contributors*. Dordrecht：Kluwer Academic Publishers，2003：33 - 55.

显性知识和隐含知识、静态知识和动态知识等。信念也类似。可见，“第二代认知逻辑”的优点是知识和信念逻辑的认知主体在获得、证实、维护知识和信念的过程中起到积极主动的作用。这也显示了认知逻辑的研究正处于一个百花齐放的发展时期，还有很多问题值得我们去深入研究。

二、认知逻辑经典系统

在这里我们要讨论的认知逻辑研究对象主要是知识和信念，特别是知识概念。当然，其他的认识论概念也可能会涉及，但不在这里详细讨论。同时，在这里我们也不打算对知识和信念进行哲学层面的深入讨论，我们只限于对知识和信念的形式化问题进行讨论。

从柏拉图的证成了的真信念这个三分定义到盖梯尔（Edmund Gettier）的质疑，知识概念一下子模糊起来。但在后盖梯尔的世界里，虽然柏拉图的三分定义不再像以前那样令人满意，但它依然是 20 世纪知识概念的起点。罗德里克·齐硕姆（Roderick Chisholm）认为“a 知道 p”意味着：第一，a 接受 p；第二，对于 p，a 有充分的证据；第三，p 是真的。① 从经典认知逻辑的知识定义中，我们依然能够感觉到柏拉图的灵魂无所不在。在柏拉图的三分定义中，柏拉图明显把知识与其他态度（如信念）相关联，同时也强调了对我们所知事物的证成，即知识的来源和对它们的证明。而辛提卡也沿袭这一概念的精神，他认为知识就是在与主体相关的可能性的逻辑空间中为真。这些可能性是主体认为相关的。用现代的术语说，这是一种“强制性观点”。② 下面我们通过形式系统的公理来分析知识和信念这两个认识论概念，即知识和信念的形式化及其属性。

辛提卡用 $K_i\varphi$ 表示主体 i 知道 φ，$B_i\varphi$ 表示主体 i 相信 φ。表达式仅仅是句法上的构造，而表达式的语义解释是采用模型集给出的。这样，两个二元认知算子可以被解释为：

$K_i\varphi$：与主体 i 所知相容的所有可能世界中，有情形 φ。

$B_i\varphi$：与主体 i 所信相容的所有可能世界中，有情形 φ。

---

① R. Hilpinen. Knowing That One Knows and The Classical Definition of Knowledge. *Synthese*, 1970 (21): 109 - 132.

② J. 范·本特姆. 认知逻辑与认识论之研究现状. 世界哲学, 2006 (6): 73.

这里就有一个基本的预设，可能世界划分成为两个部分：一是与认知主体的命题态度相容，二是与命题态度不相容。这样不相容的可能世界构造的模型就被排除在认知主体的相容世界外。而这一点亨德里克斯（V. F. Hendricks）认为是一个“强制性观点”的变体。①

辛提卡构造的认知逻辑系统可以看成在命题逻辑的基础上增加认知算子（epistemic operators）而获得的。② 由于这个系统所采用的模型集语义解释本质上是可能世界语义学，所以可以把认知逻辑看成模态逻辑的一个分支，或者说是模态逻辑的认知解读。下面简单介绍认知命题逻辑的常见形式系统，同时对多主体、多模态系统也做一个简单的介绍。

定义 1.1.2.1 认知命题逻辑的形式语言 L^{FE} 由经典命题逻辑语言附加认知算子 K（知道）、B（相信）而得。包括下列五类符号：

个体符号：a，b，c，…；
命题变元：p，q，r，…；
命题联结词：$\rightarrow$、$\neg$；
认知算子：K，B；
辅助符号：)，(。

定义 1.1.2.2 L^{FE} 中的表达式是原子公式，当且仅当它是一个单独的命题符号。

由 L^{FE} 中所有原子公式构成的集合记为 $Atom$（L^{FE}）。我们用小写希腊字母 α、β 等表示任意的公式，用大写希腊字母 Σ、Γ 等表示任意的公式集，由 L^{FE} 中所有公式构成的集合记为 $Formula$（L^{FE}）。

定义 1.1.2.3 $\alpha \in Formula$（L^{FE}），当且仅当它能由（有穷次）下列规则而得：

（1）$Atom$（L^{FE}）$\subseteq Formula$（L^{FE}）；

（2）如果 $\alpha \in Formula$（L^{FE}），那么（$\neg\alpha$）$\in Formula$（L^{FE}），（$K_i\alpha$）$\in Formula$（L^{FE}），（$B_i\alpha$）$\in Formula$（L^{FE}）；

（3）如果 α，$\beta \in Formula$（L^{FE}），那么（$\alpha \rightarrow \beta$）$\in Formula$（L^{FE}）。其中 $K_i\alpha$ 是“认知主体 i 知道 α”的形式表述，$B_i\alpha$ 是“认知主体 i 相信

① V. F. Hendricks. *Mainstream and Formal Epistemology*. New York：Cambridge University Press，2006：82.

② J. Hintikka. *Knowledge and Belief*：*An Introduction to the Logic of the Two Notions*. Ithaca，New York：Cornell University Press，1962：10－15.

α”的形式表述。

从上面我们可以得知，认知命题逻辑的语言只需把狭义模态命题逻辑中必然算子“□”换成“K”或“B”即可获得。

既然认知命题逻辑可以看成狭义模态命题逻辑的一种解读，那么认知公理就可以通过将狭义模态命题逻辑中必然算子“□”替换为“K”或“B”而得到。狭义模态命题逻辑系统的公理繁多，据不完全统计，正规系统的公理就多达 43 个。① 但是，并不是每一个公理都适合认知解读，常见的有以下几个②：

K：$K_i(\alpha\rightarrow\beta)\rightarrow(K_i\alpha\rightarrow K_i\beta)$

D：$K_i\alpha\rightarrow\neg K_i\neg\alpha$

T：$K_i\alpha\rightarrow\alpha$

4：$K_i\alpha\rightarrow K_iK_i\alpha$

5：$\neg K_i\alpha\rightarrow K_i\neg K_i\alpha$

4.2：$\neg K_i\neg K_i\alpha\rightarrow K_i\neg K_i\neg\alpha$

4.3：$K_i(K_i\alpha\rightarrow K_i\beta)\vee K_i(K_i\beta\rightarrow K_i\alpha)$

4.4：$\alpha\rightarrow(\neg K_i\neg K_i\alpha\rightarrow K_i\alpha)$

K 公理在任意的克里普克模型中都是有效的，其他公理并不是在任意的克里普克模型中都有效。这些公理的有效模型需要一些额外条件，也就是可能世界之间特定的可及关系。这可以从狭义模态逻辑的对应理论直接迁移过来，而这些可及关系在一定程度上能够刻画知识（信念）的属性。③

K 公理通常也称为分配公理（axiom of deductive cogency），意思是如果主体 i 知道 $\alpha\rightarrow\beta$，那么如果 i 知道 α，那么他也知道 β。这个公理在任何的克里普克模型中都成立，而不需要附加任何的认知选择关系。亨德里克斯等人认为这个公理是逻辑全能问题产生的原因之一：**K** 公理的封闭原则能够在某一情形下推广到对于认知主体的知识更强的封闭原则——逻辑全能。④

---

① 模态逻辑公理列表，可以参见 G. E. Hughes，M. J. Cresswell. *A New Introduction to Modal Logic*. London：Routledge，1996：360。

② 在这里以“K”替换“□”，当然也可以用“B”替换，出于书写的简便，此时不做任何的语义解释。

③ V. F. Hendricks. *Mainstream and Formal Epistemology*. New York：Cambridge University Press，2006：84-86.

④ 同③98.

D 公理也称为一致性公理（axiom of consistency），也就是主体知识的相容性，意思是如果主体 i 知道 α，那么同时他不知道 $\neg\alpha$。这个公理也称为道义公理。这个公理在克里普克模型中需要在持续性可及关系下才有效，即 $\forall w \exists w'(wRw')$。

T 公理也称为真性公理（axiom of truth），也就是如果主体 i 知道 α，那么 α 就是真的。其根据是传统认识论的基本观点，认知主体所知道的东西一定为真，假的东西是不可能为认知主体所知道的。而这一公理被认为是知识与信念的主要区别，换句话说，所信的东西可以是假的，但知道的东西一定为真。这个公理在克里普克模型中需要在自返性可及关系下才有效，即 $\forall w(wRw)$。

4 公理也称为正内省公理（the axiom of positive introspection）或者自知公理（axiom of self-awareness），辛提卡称之为 KK 原则，是一个很有争议的公理。这个公理是指如果认知主体 i 知道 α，那么他就知道自己知道 α。这个公理在克里普克模型中需要在传递性可及关系下才有效，即 $\forall w \forall w' \forall w''$（$wRw' \wedge w'Rw'' \rightarrow wRw''$）。

5 公理也称为负内省公理（axiom of negative introspection），意思是如果认知主体 i 不知道 α，那么他就知道自己不知道 α。显然，一个认知主体能够知道自己的无知是非常难能可贵的，所以这个公理也称为智者公理（axiom of wisdom）。这个公理在克里普克模型中需要在欧性可及关系下才有效，即 $\forall w \forall w' \forall w''$（$wRw' \wedge wRw'' \rightarrow w'Rw''$）。

4.2 公理说的是如果认知主体 i 不知道自己不知道 α，那么他就知道自己不知道 $\neg\alpha$。这个公理在克里普克模型中需要在弱有向性可及关系下才有效，即 $\forall w' \forall w'' \forall w'''(w'Rw'' \wedge w'Rw'' \rightarrow \exists w(w''Rw \wedge wRw'''))$。

4.3 公理说的是或者认知主体 i 知道如果他知道 α 那么他知道 β，或者认知主体 i 知道如果他知道 β 那么他知道 α。这个公理在克里普克模型中需要在 F 性可及关系下才有效，即 $\forall w \forall w' \forall w''$（$wRw' \wedge wRw'' \rightarrow w'Rw'' \vee w''Rw'$）。

4.4 公理意思是任何真命题本身就构成了知识。这个公理在克里普克模型中需要在 TB 性可及关系下才有效，即 $\forall w \forall w' \forall w''$（$wRw' \wedge w' \neq w'' \wedge w'Rw'' \rightarrow w''Rw'$）。

选择上述中的不同公理作为基础公理，加上命题逻辑中的公理以及下面两个规则：

MP（分离规则）　$\vdash \alpha \rightarrow \beta$，$\vdash \alpha \Rightarrow \vdash \beta$

N（必然化规则）　$\vdash\alpha \Rightarrow \vdash K_i\alpha$

这样就可以构造不同的认知逻辑系统。常见的认知逻辑系统见表1－1①：

表1－1　经典的认知逻辑系统

名称	基础公理	条件
K	**K**	
D	**K，D**	持续
T	**K，T**	自返
S4	**K，T，4**	自返，传递
S4.2	**K，T，4，4.2**	自返，传递，会聚性
S4.3	**K，T，4，4.3**	自返，传递，连接性
S4.4	**K，T，4，4.4**	自返，传递，TB
S5	**K，T，5**	自返，对称，传递
K45	**K，4，5**	传递，欧性
KD45	**K，D，4，5**	持续，传递，欧性

在上述系统中，从S5到K系统，它们的推理能力是递减的。自返性是系统T的框架性质，传递性是系统S4的框架性质，等价性是系统S5的框架性质，等等。从认识论的角度来看，可及关系的代数性质确实是限制性条件。从S5到K这些系统一般认为是刻画知识的系统，但是对于哪一个较为准确地刻画了知识的属性，人们有不同的选择。T系统被认为是最弱的认知系统。计算机科学家如费金等普遍认为S5系统比较适合刻画计算机中的认知主体的知识状态，原因之一就是S5系统的框架是一个等价关系，便于考虑认知主体的知识状态。但是有些有哲学情怀的学者不同意这一说法，如范·德·胡克认为可以在S4.3和S5之间选择。而逻辑学家们更加谨慎，如辛提卡最初的系统就是S4系统，库切拉（Kutschera）选择S4.4，而伦岑（Wolfgang Lenzen）认为知识系统中最弱的应该是S4.2，最强的应该是S4.4。有一点公认的就是S5至少可以看成一个隐性知识系统。而对于信念系统的选择，主要集中在K45和KD45。这主要是信念比知识要弱，去掉了真性公理，可考虑信念是否应该无矛盾，同时这开启了对信念和知识多模态的认知逻辑的研究。可见，对于系统的选择可

① V. F. Hendricks. *Mainstream and Formal Epistemology*. New York：Cambridge University Press，2006：86.

能主要是出于适用的考虑，不同的适用范围，选择的系统会不同。

虽然认知命题逻辑为认知推理提供了一个逻辑，但它是不完整的。最主要的原因是它局限于命题的认知逻辑，无法表达像“洛克知道琼斯知道一些他所不知道的一些事情”。这样的语句一般需要使用认知谓词逻辑。认知谓词逻辑的构造方式和谓词逻辑构造的方法是类似的，从认知命题逻辑扩充到认知谓词逻辑是通过增加个体集到认知框架和复杂的解释函数 V。假设 V 指派给每个个体常量 α 和每个世界 w 到每个 n 元谓词 P 和每个世界 w。根据这个解释，我们可以说，一个原子命题，如 $P(\alpha)$ 是真的，如果在某些世界 w 中有 $V(w,\alpha)\in(w,P)$。同样，我们说一个命题，如$(\forall x)P(x)$是真的，如果在所有的 w 中所有的个体都具有 P 属性。

由于认知谓词逻辑是在认知命题逻辑的基础上增加量词和谓词而得到的，因而在此不再一一定义认知谓词逻辑的语言、公式形成规则以及相应的认知谓词逻辑系统。① 下面列出认知谓词逻辑的公理和推理规则。

令 **ES** 为认知命题逻辑系统，那么 **EP** 为认知谓词逻辑系统，可以定义如下：

ES′　如果 α 是 **ES** 定理的 **EP** 代入示例，那么 α 也是 **EP** 的公理。

∀1　如果 α 是任意公式，x 和 y 是任意变量，α $[y/x]$ 是用自由变元 y 对 α 中的自由变元 x 进行替换得到的，那么 $\forall x\alpha\rightarrow\alpha$ $[y/x]$ 也是 **EP** 的公理。

N　如果 α 是 **EP** 的定理，那么 Kα 也是 **EP** 的定理。

MP　如果 α 和 $\alpha\rightarrow\beta$ 是 EP 的定理，那么 β 也是 **EP** 的定理。

∀2　如果 $\alpha\rightarrow\beta$ 是 **EP** 的定理，x 在 α 中不自由出现，那么 $\alpha\rightarrow\forall x\beta$ 也是 **EP** 的定理。

认知谓词逻辑系统也有一些问题，如量化问题、巴坎公式及其逆公式的有效性问题。这些问题我们将在后面的关于认知逻辑的问题一节中详细讨论。

三、可能世界语义学

辛提卡用 $K_i\alpha$ 表示主体 i 知道 α，$B_i\alpha$ 表示主体 i 相信 α，表达式的语义解释是采用模型集语义给出的，使用模型之间的认知选择关系来定义知识和信念。对于认知选择关系的解读，我们可以用一个具体的例子做一个非形式说

① 关于模态谓词系统，详见 G. E. Hughes，M. J. Cresswell. *A New Introduction to Modal Logic*. London：Routledge，1996：235－255。

明。试考虑以下情形。我身在湘潭很挂念南京的天气情况，可是我无法通过渠道获得相关的信息。这时，我有如下考虑，南京或者是天晴，或者是阴天，或者是下雨，或者是……我可以选择其中的一种可能性。这些可能性称为认知选择。这样，认知系统的模型集是满足下述条件的集合 μ①：

- （$C.\neg$）如果 $\alpha\in\mu$，那么 $\neg\alpha\in\mu$。
- （$C.\wedge$）如果 $\alpha\wedge\beta\in\mu$，那么 $\alpha\in\mu$ 并且 $\beta\in\mu$。
- （$C.\vee$）如果 $\alpha\vee\beta\in\mu$，那么 $\alpha\in\mu$ 或者 $\beta\in\mu$。
- （$C.\neg\neg$）如果 $\neg\neg\alpha\in\mu$，那么 $\alpha\in\mu$。
- （$C.\neg\wedge$）如果 $\neg(\alpha\wedge\beta)\in\mu$，那么 $\neg\alpha\in\mu$ 或者 $\neg\beta\in\mu$（或二者）。
- （$C.\neg\vee$）如果 $\neg(\alpha\vee\beta)\in\mu$，那么 $\neg\alpha\in\mu$ 并且 $\neg\beta\in\mu$。
- （$C.KK^*$）如果 $K_i\alpha\in\mu$，并且如果 μ^* 是在模型系统中（相对于 i）对 μ 的选择，那么 $K_i\alpha\in\mu^*$。
- （$C.K^*$）如果 $K_i\alpha\in\mu$，并且如果 μ^* 是在模型系统中（相对于 i）对 μ 的选择，那么 $\alpha\in\mu^*$。
- （$C.K$）如果 $K_i\alpha\in\mu$，那么 $\alpha\in\mu$。

辛提卡认为："命题态度使用的最重要特征是：当使用它们时，我们立刻看出我们世界的某些可能状态，在这里说与我们的'实际的'世界不同的可能状态比说某些可能状态更自然些。"② 可见，可能世界和模型集两个概念之间的本质是相同的。认知选择关系可以在克里普克模型中使用可能世界的可及关系来刻画，那么辛提卡的模型集语义本质上就是可能世界语义学。人们使用克里普克可能世界语义学对辛提卡的模型集语义学进行重塑。这样，两个二元认知算子可以被解释为：

- $K_i\alpha$：与主体 i 所知相容的所有可能世界中，有情形 α。
- $B_i\alpha$：与主体 i 所信相容的所有可能世界中，有情形 α。

下面以严格形式化的表述来表达克里普克模型，使用真来定义可满足和有效性。

定义 1.1.3.1　设 L^{FE} 是一认知命题逻辑的形式语言，$\langle W, R\rangle$ 是任一二元组，$\langle W, R\rangle$ 是一个正规框架（简称框架），当且仅当 W 是任一非空集，R 是 W 上的二元关系，即 $R\subseteq W\times W$。

---

① J. Hintikka. *Knowledge and Belief: An Introduction to the Logic of the Two Notions*. Ithaca, New York: Cornell University Press, 1962: 40-59. 部分符号有改动。

② 弓肇祥. 可能世界理论. 北京：北京大学出版社，2003：192.

定义 1.1.3.2　设〈W，R〉是任意框架，ν 是〈W，R〉上对 L^{FE} 中公式的一个赋值，当且仅当 ν 是 *Formula*（L^{FE}）与 W 的笛卡尔积到集合{T，F}上的映射，即 ν: $Formula(L^{FE})\times W\rightarrow\{T,F\}$。并满足以下条件：对 *Formula*（$L^{FE}$）中的任意公式 α、β，任意的 $w\in W$，对于任一命题变元 p，任一 $w\in W$，

（1）如果 $p\in w$，那么 $\nu(p,w)=T$；如果 $p\notin w$，那么 $\nu(p,w)=F$；

（2）$\nu(\neg\alpha,w)=T$，当且仅当 $\nu(\alpha,w)=F$；

（3）$\nu(\alpha\rightarrow\beta,w)=T$，当且仅当 $V(\alpha,w)=F$ 或者 $\nu(\beta,w)=T$；

（4）$\nu(K_i\alpha,w)=T$，当且仅当对于任一 $w'\in W$，若 Rww'，则 $\nu(\alpha,w')=T$；

（5）$\nu(B_i\alpha,w)=T$，当且仅当对于任一 $w'\in W$，若 Rww'，则 $\nu(\alpha,w')=T$。

定义 1.1.3.3　$M=$〈W，R，V〉是一 L^{FE} 克里普克模型，当且仅当〈W，R〉是一个框架，ν 是在〈W，R〉上的一个赋值。

定义 1.1.3.4　设 $M=$〈W，R，ν〉是任一克里普克模型，$\alpha\in$ *Formula*（L^{FE}），$w\in W$，

（1）α 在 w 中为真，当且仅当 $V(\alpha,w)=T$，记为 $M,w\models\alpha$；

（2）α 在模型 M 中是可满足的，当且仅当存在 $w\in W$，使得 $M,w\models\alpha$；

（3）α 在模型 M 中是有效的，记为 $M\models\alpha$，当且仅当对于任意 $w\in W$，使得 $M,w\models\alpha$。

对认知逻辑使用可能世界语义学来解释，一个很大的好处就是可以把模态逻辑中的许多成果直接迁移过来使用。科切特（P. Gochet）和格力伯摩（P. Gribomont）是这样评价的：克里普克语义学长期以来被证实是给多种逻辑公式提供意义解释的一种简便方式。这可能是因为克里普克结构的原理是基本的并且有充足的能力来说明解释中的细微差别。除此之外，在许多的情形中，模态规则具有直觉上的意义。例如，当模态算子解释为必然算子，可能状态 s 确实出现在状态集中，当我们寻找“真实的”状态 s，这是“可能的”，并且非常自然。一个公式称为可能的，当它至少在一个状态中为真。一个公式称为必然的，当它在所有的状态中为真。①

---

① P. Gochet，P. Gribomont. Epistemic Logic//*The Handbook of the History of Logic*：*Logic and the Modalities in the Twentieth Century*. Vol. 7. edited by D. M. Gabbay and J. Woods. Amsterdam：Elsevier Science，2006：101.

可见克里普克结构具有直觉性的同时具有根本性，能够作为广义模态系统的基本模型。然而，这种方法也受到一些学者的质疑，如卡普兰说："我相信可能世界语义学的概念（数学）基础有问题，这个问题威胁到了它作为内涵语言模型的正确基础的使用，不是所有的内涵语言，而是一部分。"①

可见，这样的直觉意义是否能够非常合理地运用到"知识""信念"等认知算子，这是值得商榷的。克里普克语义学是否适合认知逻辑，一种更合理的检测方式就是确定哪些公式有效，而哪些公式不是有效的。如果这些公式的划分在直觉上是可以接受的，那么这个语义也会被接受。正是在这个层面上，认知逻辑系统出现了"逻辑全能问题"。

四、认知逻辑的研究方法

认知逻辑对知识和信念的刻画主要有两类模型：一是概率模型，二是非概率模型。概率模型的代表是哈桑尼类型空间（Harsanyi type spaces）和奥曼结构，而非概率模型的代表是克里普克结构。采用克里普克结构来刻画知识和信念也称为基于逻辑的方法，而基于事件的方法采用的就是奥曼结构。② 由于我们前面已经介绍了克里普克结构，这里就不再赘述，只对奥曼结构以及概率模型（贝叶斯结构）进行描述，而后简单讨论二者之间的关系。

像克里普克结构一样，奥曼结构也需要定义形式语言。奥曼结构是基于事件的方法，自然事件就成为一个核心的概念。令 W 为世界集或者状态集。事件 E 是 W 的一个子集。事件 E 在状态 w 中为真当且仅当 $w\in E$。一个主体 i 在状态 w 中知道 E 当且仅当 E 是主体 i 在状态 w 时的信息集，用 K_iE 表示。信息集可以用一个信息函数 P 来表示，如果对于每一个状态 $w\in W$，使得 w 是 W 的一个非空子集 P（w）的元素，则 P 是集合 W 的一个划分。也就是说当状态是 w 时主体仅知道 E 在集合 P（w）中。这样我们可以构造一个奥曼模型。③ 奥曼模型是一个三元组 $M=$

---

① D. Kaplan. A Problem in Possible-World Semantics//*Modality, Morality, and Belief: Essays in Honor of Ruth Barcan Marcus*. Cambridge: Cambridge University Press, 1995: 41.

② R. Fagin, J. Y. Halpern, Y. Moses, and M. Y. Vardi. *Reasoning about Knowledge*. Cambridge, MA and London, U. K.: The MIT Press, 2003: 38.

③ R. J. Aumann. Interactive Epistemology I: Knowledge. *International Journal of Game Theory*, 1999 (28): 263-300.

$<W, P, V>$，其中W是一个非空集，P是认知主体在W上的一个划分，V是一个函数：$W \rightarrow W$。借助奥曼模型我们可以这样定义知识函数：

$$K(E)=\{w \in W : P(w) \subseteq E\}$$

对于每一个E，$F \subseteq W$，知识函数K有以下一些性质①：

若$E \subseteq F$则$K(E) \subseteq K(F)$	单调性
$K(E) \cap K(F)=K(E \cap F)$	交集封闭
$K(E) \subseteq E$	真性
$K(E) \subseteq K(K(E))$	正内省
$\overline{K(E)} \subseteq K(\overline{K(E)})$	负内省
$K(E)=E$	一致性

其中$\overline{E}$为E（相对于W）的补集。

前面提到刘易斯的公共知识定义，即对于知识p，主体a知道p，主体b知道p，且a知道b知道p，b也知道a知道p，等等。这个p就是a和b之间的公共知识。类似地，事件E称为公共知识，如果大家都知道E，大家都知道大家知道它，等等。从形式上，借助上面刚刚定义的知识函数K，定义K^m：

$$K^1E=\bigcap_{i \in N} K_i E, K^{m+1}E=\bigcap_{i \in N} K^1 K^m E$$

然后定义K^{∞}：

$$K^{\infty}E=K^1E \cap K^2E \cap \cdots$$

这样，$w \in K^{\infty}E$，就是说E在w时是公共知识。

贝叶斯结构或者说概率模型主要运用在主体认知不确定的情景中，可用来说明知识和信念、真以及证成之间的关系。而在标准的知识和信念的博弈论模型中如哈桑尼类型空间就是概率。奥曼在哈桑尼类型空间的基础上详细讨论了交互认知中的概率，而这实际上是基于事件的方法。在这里我们就采用奥曼模型进行描述。显然，我们需要一个概率函数来表示知识和信念。令W为状态集，事件E在状态w时成立当且仅当$w \in E$。用$\pi_i(E; w)$来表示主体i在w时对事件E所持有的概率，用$P_i^{\alpha}E$来表示主体i对事件E所持有的概率至少为α，就是在所有的状态w时$\pi_i(E;w) \geqslant \alpha$的集合，形式化的定义就是：$P_i^{\alpha}=\{w: \pi_i(E;w) \geqslant \alpha\}$。

---

① 马丁·J. 奥斯本，阿里尔·鲁宾斯坦．博弈论教程．北京：中国社会科学出版社，2000：63-64.

奥曼结构和克里普克结构在认知形式系统上是等价的，这一点可以从它们各自的系统之间的对应关系粗略地看出。实际上需要的是基于事件的方法和基于逻辑的方法之间的比较。从公理集合论角度来看，集合运算使用逻辑方法来定义，那么基于事件的方法与基于逻辑的方法之间可以建立一种对应关系。如：命题对应事件，并集运算对应析取，交集运算对应合取，子集运算对应蕴涵，补集运算对应否定。当然，这两种方法具有显著的不同。首先，表现在对知识的表示方法上，一个是使用事件，一个是使用命题（或者说语句）。其次，基于事件的方法直接使用的就是一种语义方法，即使概率空间也是语义的，不需要另外单独进行语义解释；基于逻辑的方法则不同，它使用的是句法对象，需要对这些句法对象进行语义解释，如使用克里普克模型。最后，它们所适用的领域有所区别，基于事件的方法多适用于博弈论、信息经济学当中。当然，这样的比较是非常粗糙的，其中许多细微但很重要的差别肯定有所遗漏。

五、认知逻辑的问题

20 世纪 70 年代以来，围绕着认知逻辑的可能性问题，学术界展开了一场广泛而深入的讨论。其导火线就是霍克特（M. O. Hocutt）1972 年发表的《认知逻辑可能吗?》（“Is Epistemic Logic Possible?”），该文提出了认知逻辑是否和认识论相一致的问题。1978 年伦岑的《认知逻辑的最近进展》（*Recent Work in Epistemic Logic*）是对认知逻辑发展以来的一个全面综述。而 1985 年施勒辛格（G. N. Schlesinger）的《认知逻辑的范围》（*The Range of Epistemic Logic*），1995 年劳克斯（A. Laux）和万星（H. Wansing）合编的《哲学与人工智能中的知识和信念》（*Knowledge and Belief in Philosophy and Artificial Intelligence*），以及 2005 年雷谢尔的《认知逻辑：知识逻辑概论》（*Epistemic Logic: A Survey of the Logic of Knowledge*）等书，都对认知逻辑的研究范围等哲学问题做出探讨，并指出了认知逻辑可能进一步发展的方向。

从认知逻辑的研究对象来看，认知逻辑似乎是离开了认识论而进行独立研究的。辛提卡一开始就力图独立于认识论来发展认知逻辑。虽然他有这样的愿景，但是在构造形式系统的过程中依然没有脱离认识论，甚至还讨论了认识论中的摩尔疑难问题，并且辛提卡觉得他已经在系统中回答了这个所谓疑难问题。即使辛提卡雄心壮志，然而，霍克特 1972 年的论文还是提供一个否定回答，认为认知逻辑是不可能的。他把各种批评意见进行比较分析，重新总结为两个问题：第一，认知逻辑真的是一个“逻辑吗”？第二，如果认知逻辑是一个逻辑系统，那该系统是不是“认知”意义上的？

为了反驳认知逻辑是逻辑的说法，霍克特用众所周知的指称晦涩问题来证明。霍克特认为在认知逻辑中有下面的公式：

$$(p\to q)\to(Kp\to Kq)$$

如果我们用“这个三角形是等边三角形”来替代“p”、“这个三角形是等角三角形”来替代“q”，那么“$(p\to q)$”显然是真的，但是“$(Kp\to Kq)$”却有可能是假的，即认知主体知道这个三角形是等边三角形，但是并不知道这个三角形是等角三角形。因此，霍克特得出结论，认为认知逻辑的原则是在所有可能世界并不是真的，因此它们不构成“逻辑”。

事实上，在标准的认知逻辑中，这个公式$(p\to q)\to(Kp\to Kq)$不是基础公理，而是把$K(p\to q)\to(Kp\to Kq)$作为基础公理。如果加上必然化规则，即可证明的就是认知主体所知的，那么认知逻辑的所有重言式都是认知主体所知的。这样认知逻辑所刻画的“知识”概念和我们日常所熟悉的“知识”概念不同。从这个角度来说，恰恰是问：“认知逻辑”是不是“认知的”？也就是说，认知逻辑系统所刻画的认知主体是不是我们现实中的认知主体？这恰恰是认知逻辑系统中的逻辑全能问题，那么这个问题能够否认认知逻辑吗？辛提卡的回答是否定的。他认为逻辑全能问题并不表明逻辑推理规则不正确①：

我知道$\neg p$。

我知道p_1。

我知道p_2。

…………

我知道p_n。

即使是从p_1、p_2、…、p_n可以推出$\neg p$，上述语句有可能依然是相容的、一致的。辛提卡用推理规则来定义标准的一致性概念，把认知逻辑的推理规则的概念定义和不相容、不一致概念区分开来。

从上述批评认知逻辑的阐述中，我们依然可以看到认知逻辑和认识论

① J. Hintikka. *Knowledge and Belief*: *An Introduction to the Logic of the Two Notions*. Ithaca, New York: Cornell University Press, 1962: 31.

研究是紧密关联、相互促进的。即：认知逻辑和认识论之间是否存在结合点？它们之间的研究对象、研究主题是否相同？认识论学者关心怀疑论和知识的概念分析等，而逻辑学家往往把重点放在数学的复杂性方面如证明系统的完全性等。最近，范丙申和亨德里克斯已经独立主张重新考虑认识论与认知逻辑之间的关联。①范丙申通过讨论如下问题，如知识和证据演算的关系、怀疑主义、信息的动态性、学习和证实以及多主体或群体问题等，分析认识论与认知逻辑之间的关联，进而提出下面的观点：知识不应被定义成命题的某种本质特征，我们应当根据知识在认知活动中所起的作用来对它加以理解。② 亨德里克斯和西蒙斯（J. Symons）认为认识论与认知逻辑之间存在这样的结合点。③ 他们指出传统认识论中的三个主要概念是知识、信念和怀疑，而形式认识论中的三个主要概念是学习（learn）、信息和策略。认识论主要围绕两个主题来研究：

（1）从长远来看，认识论要给知识概念提供一个合适的定义，同时回答怀疑论的挑战；

（2）给动态的知识和信念提供一个合适的模型。

对于绝大多数人来说，依赖于思想实验、传统概念分析或者基于直觉的各种方法的哲学家们关心第一个目标，即传统认识论。相比较而言，使用逻辑、概率论和计算机科学中的形式工具的哲学家们追求第二个目标，即形式认识论（主要集中在认知逻辑）。而形式认识论与传统认识论之间的桥梁就是对理性探究的理解问题。当辛提卡在《知识和信念》中清晰地表明认知逻辑不是针对传统的认识论问题时，他有一种很强的认知抱负，即系统地重新表述了上述三个问题。辛提卡认为，知识和信念逻辑的发展不仅仅是用模态和其他内涵逻辑中的另外一种技术而得到的创新事物，它的主要目的是给认识论提供一个逻辑基础，通过阐述各种认知概念和用系

---

① Johan van Benthem. Reflections on Epistemic Logic. *Logique & Analyse*，1991（133/134）：5－14；Johan van Benthem. What One May Come to Know. Analysis，2004，64（2）：95－105；J. van Benthem. Epistemic Logic and Epistemology：The State of Their Affairs. *Philosophical Studies*，2006，128（1）：49－76；Vincent F. Hendricks. Active Agents. *Journal of Logic*，*Language*，*and Information*，2003（12）：469－495；Vincent F. Hendricks. *Mainstream and Formal Epistemology*. Cambridge：Cambridge University Press，2005.

② J. 范·本特姆．认知逻辑与认识论之研究现状．世界哲学，2006（6）：71.

③ Rasmus Rendsvig，John Symons. Epistemic Logic//Edward N. Zalta（ed.）. *The Stanford Encyclopedia of Philosophy*（Summer 2019 Edition）. URL＝〈https：//plato. stanford. edu/archives/sum2019/entries/logic-epistemic/〉.

统的方式为概念的推理提供一种方法。

这两个主题从更细微的角度来考察认知逻辑的哲学反思主要有四个方面：第一，基本认知概念的本质，如知识和信念，以及相关联的概念，如真和证成；第二，信念的一致性和逻辑全能问题；第三，认知算子的叠置问题，如相信某人知道；第四，认知逻辑的量化问题。① 而这四点也恰恰就是伦岑的《认知逻辑的最近进展》一书的主要内容。随着认知逻辑的不断发展，尤其是交叉学科之间的研究，认知逻辑的一些新问题也将不断地出现。②

认知逻辑的哲学反思的必要性在于，虽说认知逻辑的研究似乎脱离了认识论的研究，但是认知算子作为初始概念还是脱离不了认识论这个哲学基础。传统认识论把“知识”定义为“证成了的真信念”。而这一点受到了怀疑论以及盖梯尔反例的质疑。盖梯尔反例是说：某人有着一个合理但却虚假的信念，借助这一信念进行推理，他有理由相信某种碰巧为真的东西，并由此获得一个证成了的真信念，但这一信念却不是知识。这就表明知识的三元定义不是构成知识的充分条件，即三个条件都被满足，也有可能不是知识。盖梯尔反例一出现，哲学家们对于知识定义表现出了不同的态度。维护这一定义的人或者增加第四条件或者减弱条件，但总会出现更多的反例或者有违直觉的情况。“知道”“相信”是认知逻辑的初始概念，因而也需要回答这一问题。正如伦岑所说：“对知识和信念属性的探究是属于认识论而不是认知逻辑的领域。然而，对认知逻辑大部分原则的考察只能根据认识论来进行。”③ 这表明公理系统刻画的“知识”“信念”的属性也只能依据认识论来考察。

那么认知逻辑应如何处理这一问题呢？当代许多认知逻辑学家认为上述知识定义虽然不是构成知识的充分条件，但却是必要条件。如果用 B_ip 表示主体 i 相信 p，J_ip 表示主体 i 相信 p 是有理由的，那么 $K_ip =_{def} p \wedge$

① D. Pearce. Epistemic Operators and Knowledge-based Reasoning: A Survey and Critical Comparison of Some Recent Approaches in Philosophy and AI//A. Laux and H. Wansing (eds.). *Knowledge and Belief in Philosophy and Artificial Intelligence*. Berlin: Akademie Verlag, 1995: 6.

② 对于知识的形式化问题，也可以参见 Roy Sorensen. Formal Problems about Knowledge//Paul K. Moser (ed.). *The Oxford Handbook of Epistemology*. Oxford: Oxford University Press, 2002: 539-568。

③ W. Lenzen. *Recent Work in Epistemic Logic*. Amsterdam: North-Holland Publishing Company, 1978: 17.

$B_ip \wedge J_ip$。从这个公式可以得出，知识命题就是真命题、信念命题和证成了的命题。而且亨德里克斯和西蒙斯认为："模态认知公理和系统可以看作不可错性的标准以及对怀疑论的回答。"①

经典认知逻辑使用可能世界语义学来对知识和信念算子给出语义解释，这种解释有一个预设，那就是世界相对于认知主体划分为相容的和不相容的世界集，而与主体不相容的世界通常被排除在外。这种通过限制容有错误的可能世界来应对怀疑论的方法也被亨德里克斯称为"强制性"(forcing)。正是在此基础上，认知逻辑的公理和系统就建立在一些限制性的条件上，这些条件就是可及关系。例如，D 公理 $K_i\alpha \rightarrow \neg K_i \neg \alpha$ 就是建立在自返框架的基础上。认知主体知道自己的知识，那么就阻断了怀疑论的怀疑。公理 5：$\neg K_i\alpha \rightarrow K_i \neg K_i\alpha$ 运用到计算机的知识库当中，就意味着如果这个知识不在数据库当中，那么认知主体就不知道这个知识，而且知道自己不知道这个知识。当然这个数据库对于认知主体来说就是一个封闭的世界，使得怀疑无处可逃。这在现实世界中有着非常强的要求。正因为这一点，S5 系统要求的框架是一个等价关系的框架。

认知逻辑的认知算子叠置的问题，主要是 KK 原则与知识和信念算子的交互问题。模态逻辑中的 S4 公理$\Box\alpha \rightarrow \Box\Box\alpha$ 是说，如果真是必然的，那么真是必然的也是必然的。这个公理迁移到认知逻辑中转化为 $K_i\alpha \rightarrow K_iK_i\alpha$，意思是说如果 i 知道 α，那么 i 知道自己知道 α。这一公理也被称为 KK 原则，引发了一系列争论。对于这个原则的争论源于三个方面：一是认知逻辑是不是模态逻辑的一个分支，其中主要的问题就是相应于狭义模态逻辑中的 S4 公理的 KK 原则是否成立。二是对知识这个概念的理解，对 KK 原则形成了两种不同的知识观，内在主义支持它，而外在主义持相反的态度，因为在外在主义者看来，知识是一种满足因果、可靠性等外在性条件的信念。你可以通过觉识获得知识，而不需要你知道你自己的觉识状态。三是 KK 原则和意外考试疑难相关联，意外考试疑难中的推理涉及了主体对于自身的知识，也就是知道算子的叠置问题，这就预设了 KK 原则成立。知识和信念算子之间的交互问题主要体现在这两个算子之间的化归问题上。一般认为知识是通过信念来定义，所以有知识蕴涵信念，即 D 公理：$K_i\alpha \rightarrow B_i\alpha$。知识对信念也具有内省能力：$B_i\alpha \rightarrow K_iB_i\alpha$ 和$\neg B_i\alpha \rightarrow K_i \neg B_i\alpha$。

---

① V. F. Hendricks, J. Symons. Where's the Bridge? Epistemology and Epistemic Logic. *Philosophical Studies*, 2006 (128): 146.

从上面的一些分析来看，知识和信念这两个算子之间存在差别。当然，这些差别在知识和信念公理中得到体现。除了前面讨论的 KK 原则，知识必须是真的，即知识命题必须是真命题，从形式上看，就是 T-公理：

$$Kp \to p$$

此外，“负内省”公理：一个人必须知道自己不知道的。

$$\neg Kp \to K\neg Kp$$

相反，对于信念我们不承担真实性（当然，信仰可能是真实的），但我们要求一致性：

$$Bp \to \neg B\neg p$$

它指出，如果一个人认为某命题是真的，人们不能同时相信它的否定是真的。

到现在为止，我们一直孤立地讨论知识或信念逻辑。如果我们将二者结合起来，那会有什么样的结果呢？为了能够使这二者互相讨论，我们需要相互关联原则。其中最突出的是人们知道的是其所相信的原则：

$$Kp \to Bp$$

或者更进一步，可以采取这样的原则，即知道自己所信：

$$Bp \to KBp$$

甚至更强，采取“摩尔原则”，如果某人相信某命题，那么他相信自己知道它：

$$Bp \to BKp$$

但是这个摩尔原则，会直接导致知识坍塌为信念：

1. $Bp \to BKp$	摩尔原则
2. $BKp \to \neg B\neg Kp$	信念一致性原则
3. $K\neg Kp \to B\neg Kp$	所知即所信原则
4. $\neg B\neg Kp \to \neg K\neg Kp$	3 假言易位
5. $\neg K\neg Kp \to Kp$	负内省假言易位
6. $Bp \to Kp$	1、2、4、5 传递性
7. $Kp \to Bp$	所知即所信原则
8. $Kp \leftrightarrow Bp$	7、8

这意味着，知识和信念之间崩溃了。显然这样的形式原则不符合传统认识论中知识和信念之间的关系讨论，故传统认识论在一定程度上影响形式化公理或原则的选择。

认知谓词逻辑的处理方式存在一些困境。首先是，可能世界语境下的个体跨界识别问题或者知识的一致性问题。例如，“我们相信中华人民共和国的第一任国家主席是新中国的伟大领袖”。我们认为个体是在现实世界中，毛泽东是中华人民共和国的第一任国家主席。所以该命题的形式表达通常是形如：相信（新中国的伟大领袖（中华人民共和国的第一任国家主席））。这一命题在某些世界 w 中是真命题，如果新中国的伟大领袖（中华人民共和国的第一任国家主席）是在所有世界 w 的可及世界 w' 中为真。但是个体指派给（中华人民共和国的第一任国家主席）是并不需要世界 w 及其可及世界 w' 同一的。这就意味着，有可能存在一个个体在某一世界中恰好是中华人民共和国的第一任国家主席，是新中国的伟大领袖，但是并没有相信中华人民共和国的第一任国家主席是新中国的伟大领袖。换句话说，在现实世界中的个体指派给某个常数，不需要和认知主体信念世界中指派给它的个体相同。这个问题的解决，克里普克引进严格指示词和非严格指示词，个体常元通常认为是严格指示词，而谓词一般被认为是非严格指示词。严格指示词表达式在世界之间是不会改变其意义的，而非严格指示词表达式在世界之间的意义有可能不同。所以，如果 a 是一个严格指示词，那么对于任意世界 w 及其可及世界 w' 有 $v(w,a)=v(w',a)$。那么刚才的命题可以形式化为：相信（新中国的伟大领袖（毛泽东））。

其次是，量词问题。蒯因（也译“奎因”）在《量词与命题态度》一文中写道：

a. （$\exists x$）（拉尔夫相信 x 是一名间谍）。

b. 拉尔夫相信（$\exists x$）（x 是一名间谍）。[1]

也许，二者都可以被含混地表述为“拉尔夫相信某人是一名间谍”，但是他们可以被毫不含混地分别表述为“存在某个被拉尔夫相信为间谍的人”和“拉尔夫相信有间谍”。其差别是巨大的。确实，假如拉尔夫和我们大多数人一样，那么 a 便是真的，b 则是假的。

最后是，巴坎公式（Barcan Formula，BF）及其逆公式（Converse Barcan Formula，CBF）在认知谓词逻辑中的有效性问题。假设（$\forall x$）$\mathrm{B}\beta x$ 在世界 w 中为真。那么对于任何个体 a，$\mathrm{B}\beta a$ 在世界 w 中为真，因此 βa 必须在 w 的所有可及世界 w' 中是真的。且因为 a 是一个任意的个体，

① W. V. Quine. Quantifiers and Propositional Attitudes. *The Journal of Philosophy*，1956，53 (5)：178.

这意味着$(\forall x)\beta x$必须在所有世界w'中是真的，因此，$B(\forall x)\beta x$在世界w中为真。类似地，我们可以从$B(\forall x)\beta x$推断出$(\forall x)\beta x$。这些公式称为巴坎公式（BF）和它的逆公式（CBF）。因而下面两个公式是有效的：

BF：$(\forall x)B\beta x \rightarrow B(\forall x)\beta x$

CBF：$B(\forall x)\beta x \rightarrow (\forall x)B\beta x$

问题是，对于大多数应用程序 BF 和 CBF 都不是有效的。BF 是无效的，因为即使认知主体可以相信任何实际存在的东西具有属性β，从而使得$(\forall x)\beta x$是真的，认知主体也可能会认为x是一个虚构的想象没有属性β，从而$B(\forall x)\beta x$为假。CBF 不是有效的，是因为认知主体相信所有的实体有属性β，不需要确保任何有关现实世界中的个体集合的推论。也许有个体不存在于认知主体的信念中。

逻辑全能问题的提出，就是针对逻辑系统刻画的认知主体而言的。认知悖论经常被单独拿出来讨论。这两个问题我们将在后面详细讨论，也是本书的主要讨论对象。

第二节　逻辑全能问题

一、逻辑全能问题的缘起

经典认知逻辑在可能世界的解释下会得到一些不能令人满意的结果。在可能世界语义学的解释下，一个含有认知算子的公式为真，必须在所有与认知主体相容的世界中为真。

根据克里普克模型的直观意思，我们可以考虑以下情形。

假设模型M中有n个状态：$w_1, w_2, \cdots, w_n$。如果w_1可及w_2，这意味着，认知主体不能够排除状态w_2作为“真实的”状态。因此，如果主体知道α和$\alpha\rightarrow\beta$在w_1状态中为真，那么α和$\alpha\rightarrow\beta$一定在w_1状态和w_1的每一个可及状态中为真，加上逻辑系统中的分离规则，可以得到主体知道α一定在w_1状态和w_1的每一个可及状态中为真。

这就意味着，克里普克模型对知识和信念解释的结果是：知识和信念对于逻辑后承是封闭的，即认知主体知道或相信逻辑系统中所有的逻辑后承。这直接导致一个结果就是认知主体知道所有的逻辑后承。这和我们熟知的理性（现实）认知主体是不相符的。经典认知逻辑的这一奇异特性，辛提卡于 1975 年称之为“逻辑全能问题”。辛提卡这样写道：“命题态度，如我 1962 年以来所提出的知道和信念，用现在所熟悉的可能世界来分析被认为是不现实的。如果不是彻底地误解，显然是因为我们承认了逻辑全能（logical omniscience）的设定，即设定了人们知道自己所知的所有逻辑后承，并且其他所有命题态度也都是如此。”①

逻辑全能问题的最早阐释应该可以追溯到丘奇（A. Church）1950 年的一篇文章：《论断言和信念陈述的卡尔纳普分析》（“On Carnap's Analysis of Statements of Assertion and Belief”）。丘奇认为，在系统中认知主体即使知道全部的语义和语法规则，主体也可能不知道某一逻辑后承。他这样写道：

> 如果我们考察英语句（a）John believes that Seneca said that man is a rational animal 以及它的德语翻译（a′），我们注意到我们所分析的语句（a）和（a′）甚至可能在它们各自的语言中有不同的真值；因为约翰尽管知道英语和德语的语义规则，但是依然不能得到某一逻辑后承。②

虽然丘奇批评的是卡尔纳普的内涵同构，但明显指出了内涵同构系统带来了不合直觉的逻辑全能问题，虽然没有使用“逻辑全能”一词。蒯因对这一思想进行了一个简短的分析证明。③ 这个分析基于一个直观的假定，认知主体相信一个具有“$\delta p=1$”形式的句子，当且仅当他相信“p”所代表的那个句子。

（1）Tom believes that δ(Cicero denounced Catiline)$=1$

（2）$\delta p=\delta$(Cicero denounced Catiline)

（3）Tom believes that $\delta p=1$

（4）Tom believes that p.

其中“p”代表任何的真语句。显然，汤姆相信所有的真语句。如果我们不限定“p”代表的语句真假，那么汤姆相信所有的语句。很明显，

① J. Hintikka. Impossible Possible Worlds Vindicated. *Journal of Philosophical Logic*, 1975 (4): 475.

② A. Church. On Carnap's Analysis of Statements of Assertion and Belief. Analysis, 1950 (10): 99.

③ 蒯因 . 语词和对象 . 北京：中国人民大学出版社，2005：166－167.

这种结果是不能为人们所接受的。至此，“逻辑全能问题”这个术语虽然没有提出来，但是这个问题已经揭示出来了。辛提卡在最初构造认知逻辑的时候虽然也没有直接使用“逻辑全能”这个术语，但是他已经认识到了这个问题，并且做了如下阐述：

> 仅仅在 p 逻辑蕴涵 q 的基础上，就从“他知道 p”推出“他知道 q”，这是明显不能允许的。因为这人可能不知道“p 蕴涵 q”，特别是当 p 和 q 是相对复杂的陈述时。①

从这段话，我们明显可以看到辛提卡对系统中的推理规则及公理的反思。这一段话是很有趣的，他明确表示，这样的推论是**“明显不能允许的”**。这明显把逻辑全能问题作为一个令人讨厌的特征。上面这段话可以分析为下面三个语句：

1. a 知道 p；
2. p 蕴涵 q；
3. a 不知道 q。

这三句话并非意味着 a 主体是一个非理性或者是一个不诚实的人，只是意味着认知主体的知识并没有在逻辑后承封闭下获得。

在一个标准的认知逻辑系统中，都有 K 公理和 N 必然化规则。K 公理是说，如果主体知道（相信）$p \rightarrow q$，那么，如果主体知道（相信）p，那么主体就知道（相信）q。这要求主体能够知道（相信）自身知识（或信念）集中的所有逻辑后承。同时要求主体知识（信念）集中必须一致，因为由假而全原则（假命题蕴涵任何命题），主体将会知道（相信）所有的一切。现实中的主体虽有矛盾，而无须知道（相信）一切命题。N 必然化规则是说，逻辑系统中的所有定理，认知主体都知道（相信）。这无疑是一个理想主体，现实主体是不可能的。因而，从这里可以看出系统中的逻辑全能问题体现在两个方面：一是系统中的认知主体能够知道或相信自身知识集或信念集的所有逻辑后承；二是系统中的认知主体能够知道或相信系统中的所有逻辑真理。

二、逻辑全能的多面孔

随着认知逻辑的发展，认知逻辑系统越来越丰富多彩。这些系统是否

---

① J. Hintikka. *Knowledge and Belief*: *An Introduction to the Logic of the Two Notions*. Ithaca, New York: Cornell University Press, 1962: 30 - 31.

具有逻辑全能属性，似乎只能凭我们的直觉来断定。受库克-雷克豪（Cook-Reckhow）证明复杂性理论的启发，阿特姆威（S. Artemov）和库兹涅茨（R. Kuznets）认为逻辑全能问题可以看成系统计算复杂度的问题，可以根据计算复杂性理论来判定系统是否存在逻辑全能问题。我们通常承认认知主体要获取知识需要一定的条件，即时空等物理资源，而这些在系统中会抽象掉一部分，只留下一个过程，即证明过程或者计算过程。正是基于这一情况，阿特姆威和库兹涅茨认为复杂性理论提供了一个平台。

假设一个用$\mathcal{L}$语言构造的认知逻辑系统能够表达认知主体的认知断言，系统中的证明提供知识的构造证据。特别是，每个有效的断言"F是已知的"，在认知逻辑系统E中存在一个F的证明。对于一些有效知识断言"F是已知的"，在E中找不到一个F的证明，那么我们就可以断定E系统具有逻辑全能属性。令E是认知系统L的证明系统，或者仅仅是一个认知证明系统，L可以由语境决定。下面可以给出严格的形式定义。①

定义 1.2.2.1　逻辑全能检测（LOT）：一个认知证明系统E不是逻辑全能，如果存在一个多项式P使得对于任何有效的知识断言$\mathcal{A}\in r\ \mathcal{L}$，在$E$中存在一个证明OK($\mathcal{A}$)，其规模由$P(|\mathcal{A}|)$决定，其中$r\ \mathcal{L}\subseteq\mathcal{L}$，OK：$\mathcal{L}\rightarrow\mathcal{L}$。

定义 1.2.2.2　强逻辑全能检测（SLOT）：一个认知证明系统E不是强逻辑全能，如果在$|\mathcal{A}|$中存在多项式时间的可判定算法，即对于任何有效的知识断言$\mathcal{A}\in r\ \mathcal{L}$，在$E$中能够重建证明OK($\mathcal{A}$)，其中$r\ \mathcal{L}\subseteq\mathcal{L}$，OK：$\mathcal{L}\rightarrow\mathcal{L}$。

这两个定义都是以证明系统以及公式的大小作为参数的，即证明过程中公式的数量，也就是我们常说的证明长度，以及公式中逻辑符号的数量。根据这一定义，阿特姆威和库兹涅茨得出如下定理②：

定理 1.2.2.1　令模态认知逻辑 ML 满足：$\mathrm{ML}\vdash\Box\mathrm{F}\leftrightarrow\mathrm{ML}\vdash\mathrm{F}$；在经典命题演算上是保守的。

1. 不存在 ML 的证明系统能够通过逻辑全能检测（LOT），除非$NP=\mathrm{co}NP$。

2. 不存在 ML 的证明系统能够通过强逻辑全能检测（SLOT），除非

① S. Artemov，R. Kuznets. Logical Omniscience as a Computational Complexity Problem// *Proceedings of the 12th Conference on Theoretical Aspects of Rationality and Knowledge*. ACM, 2009：14－23.

② 同①16.

$P=NP$。

根据这个定理，我们很容易得到 S4 系统是逻辑全能系统。[①] 这就意味着能够推导出 S4 的所有系统都是逻辑全能系统。

逻辑全能的表现形式也是多种多样。从系统刻画认知主体的能力强弱来衡量，存在一个最强的表现形式，这个形式就是费金等人所称的“完全逻辑全能”。[②]

定义 1.2.2.3　完全逻辑全能：一个主体相对于结构类 $\mathcal{M}$是完全逻辑全能的，如果他知道公式集Σ中的所有公式，并且在 $\mathcal{M}$下，Σ逻辑蕴涵 α，那么他也知道 α。

也就是说一个全能主体如果他知道公式集Σ中的所有公式，并且Σ逻辑蕴涵 α，那么他也知道 α。特别是当Σ是个空集的时候，全能主体知道逻辑系统所有的定理；而当Σ是非空集即至少包含一个语句时，全能主体知道他所知语句的所有逻辑后承。从这个定义，我们可知，逻辑全能可以看成认知主体知识的封闭属性，即一个认知主体根据其所知的某一知识且在一定的条件下，那么该主体也知道其他的知识。完全逻辑全能是相对于一个系统所刻画的认知主体来说的，认知主体能够知道（相信）自身所知（所信）的所有的逻辑后承。费金等人推导出完全逻辑全能的几个特例[③]：

（1）有效公式的知道（Knowledge of valid formulas）：如果 α 有效，那么认知主体 i 也知道 α，即$\vDash\alpha \Rightarrow K_i\alpha$。

（2）逻辑蕴涵封闭（Closure under logical implication）：如果认知主体 i 知道 α，且 α 逻辑蕴涵 β，那么认知主体 i 也知道 β，即 $K_i\alpha \wedge(\alpha \rightarrow\beta)\rightarrow K_i\beta$。

（3）逻辑等价封闭（Closure under logical equivalence）：如果认知主体 i 知道 α，且 α 逻辑等值 β，那么认知主体 i 也知道 β，即 $K_i\alpha \wedge(\alpha \leftrightarrow\beta)\rightarrow K_i\beta$。

同时，他们也认为这儿也有不是必然从完全逻辑全能的形式中推导出的几种逻辑全能形式[④]：

（4）实质蕴涵封闭（Closure under material implication）：如果认知主体 i 知道 α，且认知主体 i 知道 $\alpha\rightarrow\beta$，那么认知主体 i 也知道 β，即

① 详细证明过程可以参见 S. Artemov，R. Kuznets. Logical Omniscience via Proof Complexity//*Computer Science Logic*. Berlin，Heidelberg：Springer，2006：135－149。

② R. Fagin，J. Y. Halpern， Y. Moses， and M. Y. Vardi. *Reasoning about Knowledge*. Cambridge，MA and London，U. K.：The MIT Press，2003：335.

③ 同②.

④ 同②.

$K_i\alpha \wedge K_i(\alpha \to \beta) \to K_i\beta$。

（5）有效蕴涵封闭（Closure under valid implication）：如果认知主体 i 知道 α，且 $\alpha \to \beta$ 是有效的，那么认知主体 i 也知道 β，即$\vDash(\alpha \to \beta) \wedge K_i\alpha \to K_i\beta$。

（6）合取封闭（Closure under conjunction）：如果认知主体 i 既知道 α 又知道 β，那么认知主体 i 就知道 $\alpha \wedge \beta$，即 $K_i\alpha \wedge K_i\beta \to K_i(\alpha \wedge \beta)$。

（7）析取封闭（Closure under conjunction）：如果认知主体 i 知道 α，那么认知主体 i 就知道 $\alpha \vee \beta$，即 $K_i\alpha \to K_i(\alpha \vee \beta)$。[①]

那么上面两组形式之间是否存在某种关联？费金等人认为所有这些逻辑全能形式在某类框架下都成立，前一组可以由完全逻辑全能直接推出，后一组取决于逻辑联结词的解释。[②]

显然，这是源于逻辑蕴涵和实质蕴涵之间的区分。逻辑蕴涵是前后件之间的必然推出，而实质蕴涵的前后件之间是函数关系。前后件是逻辑蕴涵，那么它们一定是实质蕴涵有效的，反之则不能。因此，他们认为，当$\to$给出的是标准的解释时，实质蕴涵就是完全逻辑全能的一个特例，即（4）等价于（2）逻辑蕴涵封闭，同时（1）和（4）蕴涵（5）；当$\to$给出的是非标准解释时，实质蕴涵和逻辑蕴涵就不重合了。[③]

如果只从蕴涵来看，上面两组可以分别转换为下面的形式：

（8）$K_i\alpha \wedge (\alpha \to \beta) \to K_i\beta$

（9）$K_i\alpha \wedge K_i(\alpha \to \beta) \to K_i\beta$

前者是费金等人所说的完全逻辑全能，后者要比完全逻辑全能弱。前者强调了认知主体如果知道某命题，那么他就知道这一命题的所有的逻辑后承。而后者除了认知主体知道某命题之外，还需要知道这一命题所蕴涵的命题，这样他才知道这一命题的逻辑后承。

以上讨论的是以“知道”为例的，如果将“知道”换为“相信”，问题也依然存在。认知逻辑刻画的信念系统还有一些属性也可以看成是全能问题造成的。逻辑全能的表现形式多种多样，在不同的系统中有着不同的

---

① 公式（1）-（7）的讨论可以参见 W. van der Hoek，B. van Linder，and J. - J. Ch. Meyer. An Integrated Modal Approach to Rational Agents//M. Wooldridge，A. Rao (eds.). *Foundations of Rational Agency*. Dordrecht：Kluwer Academic，1999：140。

② R. Fagin，J. Y. Halpern，Y. Moses，and M. Y. Vardi. *Reasoning about Knowledge*. Cambridge，MA and London，U. K.：The MIT Press，2003：335.

③ 同②.

表现形式。众所周知，“知识”的传统定义为“证成的真信念”。根据这个定义，“知识”蕴涵“信念”，“信念”是成为“知识”的必要条件。蒯因也认同这个观点，对这二者之间的关系有一段论述：“知道是相信的一种十分特殊的情形；你可能相信但却不知道。相信某事不能算知道它，除非所相信的事实上是真的。进一步说，即使所相信的是真的，相信它也不能算知道它，除非信念持有者对他的信念有可靠的根据。”① 因此在对“知识”理论考察时，对“信念”理论的考察就显得特别重要。罗素也强调“信念”对于“知识”理论的重要性，他说：“知识的整个生命在于信念以及从一个信念到另一个信念的‘推理’。信念产生知识和错误；它们是真理和谬误的载体。心理学、知识论和形而上学涉及信念，并且我们的哲学视野很大程度上取决于我们的信念。”② 可见，信念是讨论知识的前提、基础。

这样，我们可以把逻辑全能问题的考察限制在信念系统。我们可以通过信念系统的逻辑全能问题的考察，得到信念系统解全方法的合适方案。而在考察知识系统时，这些合适方案可提供一个最低的要求。在这里我们列出梅耶等人针对信念系统 K45 或 KD45 所提出的逻辑全能表现形式③：

（LO1）$B_i\alpha \wedge B_i(\alpha\rightarrow\beta)\rightarrow B_i\beta$（蕴涵封闭）

（LO2）$\models\alpha\Rightarrow\models B_i\alpha$（有效公式的信念）

（LO3）$\models\alpha\rightarrow\beta\Rightarrow\models B_i\alpha\rightarrow B_i\beta$（有效蕴涵封闭）

（LO4）$\models\alpha\leftrightarrow\beta\Rightarrow\models B_i\alpha\leftrightarrow B_i\beta$（等价公式的信念）

（LO5）$(B_i\alpha \wedge B_i\beta)\rightarrow B_i(\alpha\wedge\beta)$（合取封闭）

（LO6）$B_i\alpha\rightarrow B_i(\alpha\vee\beta)$（信念的弱化）

（LO7）$B_i\alpha\rightarrow\neg B_i\neg\alpha$（信念的一致）

（LO8）$B_i true$（相信真性）

（LO9）$(B_i\alpha\wedge B_i\neg\alpha)\rightarrow B_i\bot$（没有非平凡不一致的信念）

显然，LO1 是 K 公理，而 LO2 是必然化规则，这两个是正规模态系统的基础。

LO1 说的是如果认知主体相信 α 并且相信 $\alpha\rightarrow\beta$，那么也一定相信 β。

---

① 涂纪亮，陈波．蒯因著作集：第 5 卷．北京：中国人民大学出版社，2007：343.

② B. Russell. *The Analysis of Mind*. London：George Allen，Unwin，1921：231.

③ J.-J. Ch. Meyer，W. van der Hoek. *Epistemic Logic for Artificial Intelligence and Computer Science*. Cambridge，MA：Cambridge University Press，1995：72. 翻译参考了周昌乐．认知逻辑导论．北京：清华大学出版社，2001：123。

LO2 说的是如果 α 在系统中有效，那么认知主体一定相信 α。

LO3 和 LO4 是可以在正规模态系统中使用 K 公理和必然化规则推导出来的，它们是完全逻辑全能的一种表现形式，说的是如果认知主体相信 α，那么也一定相信 α 的逻辑后承 β。

LO5 和 LO6 刻画的是信念算子与合取、析取的关系。以上六个公式在任意的克里普克模型中都是有效的。

LO7 其实就是 D 公理，说的是认知主体不能同时相信任意命题及其否定。

LO8 说的是认知主体相信所有真的东西。这一命题与 LO2、LO3 和 LO4 有类似之处，如果该命题是真命题，那么认知主体相信该命题。

LO9 表明如果认知主体有矛盾信念，那么该主体相信所有的命题。这类似经典命题逻辑中的由假而全原则。

根据前面的逻辑全能的强弱形式，上述公式之间的依存关系就非常明显了。如果我们把→解释为逻辑蕴涵关系，那么 LO1、LO2、LO3 和 LO4 就是完全逻辑全能的特例，其余的是逻辑全能的弱形式。如果把→解释为实质蕴涵关系，那么 LO2、LO3 和 LO4 就是完全逻辑全能的特例，其余的是逻辑全能的弱形式。莫雷诺（A. Moreno）分析了逻辑全能属性各种表现形式之间的关系，这种依存关系见图 1－1[①]：

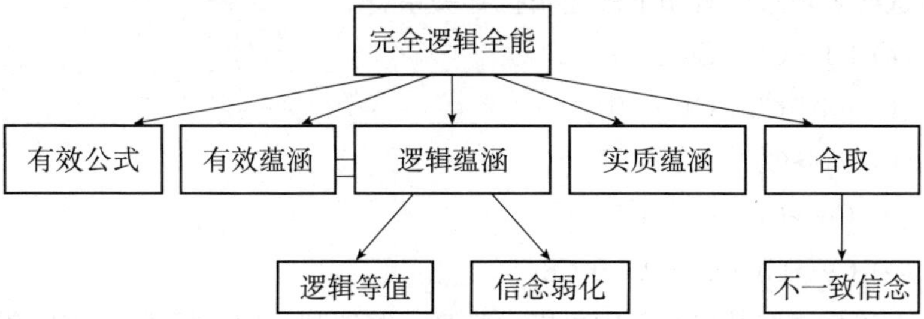

图 1－1 逻辑全能各种表现形式之间的关系

黄智生也列出了一些具有逻辑全能属性的表现形式，同时指明了这些公式之间的逻辑关系。[②]

① A. Moreno. Modelling Rational Inquiry in Non-Ideal Agents. PhD. dissertation，Universitat Politècnica De Catalunya，2000：12.

② Zhisheng Huang，Karen Kwast. Awareness，Negation and Logical Omniscience//J. van Eijck (ed.). Logic in AI. *Proceedings of European Workshop on Logics in Artificial Intelligence* (JELIA 1990)，*Lecture Notes in Computer Science* 478. Berlin：Springer-Verlag，1990：286－287.

（C1）蕴涵下的封闭

如果 $\varphi \in \Psi_K$，并且如果 $\varphi \to \psi \in \Psi_K$，那么$\psi \in \Psi_K$。

（C2）合取下的封闭

如果 $\varphi \in \Psi_K$，并且$\psi \in \Psi_K$，那么 $\varphi \wedge \psi \in \Psi_K$。

（C3）合取下的分解

如果 $\varphi \wedge \psi \in \Psi_K$，那么 $\varphi \in \Psi_K$，并且$\psi \in \Psi_K$。

（C4）逻辑系统 T 中公理下的封闭

如果 φ 是逻辑系统 T 中的一个公理，那么 $\varphi \in \Psi_K$。

（C5）有效公式下的封闭

如果 φ 是重言式，那么 $\varphi \in \Psi_K$。

（C6）有效蕴涵下的封闭

如果 $\varphi \in \Psi_K$，并且如果 $\varphi \to \psi$是有效的，那么$\psi \in \Psi_K$。

（C7）逻辑等值下的封闭

如果 $\varphi \in \Psi_K$，并且如果 φ 逻辑等值于ψ，那么$\psi \in \Psi_K$。

（C8）替代下的封闭

如果 $\varphi \in \Psi_K$，对于任意的替代ψ，那么 $\varphi/\psi \in \Psi_K$。

（C9）逻辑全能

如果Ψ_K逻辑蕴涵 φ，那么 $\varphi \in \Psi_K$。

这些表现形式有如下的逻辑推导关系：

(a) C1＋C5→C6

(b) C4＋C8＋C1→C9

(c) C4→C5

(d) C6→C3＋C5＋C7

(e) C9→C1＋C6＋C2＋C8

上述公式在某些情形中可能会带来一些便利，如计算机科学中的数据库，但是在我们的现实情形中，这些公式所刻画的性质就可能不是现实认知主体所具有的，特别是对于“有限理性主体”来说。

三、逻辑全能为何是问题

哲学家已经提出了认知逻辑是否有认知意义的疑问。例如，霍克特在1972年的文章《认知逻辑可能吗?》中，对逻辑应用到现实知识解释提出了极大的质疑：这不能保证知道者将认识到他所承认的命题等值于某些他很容易断定的命题。既然是这样，霍克特认为认知逻辑的思想是建立在不牢固的基础上的。在 20 世纪 70 年代，逻辑全能问题同样对认知逻辑的思想提出了质疑。[①] 这里至少有两种方式回应这些质疑。一种是非常没有希望的方式，它否认认知逻辑应该支持更多的认识论相关性的预设。这种方式将使得哲学家对认知逻辑毫无兴趣，并忽视与上面讨论的传统认识论的一些显著的联结。另一种方式主张认知逻辑的确负载了认识论意义，但却是一种不可避免的、理想化的方式：人们集中注意力于一类理性主体上，其中理性是通过某一公设来定义的。因此，认知主体必须满足至少某些条件来简单地取得理性的资格。在这里可以看到，逻辑全能问题其实是理论与现实的分歧问题。然而，在许多运用中，它并不总是成问题。例如，在计算机的分布式计算中运用的多项时间算法，尽管在某些情形下，优先执行的知识可能是一个在多项时间中无法完成的计算（除非 $P=NP$）。[②] 那么，这就存在一个如何看待理想与现实之间的分歧问题。斯托内克尔（R. C. Stalnaker）认为一个理论理想化有着合理的理由。他认为：

> 存在两种方式使人们不相信他们信念的所有逻辑后承这一事实与理论所说的相一致。一方面，人们可以在通常的意义上解释他的逻辑是信念逻辑，但是它的应用范围限制在某一特别理想化的可以想象的信念者方面——也许这一主体有着无限的记忆能力以及无穷的计算能力和速度。普通的人，即使是非凡的，也不能够思考所有的事物，但是，理想信念者可以，并且，如果存在这样的信念者，在通常意义上的“相信”，他相信他所相信的东西为所有逻辑后承。另一方面，人们可以不对信念逻辑的应用范围做出限制，包括没有特异计算能力的主体，但是，信念概念的解释是理论在某一特定意义上对信念的刻画。理想与现实之间的分歧解释为通常意义的信念和某一特定技术意义的信念之间的分歧。例如，人们可以把日常意义上的信念和隐性信念区分开来：根据定义，某人的隐性信念包含自身信念的所有演绎后承，这些后承不论是否被主体认识到。相对于隐性信念，逻辑全能问

---

① 关于逻辑全能的极好的概述，可以参见 M. Whitsey. Logical Omniscience: A Survey. Unpublished paper，2003。

② J. Y. Halpern，R. Pucella. Dealing with Logic Omniscience. *Proceedings of the 11th Conference on Theoretical Aspects of Rationality and Knowledge*，Association for computing Machiney，New York. 2007：169－176.

题没有什么了不起；在这种意义上，可以说甚至连我们最无知的和不加思考的人都能避免逻辑全能。①

其实从上述分析，我们可以看出，经典认知逻辑系统具有逻辑全能性质的原因可以这样考虑：一是认知逻辑系统刻画的认知主体是理想化的，是纯理论的研究；二是经典认知逻辑系统刻画的是认知主体的隐性知识信念系统。可见，逻辑全能问题折射出来的是我们如何看待认知逻辑系统所刻画的知识和信念，或者说知识和信念是一个什么样的概念。面对这样的问题，一个理论的理想化其实在某种程度上是对现实的一种简单化。也就是说，逻辑系统是对认知主体的知识信念系统的一种简单化。而这有着一定的必要性。因为正如张建军所说的，认知主体的知识信念不会局限于逻辑系统，同时认知主体的知识信念本质上是扩张的。② 这并不意味着不能使用逻辑系统来刻画认知主体的知识信念系统，而是如何简化认知主体的知识信念系统，或者说现实的理性认知主体如何理想化才能使大家接受。

可是，李金厚和蒋静坪认为逻辑全能问题是个伪问题，即模态逻辑用于行为主体（agent）形式化研究并不会带来所谓的逻辑全能问题。李金厚和蒋静坪认为原因主要在于，他们一方面要将逻辑系统的理论与方法用于行为主体形式化研究，另一方面却又忽视这一应用的实际意义。对于第一方面的原因，李金厚和蒋静坪认为："逻辑理论主要是从人的思维活动规律中抽象出来的，所以它能反映人意识活动的某些重要特征。虽然如此，意识系统却是更加广泛的概念，试图将它简化为单纯的逻辑系统进行研究，或者以意识系统的某些特征来要求不具备这些特征的逻辑系统都是不合适的。"③ 李金厚和蒋静坪认为，这主要体现在下面三个方面：忽视逻辑理论用于行为主体研究的实现意义，忽视意识系统和单纯逻辑系统之间的差异，以及忽视逻辑推理操作实现的过程意义。④ 也就是说，"根据普通命题逻辑系统中的定理不能推断该定理中出现的任何一个命题变元的事实真或假"，及其推论"根据模态逻辑系统中的定理并不能推断该定理

---

① R. Stalnaker. The Problem of Logical Omniscience I//*Context and Content*: *Essays on Intentionality in Speech and Thought*. Oxford: Oxford University Press, 1999: 242.

② 张建军．逻辑全能问题与动态认知逻辑．自然辩证法研究，2000，16（z1）：7－9.

③ 李金厚，蒋静坪．逻辑全知佯谬．浙江大学学报（工学版），2005（10）：1497.

④ 同③1496.

中出现的任何一个命题变元的模态真或假”①。对于这两个命题，逻辑学界有一个共同的观点，复合公式的真值由联结词和命题变元的真值决定，而命题变元或者原子命题的真值不是来自逻辑系统，而是来自事实。正因为如此，如果复合公式是永真式，那么就意味着原子命题的真值是任意的。原子命题的真值来源于事实，复合公式是不是也对应一个事实？罗素曾经就此问题做过讨论，倾向于认为存在复合事实。李金厚和蒋静坪进一步提出以下命题：第一，逻辑全能问题如果存在，那么它应该存在于将有关的模态逻辑理论和方法用于意识系统研究的场合；第二，研究中所采用的模态逻辑系统是一致的和完备的；第三，任何实现意义的意识系统或逻辑系统都只能是资源有限的系统；第四，人的任何意识过程（包括逻辑推理过程）都需要一定的时间来完成；第五，意识系统比单纯的逻辑系统概念要广泛得多，以意识系统的某些性质或特点来约束或要求不具备它们特点的逻辑系统完全是不合适的。② 前面四个命题可以看成事实或者共识，因而没有太多的争议，而第五个命题既不是事实也不是共识，因而需要给出详细的论证。

为了证明逻辑系统不适合表征人的意识系统，根据逻辑系统中的 N 必然化规则以及 K 公理，李金厚和蒋静坪给出了两个命题③：

（1）N 规则表明一个行为主体知道和相信（已完成）无限多的全部命题重言式；

（2）K 公理要求行为主体的知识和信念集是一致的与人的知识和信念集在逻辑意义上“不需要”保持一致之间存在矛盾。

李金厚和蒋静坪指出，命题（1）能够成立就同时需要两个条件：一个条件是，行为主体中已经拥有无限多的全部命题重言式或定理，因为它们是进行上述推理的前提，而这是不可能的；另一个条件是，行为主体可以在有限的时间内完成无限多如上所示的逻辑推理过程，而这也是不可能的。这两个条件之所以是不能达成的，就是和前面提出的第三点和第四点共识相矛盾，即推理过程是需要时间的且系统的可用资源是有限的，显然在有限的资源中无法完成无限的推理从而获得无限命题。命题（2）指出的问题是，K 公理要求行为主体的知识和信念在逻辑意义上应该是一致

① 李金厚，蒋静坪．逻辑全知佯谬．浙江大学学报（工学版），2005（10）：1497.

② 同①1498.

③ 同①1499.

的，而人的知识和信念却可以有不一致的存在。显然 K 公理刻画的认知主体不符合实际的认知主体。必然化规则以及 K 公理是逻辑系统的初始，如果这个初始出现了问题，也就意味着推理前提出现了问题，那么该系统的推理就没有任何的意义。笔者认为上述两点理由值得商榷。命题（1）承认目前的逻辑系统不适合刻画现实认知主体，并没有否认逻辑这个工具不适合刻画现实认知主体。对于命题（1）来说，这恰恰是逻辑系统刻画现实认知主体时出现的问题，这只是表明目前的逻辑系统不适合用来刻画现实认知主体，并不是说所有的逻辑系统都不适合用来刻画现实认知主体。这一点恰恰说明逻辑全能问题其实就是针对某一系统来说的，是在特定框架内的，突破这一框架，修改该系统，逻辑全能问题就可以得到解决。这正是我们所希望的，也是我们目前大多数逻辑学家所正在致力的方向。对于命题（2），逻辑系统的一致性与现实认知主体的容错性（含人的知识和信念集在逻辑意义上“不需要”保持一致）之间有一个表征和被表征的关系，二者并不是一个等同关系，在逻辑系统中有一个由假而全原则，即假可以蕴涵一切。但是在现实的认知主体的信念集中如含有矛盾，并不会导致蕴涵一切。用一个一致可靠的系统来表征一个可错的现实认知主体，并不是逻辑系统也变得不一致可靠。而这一点恰恰是目前需要解决的问题。也就是说，命题（2）恰恰是一个非常重要的问题，即逻辑系统的一致性与现实认知主体的容错性之间是否存在一个合适的表征问题，如果存在现实主体的容错性是否也会导致逻辑系统不一致。显然，命题（1）（2）表明逻辑系统可以拿来刻画现实认知主体，得到的结论与其所需要证明的论点“逻辑系统不适合刻画意识系统”是相左的。也就是说，如果逻辑系统可以刻画现实认知主体，那么目前的逻辑系统所刻画的现实认知主体有逻辑全能问题，这个问题显然是需要解决的，而不是一个伪问题。

一个理论总有着它的现实意义，因此，使用逻辑工具来刻画认知主体的知识信念系统是否合适，就看它是否能够准确地刻画。因而，对现实的理性认知主体的研究比理想主体的研究更为重要，当然理想化不是说完全抛弃，而是如何合理地理想化。因此，莫雷诺认为认知逻辑的研究需要避免逻辑全能问题，理由如下①：

① A. Moreno. Modelling Rational Inquiry in Non-Ideal Agents. PhD. dissertation，Universitat Politècnica de Catalunya，2000：13－14.

（1）理想主体是物理不可能的，因为实际推理者不是逻辑全能的。

（2）我们建构的主体必须是受限的，因为

A. 他们只有有限的资源（如有穷的记忆）。

B. 他们只有有限的认识和计算能力。

C. 他们时间有限（世界不会等他们）。

（3）实际主体的信念集不能是逻辑后承封闭，因为这意味着对于一阶谓词逻辑主体有一个判定过程。

（4）一般来说，人工认知主体对于现实有不完全、可能不正确的信念。

（5）建立在理想实体上的理论可以成功应用到非理想实体，这一考虑是错误的，因为：

A. 对于理想主体来说是理性的，而对于受限主体来说却是非理性的。

B. 理想化远离了受限主体，我们失去了获得洞察有限资源推理本质的可能性。

这（1）～（4）条和前面提到的李金厚、蒋静坪的四点共识是一致的。意识系统可以看成现实主体的一个部分，某些单纯的逻辑系统可以看成理想主体的刻画。当然，意识系统和逻辑系统的关系与现实主体和理想主体之间的关系是不同的，前者是被表征与表征之间的关系，而后者是不同主体的层次区分。二者的提法不同，但还是有一些关联，那就是逻辑系统表征的认知主体有可能是现实主体也有可能是理想主体。很明显，现实主体和理想主体之间存在不同。现实主体一定不是逻辑全能者，在推理能力所需要的条件方面存在物理因素的限制，即时间、记忆力有限，甚至推理能力也因人而异，出现错误之类的不正确推理。而理想主体有可能是一个逻辑全能主体，推理能力超强，不受物理因素的限制，即没有时间、记忆力等的限制，不会出现错误推理。莫雷诺在这里特别强调了理想化的理论并不适合非理想化的实体。对于这一点我想前面斯托内克尔的解释是对这一观点的最好回答。

许多人认为逻辑全能对于理想认知主体与隐性的知道和相信来说无妨，但是对于非理想化的认知主体以及显性的知识和信念来说不相吻合。其实，逻辑全能问题即使是针对隐性的知识信念来说，也是需要辨析的。一个现实的理性主体是一个资源受限的主体，他的隐性知识信念也不可能穷尽所有的逻辑后承。例如，现实理性认知主体的计算时间以及计算深度是有限度的，从而不可能穷尽所有的逻辑后承。综上所述，逻辑全能属性，即使是从认知主体的理想化或知识信念的隐性角度来说，认知逻辑系统也是需要避免的。

当然逻辑全能对于一个现实的认知主体来说过于强大，但是对于理想的认知主体或许不是一个问题。在许多应用程序中，例如，在分布式计算环境中，我们感兴趣于多项式时间算法，虽然在某些情况下知识的最优运算所要求的计算不能由多项式时间执行（除非 $P=NP$）；在安全环境中，我们可以推断计算能力有限的黑客不能算出合成数的因子，从而不是逻辑全能的。

第三节　逻辑全能问题研究的三层面

逻辑全能问题一提出，即有许多学者试图解决这个问题。[①] 有人认为逻辑全能问题的出现可能与可能世界语义学有关，或者认知逻辑仿照真势模态不适当。有人对知识等认知算子重新解释，如，“$K_i\alpha$”解释为“认知主体 i 隐含地知道 α”或“认知主体 i 可能知道 α”。显然，这把知识解释为隐性知识或可能知识。面对这种辩护，张建军认为：“这种辩护无疑是有说服力的，但即使从哲学上看，实际知识或明晰知识的概念，也比可能知识或隐含知识的概念重要，更何况后者根本不能适应信息经济学和人工智能研究的迫切需要。”[②] 显然，需要建构能够避免逻辑全能的认知逻辑系统。

基于不同的认识视角和划分标准，学界对解决逻辑全能方案进行了不同的分类。

黄智生（Zhisheng Huang）等人在分析辛提卡、费金和哈尔彭的解决逻辑全能问题的基础上，提出信念分为两大类：逻辑可能信念和现实信念，并认为现实信念是一个心理概念。辛提卡提出解决逻辑全能问题的唯一途径就是“世界”概念是一个“认知可能”而不是“逻辑可能”。费金

---

① 对于逻辑全能问题的综述性文献做出贡献的有：(1) A. Moreno. A Logical Omniscience and Perfect Reasoning: A Survey. *AI Communications*, 1998 (11): 101 - 122. (2) K. M. Sim. Epistemic Logic and Logical Omniscience: A Survey. *International Journal of Intelligent Systems*, 1997 (12): 57 - 81. (3) M. Whitsey. Logical Omniscience: A Survey. Unpublished paper, 2003. available: http://citeseer.ist.psu.edu/whitsey03logical.html。

② 张建军．逻辑悖论研究引论．南京：南京大学出版社，2002：248.

和哈尔彭结合了句法方案与非经典的可能世界方案，增加了一个“觉识”算子。在这个基础上，黄智生把解决逻辑全能问题的方案分为两大类①：一类是逻辑方案，即针对认知模态算子避免一些逻辑封闭性质；另一类是心理方案，即引进心理函数，如用“觉识”（awareness）概念来刻画现实信念（realistic belief）。这两大类方案共有四种路径，即从可能信念到可能信念、从现实信念到可能信念、从可能信念到现实信念以及从现实信念到现实信念。前两者是逻辑策略，而后两者是心理策略。而这两类方案之间是紧密关联的，图 1－2 表达出了它们之间的关联。②

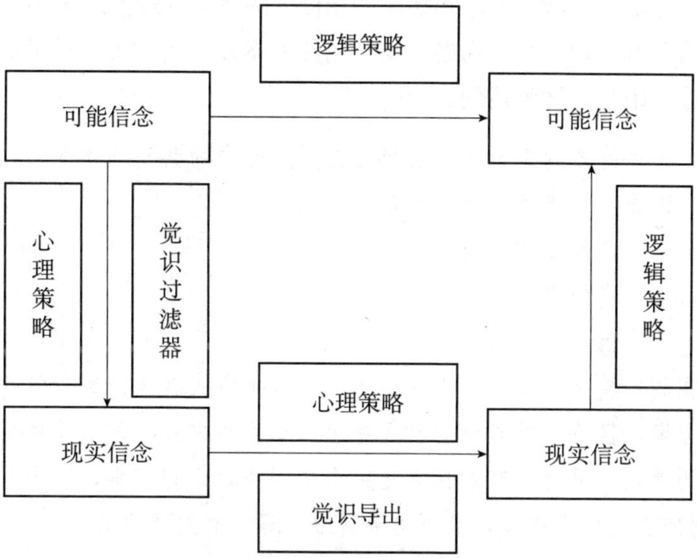

图 1－2　现实信念与可能信念

杨鲲等人也持类似的观点，并且在莱维斯克（H. Levesque）信念逻辑的基础上给出了一个解全的逻辑系统。③ 沈观茂（K. M. Sim）把过去的方案归纳成四个方面④：句法方案、蒙太古-斯科特（Montague-Scott）方案、不可能可能世界方案和非标准逻辑方案，继而提出一种多值认知逻

① Zhisheng Huang, Karen Kwast. Awareness, Negation and Logical Omniscience//J. van Eijck (ed.). Logic in AI. *Proceedings of European Workshop on Logics in Artificial Intelligence* (JELIA 1990), *Lecture Notes in Computer Science* 478. Berlin: Springer-Verlag, 1990: 285.

② 这是两个图形的整合，原图参见①286，291。

③ 杨鲲，陈建中，孙德刚，等．认知逻辑中逻辑全知问题及其解决方法．吉林大学自然科学学报，1999（3）：40－43.

④ K. M. Sim. Epistemic Logic and Logical Omniscience: A Survey. *International Journal of Intelligent Systems*, 1997 (12): 57－81.

辑来解全。[1] 而费金等人认为，解全可以从以下几个方面入手[2]：

（1）放弃“知识是在所有可能世界中为真”的定义，从句法和语义两个方向入手；

（2）保留“知识是在所有可能世界中为真”的定义，改变真的定义；

（3）改变可能世界的概念，引进“不可能可能世界”概念；

（4）引进“觉识”概念，使得真对于知识来说只是必要而非充分条件；

（5）采用局部推理，使得知识为真只在可能世界的一个子集中。

最近怀茨（M. Whitsey）从对“相信”的逻辑处理方法入手，认为刻画“相信”有三种方案：命题方案、句法方案和语句方案。对于这三者之间的区分，她是这样阐述的：

> 首先是命题方案，主要特征是对从句中的共指词项保真性替代成立。因此，如果基于对象或从物推理：
>
> 洛依斯相信超人会飞，
>
> 克拉克是超人，
>
> 因此，洛依斯相信克拉克会飞。
>
> 是在某一特别的方式中有效，那么，这个方式就是命题。其次就是句法方案，区分了对象语言和元语言。用这种方式，相信处理成为元语言的谓词。最后，我们区分出一个中间类，语句方案，因为从物推理（例如上例）不成立，且不需要区分元语言和对象语言。[3]

从这段话我们可以看出命题方案是从弗雷格（G. Frege）的晦暗语境这个角度来处理的，句法方案是把“知道（相信）”直接处理成谓词，而语句方案是把“知道（相信）”处理成算子。

莫雷诺把大部分的解全方案都一一列举出来，认为解全方案可以分为两大类：语形方案和语义方案，其中语义方案最多。[4] 在上述两大类的基

① K. M. Sim. Epistemic Logic and Logical Omniscience Ⅱ. *International Journal of Intelligent Systems*，2000（15）：129－152.

② R. Fagin，J. Y. Halpern，Y. Moses，and M. Vardi. *Reasoning about Knowledge*. London：The MIT Press，2003：336.

③ M. Whitsey. Logical Omniscience：A Survey. Unpublished paper，2003. available：http：//citeseer. ist. psu. edu/whitsey03logical. html.

④ A. Moreno. Avoiding Logical Omniscience and Perfect Reasoning：A Survey. *AI Communications*，1998（11）：105－107.

础上，哈尔彭也认为解决逻辑全能问题的方案可以从语形和语义两个方面入手①，哈尔彭和珀塞尔（R. Pucella）都强调"语用"方案，"逻辑全能的语用处理——一个很大程度上被忽略的问题：如何选择一种方式来构造一个合适的模型"②。可见，此处的"语用"是解全方案的适用问题，这其实就是一个可接受的标准问题。

在纷繁复杂的解全方案中，切入的角度都不一样，可谓是百家争鸣。综合上述方案，笔者认为，目前的解全方案大致可以归到语形、语义和语用三大类中：

（1）语形方案。这主要是通过对系统的初始公理和初始推理规则进行限制，弱化认知主体的推理能力，或采用新的算子建构新的逻辑系统来刻画知识和信念，从而达到避免逻辑全能的目的。

（2）语义方案。通过修改克里普克语义模型，或放弃克里普克语义模型，采用更加合适的语义模型，使得赋值发生改变，从而避免逻辑全能。

（3）语用方案。此处的"语用方案"是指方案中的语用因素本身还是解全方案，而不是哈尔彭的"语用方案"层面上的含义——解全方案的选择。语用方案主要是考虑到认知主体的信念和知识状态依赖于情境，而认知主体所涉及的情境是认知可能，而不是逻辑可能。这样认知主体的推理能力就应该限制在情境中，也就是对于认知主体的推理能力在时间、空间等主体自身的条件做了一定的限制。总之，目的就是使得认知主体的知识和信念不再具有逻辑后承下的封闭。

一、语形解全方案

知识和信念的语形处理，实际上就是选择一个合适的逻辑系统来表达知识和信念。如果把知识和信念处理成语句谓词，那么一阶谓词逻辑就是它的首选，称为一阶谓词方案；而如果是处理成语句算子，那么模态逻辑就是它的选择。前面我们所谓的经典认知逻辑，就是采用模态逻辑这一方案。

对于某些具有哲学情怀的逻辑学家来说，可能世界概念是一鸡肋，尽

① J. Halpern. Reasoning about Knowledge：An Overview//*Proc. of the First Conference on Theoretical Aspects of Reasoning about Knowledge*. Monterey，California：Morgan Kaufmann Publishers，1986：7.

② J. Y. Halpern，R. Pucella. Dealing with Logical Omniscience：Expressiveness and Pragmatics. *Artificial Intelligence*，2011，175（1）：220-235.

管它对一些麻烦概念如必然和可能带来明显的好处。例如，蒯因说，我宁愿把“□”看成句子的谓词“必然”。这样，在认知语句中，信念（知识）语句就具有这种形式：$Bel(i, \ulcorner\alpha\urcorner)$，$Bel$ 是谓词，$\ulcorner\alpha\urcorner$是主体 i 的内涵语言，也可以看成公式 α 的名称。① 这样看来，信念（知识）仅仅是内涵语义或者是主体的信念（知识）集。但是，这种做法缺乏像可能世界那样的直觉，我们会问，在哪一个程度上我们可以仅用逻辑语言来构造主体的信念和知识？也就是说，从言模态可能是不够的，还需要从物模态。这样的处理方式，主要的优点是有着较强的表达力，可以处理量词，但也有不少缺点：

（1）一阶具体化的语言所需要的符号是非常复杂的，因为这一定存在词项指称对象语言中的表达式。

（2）蒙太古和托马森已经证明，如果（知识和信念的）一阶理论包含对应于标准模态公理 T、S4 和 S5 的公理与对数论形式表示的公理，那么该系统是不一致的。不过，也证明了如果一阶语言限制在有模态对应的公式，那么不一致就会消失。②

（3）在元语言的公理化方法上，使用标准的定理证明技术的系统可能会遇到严重的可计算性问题。③

康诺利格（K. Konolige）沿着信念是个公式集这种思路，重新构造了一个康诺利格演绎模型。④ 他把句子集作为主体的内涵语言来组成主体的知识库 KB_i。每个主体有一个不完全的推理规则，ρ_i 给每个主体 i 指定一个推理规则集。主体 i 相信 α，记为 $B_i\alpha$，当且仅当 α 在主体的信念集 KB_i 中：$B_i\alpha \Leftrightarrow \alpha \in KB_i$ 或者 $KB_i \vdash_{\rho_i} \alpha$。康诺利格认为，相对于主体的推理规则，主体的信念集是演绎封闭的，但我们应该把这个与逻辑全能区分开来，显然，这里的演绎封闭比逻辑蕴涵要弱，如果主体的推理规则是完全的，那么这两个概念是重合的。这就意味着用不同的推理规则集表达了不同主体的推理能力，从而避免了逻辑全能问题。但是，在康诺利格演绎模型中的主体是没有考虑时间因素的，并不完全是一个资源受限的有限

① W. V. O. Quine. Intensions Revisited. *Midwest Studies in Philosophy*，1977（2）：5－11.

② 蒙太古称之为“算子观点”，参见张建军．逻辑悖论研究引论．南京：南京大学出版社，2002：234－235。

③ A. Moreno. Avoiding Logical Omniscience and Perfect Reasoning：A Survey. *AI Communications*，1998（11）：101－102.

④ K. Konolige. *A Deduction Model of Belief*. Los Altos：Morgan Kaufmann Publishers，1986.

主体。

达克认为知识是在经过一定时间的推导之后才获得的，引进“知识推导过程”算子 $\langle F_i\rangle$，$\langle F_i\rangle\alpha$ 意思是 α 在主体 i 的某一推导过程之后获得，同时定义引入 $[F_i]$，$[F_i]\alpha$ 意思是 α 在主体 i 的任一推导过程之后获得，这样就建立起了达克动态认知逻辑系统。这个达克动态认知逻辑系统对公理和规则进行了改写，例如，**K** 公理改写成为 $K_i\alpha\wedge K_i(\alpha\rightarrow\beta)\rightarrow\langle F_i\rangle K_i\beta$，**D** 公理改写成为 $K_i\alpha\rightarrow[F_i]K_i\alpha$，而 N 规则改写成了“若 α 可证，则 $[F_i]\alpha$ 可证”。这使得必然化规则不再有效。① 这种方法和康诺利格的演绎模型有着异曲同工之处，王仁俊（R. J. Wang）也是持与达克类似的观点，提出在经典的模态命题认知逻辑（MEL）S4 系统中增加时间算子。② 虽然这些系统中都引进了时态算子，但是并没有对主体的时间进行有效的限制，因此，这方案也只是一种对全能的相对缓解。

张建军 2000 年的《逻辑全能问题与动态认知逻辑》一文，强调了达克的“逻辑无能”这一概念的启发价值，为解决逻辑全能问题提供了一个导向。张建军认为：“这些系统内的主体，即使各自带有不同逻辑系统的异质主体，其再强的推导能力也是受限于系统的，而实际的理性人主体的逻辑推导能力具有本质上的扩张性，决不会仅仅拘于某一系统之内。笔者认为，逻辑全能与逻辑无能问题是现代逻辑发展向现代哲学提出的一个十分基本的问题，其地位可与传统哲学中的休谟问题相提并论；同时，这个问题的深入研讨，也可为在形式技术与哲学说明两个层面上解决一系列认知悖论，提供统一的方法论指南。”③

许涤非构造了一个自信性认知逻辑系统，这个系统只是在某种程度上减弱了逻辑全能问题，完全逻辑全能的几种特例在这个系统中不成立，但是有不相关信念和没有不一致信念依然成立，不过信念演绎封闭不再普遍有效而是可满足，从而在某一层面上缓解了一些逻辑全能属性。④

在语形解全方案中，一阶方案把“知道（相信）”直接处理成为谓词，

① H. N. Duc. Reasoning about Rational，but not Logically Omniscient，Agents. *Journal of Logic and Computation*，1997，7（5）：633－648.

② R. J. Wang. Knowledge，Time，and the Problem of Logical Omniscience. *Fundamenta Informaticae*，2011，106（2）：321－338.

③ 张建军．逻辑全能问题与动态认知逻辑．自然辩证法研究，2000，16（zl）：18.

④ 许涤非．自信性认知逻辑．湖南科技大学学报（社会科学版），2004，7（5）：28－34.

这将导致系统中出现矛盾。而把“知道（相信）”直接处理成为语句形成算子，直接从模态逻辑迁移到认知逻辑中，逻辑全能问题就会产生。信念演绎模型与动态逻辑就是通过对模态逻辑的修改，更好地刻画现实的理性主体。它们的修改是否能够真正避免逻辑全能问题，它们之间是否存在一些相通之处，这些问题我们将在第三章展开讨论。

二、语义解全方案

认知逻辑产生逻辑全能问题可能是源于对模态逻辑不合适的解读，其原因之一就是可能世界语义学的运用。面对这一点，许多学者如辛提卡等认为只需要修改可能世界语义学就可能避免逻辑全能问题。因而，在现今的方案中，语义方案占据了大多数，莫雷诺列出的一部分就达 15 种之多，例如：不可能世界、概率语义、非标准结构等。语义解全方案主要从两个方面考虑，一是对可能世界集进行限制或扩充，典型代表就是蒙太古和斯科特提出的簇模型（也称作邻域语义学）以及兰塔尔（V. Rantal）的瓮模型；二是改变赋值函数，即对算子进行重新解释，这以莱维斯克隐性和显性信念逻辑为代表，瓦尔迪、费金等人在此基础上分别做了不同的改进。

1. 可能世界的修改

蒙太古构造出信念的内涵逻辑来解决逻辑全能问题。① 令 W 是可能世界集，如果公式 α 在世界 w 中可满足，那么关系是确定的。公式 α 的内涵 $\mathrm{I}(\alpha)$是世界集，在其中公式是可满足的。这样，公式的语义完全是由公式的内涵决定的。因而，如果两个公式具有同样的内涵，那么这两个公式是语义等值的。根据这种定义，逻辑全能问题只是得到部分消除。认知主体 i 相信 α，α 语义蕴涵 β，认知主体 i 也相信 β。这个语句不再永真。认知主体不相信所有的逻辑后承，但是有可能相信矛盾语句。不过，内涵逻辑的困境主要还是内涵同构的问题。

在内涵逻辑的基础上，蒙太古和斯科特提出邻域语义学，是用可能世界集的集合来表示认知主体的信念。② 在这种方案中，一个命题等同于一个可能世界集。认知主体知道某命题，如果该命题至少在主体的一个认知

---

① R. Montague. Universal Grammar. *Theoria*，2008，36（3）：373－398.

② R. Fagin，J. Y. Halpern，Y. Moses，and M. Vardi. *Reasoning about Knowledge*. London：The MIT Press，2003.

可能世界中为真。瓦尔迪的认知结构①和融合认知模型以及费金等人的局部推理②就是沿着这个思路来发展的。

瓦尔迪的认知结构是建立在邻域语义学模型上，用认知集来刻画认知概念，一个认知集就是认知主体所知道或相信的句子集。局部推理的出发点是，认知主体无法同时把注意力放在所有的问题上，因此认知主体相信某命题就是主体相信命题在某一心灵框架中。在局部推理中，认知主体被看成不同的心灵框架。$B_i\alpha$ 意思是主体 i 相信 α 在某些心灵框架中，称为弱信念。$L_i\alpha$ 意思是主体 i 隐性地相信 α，是不同心灵框架的信息放到一起的结果。$S_i\alpha$ 意思是主体 i 相信 α 在每一个心灵框架中为真。

不可能可能世界方案是由克雷斯韦尔（M. J. Creswell）③ 和辛提卡④提出的，他们对可能世界进行扩充，增加一个不可能可能世界，有效公式在其中不必然真，而不一致的公式在其中可能真。这种方案的好处是，在其中，主体不需要知道所有的重言式，且不需要修改基本框架来刻画知识。但是，有效公式的定义严格限制在经典世界中。瓦尔迪认为，不可能世界的引入会有一些问题：首先，不可能世界在直觉上不是很清楚，逻辑联结词的语义在这些世界当中很难定义；增加新的世界并不能够解决逻辑全能问题，某些逻辑系统刻画的认知主体依然会相信自身知识的所有的逻辑后承，如在相干逻辑系统中。

2. 赋值函数的修改

莱维斯克的隐性和显性信念逻辑⑤就是不可能可能世界方案的一个变体。隐性信念是人们无法觉察到的信念，是信念的一种理想形式。因此，人们可以容忍逻辑全能。而对于显性信念，人们必定可以觉察到，因此要解决的问题就转化成显性信念的逻辑全能问题。他避免逻辑全能的想法是，尽量放宽与逻辑全能问题有关的条件：世界必须是一致完全的。这

---

① M. Vardi. On Epistemic Logic and Logical Omniscience//Halpern（ed.）. *Proceedings of the First Conference on Theoretical Aspects of Reasoning about Knowledge*. Monterey，California：Morgan Kaufmann Publishers，1986：293－306.

② R. Fagin，J. Y. Halpern，Y. Moses，and M. Y. Vardi. *Reasoning about Knowledge*. Cambridge，MA and London，U. K.：The MIT Press，2003.

③ M. J. Cresswell. *Logics and Languages*. London：Methuen and Co.，1973.

④ J. Hintikka. Impossible Possible Worlds Vindicated. *Journal of Philosophical Logic*，1975（4）：475－484.

⑤ H. J. Levesque. A Logic of Implicit and Explicit Belief. *Proceedings of the Fourth AAAI National Conference on Artificial Intelligence*. Menlo Park，CA：AAAI Press，1984：198－202.

样，公式的语义就分解成两个独立的概念：真支持和假支持。因此，一个公式在给定的情境中就有四种可能值：真支持、假支持、既真又假的支持、既不真也不假的支持。相应于赋值，情境可以分成三种：完全的（信息足够判定语句的真假）、不完全的（信息不足，无法判定语句的真假）、不一致的（信息过多）。

杨鲲、陈建中和孙德刚等人 1999 年发表《认知逻辑中逻辑全知问题及其解决方法》一文，他们在莱维斯克信念逻辑的基础上构造一个认知逻辑系统 EL，它将信念、知识分为显性和隐性两部分，显性部分在情景集中推理，隐性部分在可能世界集中推理。[①] 程显毅和石纯一 2002 年的《避免逻辑全知的 BDI 语义》一文提出，BDI（belief，desire，intention）是基于行为主体计算的理论模型，把相信划分为主观相信和客观相信，把可能世界理解为认知的不同阶段，使得 BDI 语义具有进化特征，该语义能够避免“逻辑全能”问题。[②] 刘虎和鞠实儿 2007 年的《信念逻辑的逻辑全知问题》，采用语言学家伯格曼（Bergmann）提出的二维逻辑来建立信念模型，构造了一种二维模态逻辑。他们认为：“使用二维逻辑使得我们可以灵活地构造出不同的信念模型，不同的看待觉知与信念关系的观点，可以分别反映在不同的信念模型上。此外，使用二维逻辑还使得所得到的信念模型能够表达关于觉知与信念关系的更多的信息。”[③]

谢弗（Schaerf）和卡多利（Cadoli）定义了三种解释：3-解释把集合 {0，1，⊤} 的值指派给每一个基本命题；2-解释把集合 {0，1} 的值指派给每一个基本命题；1-解释把集合 {0，1，⊥} 的值指派给每一个基本命题。3-解释表达了一种完全但有可能不一致的情境，2-解释表达了一种一致但有可能不完全的情境，1-解释表达了一种不一致的情境。

莱维斯克的不一致情境因反直觉而受到批评，费金等人认为现实中的公式要么真要么假。事实上，费金等人构造的非标准认知逻辑就没有不完全情境和不一致情境，但是达到了莱维斯克信念逻辑的一样效果。费金等人的非标准认知逻辑[④]，是建立在非标准命题逻辑的基础之上的。在其

① 杨鲲，陈建中，孙德刚，等．认知逻辑中逻辑全知问题及其解决方法．吉林大学自然科学学报，1999（3）：40－43.

② 程显毅，石纯一．避免逻辑全知的 BDI 语义．软件学报，2002（5）：966－970.

③ 刘虎，鞠实儿．信念逻辑的逻辑全知问题．求是学刊，2007（6）：33.

④ R. F. Fagin，J. Y. Halpern. Belief，Awareness，and Limited Reasoning. *Artificial Intelligence*，1988（34）：39－76.

中，每一个世界 w 有一个姊妹世界 w^*，公式 α 的真值由 w 给出，$\neg\alpha$ 的真值由 w^* 给出，即，如果 α 在 w^* 中为真，那么 $\neg\alpha$ 在 w 中为真。由此导致一个非标准的克里普克结构，在这个模型中，不存在有效公式，逻辑蕴涵和实质蕴涵不再重合，即在标准克里普克结构中，α 逻辑蕴涵 β 当且仅当 $\alpha\rightarrow\beta$ 有效。这样就使得我们不能够用有效公式来刻画在非标准结构中的知识（信念）属性。自然而然，我们需要一个新的联结词来表示逻辑蕴涵。费金等人给出了一个强蕴涵概念"$\hookrightarrow$"。① $\alpha\hookrightarrow\beta$ 为真当且仅当如果当 α 为真，那么 β 为真，即

M，$w\vdash\alpha\hookrightarrow\beta$ 当且仅当如果 M，$w\vdash\alpha$，那么 M，$w\vdash\beta$。

这样，我们可以看到，这的确是一个新联结词，它不能用 $\wedge$ 和 $\neg$（非标准）来定义。强蕴涵的确比蕴涵要强，如果 α 和 β 是标准结构中的公式，如果 $\alpha\hookrightarrow\beta$ 在非标准结构中有效，那么 $\alpha\hookrightarrow\beta$ 在标准结构中有效。这个命题的逆命题不成立。在这里用 $\hookrightarrow$ 代替 $\rightarrow$，系统还是有逻辑全能属性，虽然可以通过修改语义得到一定程度的控制。相对于非标准结构来说，人们也可以说系统中的主体具有非标准逻辑全能属性，因为在非标准的结构中，主体不能知道所有的标准重言式。

把主体的信念看成主体信念库中的公式集，这个想法在埃贝尔（R. Eberle）②、摩尔（R. Moore）和亨德里克斯（G. Hendrix）③ 等学者的文章中可以看到。大致的思想是主体的信念集是某具体语言的一个公式集。例如，如果把语言限定为经典的一阶语言，α 是该语言中的一个公式，那么主体 i 相信 α 当且仅当 α 属于 i 主体的信念集。费金等人使用标准句法赋值来贯彻这个思路。④ 从形式上来看，一个句法结构 M 是一个有序对 $\langle W, \nu\rangle$，其中 W 是状态集，ν 是标准句法赋值，即满足下面对于所有公式 α 和 β 的限制：

（1）$\nu(w)(\alpha\wedge\beta)=1$，当且仅当 $\nu(w)(\alpha)=1$ 并且 $\nu(w)(\beta)=1$。

（2）当且仅当 $\nu(w)(\alpha)=0$。

① R. Fagin, J. Y. Halpern, Y. Moses, and M. Vardi. A Nonstandard Approach to the Logical Omniscience Problem. *Artificial Intelligence*, 1995 (79): 203 - 240.

② R. Eberle. A Logic of Believing, Knowing and Inferring: *Synthese*, 1974 (26): 356 - 382.

③ R. Moore, G. Hendrix. Computational Models of Beliefs and the Semantics of Belief Sentences. *Technical Note 187*, SRI International, 1979.

④ R. Fagin, J. Y. Halpern, Y. Moses, and M. Y. Vardi. *Reasoning about Knowledge*. Cambridge, MA and London, U.K.: The MIT Press, 2003: 338 - 339.

在句法结构中的公式 α 的真值可以直接定义如下：

$M, w \models \alpha$ 当且仅当 $\nu(w)(\alpha)=1$。

其实标准句法结构可以看成一种广义的克里普克模型。但是，句法赋值不需要对知识和信念的属性做任何假定，也就是说，对于知识公式或信念公式不需要任何限制条件。

在这种句法结构下，逻辑全能问题可以得到缓解。例如，存在 $\nu(w)B_i(\alpha\vee\neg\alpha)=0$ 这种情形，也存在 $\nu(w)(B_i\alpha)=1$，$\nu(w)B_i(\alpha\rightarrow\beta)=1$，而 $\nu(w)(B_i\beta)=0$ 的情形。句法赋值由于不对知识和信念的属性做任何要求，使得针对知识和信念的分析随意化，哈尔彭自己也意识到这一点。[①]

沈观茂在分析比较隐性和显性信念逻辑、觉识逻辑和卡多利-谢弗认知逻辑之后，继而提出一种多值认知逻辑（MEL）来避免逻辑全能问题。这个系统保留了隐性和显性信念逻辑的非逻辑全能属性，同时还提供了一个相信度的特征。多值认知逻辑的语义赋值采用格四值理论来刻画现实中的情境：隐性信念是在完全情境中，真值为｛真，假｝；觉识是在部分（不完全）情境中，真值为｛真，假，既不真又不假｝；显性信念是在支持情境中，真值为｛既真又假，真，假，既不真又不假｝；而 S－3（不一致）情境的真值为｛既真又假，真，假｝。自然，这样建立起来的系统满足前面四个非逻辑全能属性。

范·德·胡克和梅耶认为信念算子应该解释为可能性算子而不是必然性算子，即

$M, s \models B\alpha$ 当且仅当 $\exists t$ 使得 $(s,t)\in \mathrm{R}, M, t\models\alpha$。[②]

根据这个定义逻辑全能的某些属性消失了，例如，蕴涵封闭和合取封闭无效。然而，逻辑全能的其他一些属性依然存在，而且引发信念集的一些其他限制。

语义解全方案到目前为止达十几种之多，一个最主要的原因在于尽量地保持对经典逻辑结构不变的追求。但是，在语义解释之时，有时会增加一些特设的语义实体。这为解全方案的接受度大大打了折扣。我们将在第

① J. Halpern. Reasoning about Knowledge: An Overview//*Proc. of the First Conference on Theoretical Aspects of Reasoning about Knowledge*. Monterey, California: Morgan Kaufmann Publishers, 1986: 1－17.

② W. V. D. Hoek, J.-J. Ch. Meyer. Possible Logics for Belief. *Logique Et Analyse*, 1989 (32): 177－194.

四章中选取语义方案中的几个典型来讨论。

三、语用解全方案①

在前面的解决方案中，主体涉及的可能世界只是与公式的赋值有关，而与主体毫无关系，即一个可能世界对于所有的认知主体都一样，是独立于认知主体的。这也与人们的直觉相违背。同一情境对于不同的主体可能是不一样的，如看球赛，A、B两个人分别支持不同的球队，在判罚有争议的点球时，两个人的情境明显不同，也就是说，每个主体有不同的情境，从而反映了他们不同的认知能力。在这方面，莱维斯克的信念逻辑中首先采用了情境概念，卡多利②、叙韦森（Paul F. Syverson）③ 和莫雷诺④等人做了一定的研究。而巴威斯在构造情境语义学时，其中一个主要的目标就是需要避免逻辑全能问题。莫雷诺等人认为情境可能不可以作为一个个体来客观描述，但是可以视为被不同的认知主体从不同的角度观察而得到的一个现实，因此可以用主观的方式来描述情境。在一个情境中，认知主体的信念是否成立取决于他自身的观点。可及关系中的不确定关系是认知主体对其他认知主体的状态不确定，并不是对于自身的状态不确定。从这个直觉出发，莫雷诺等人定义了一个 n 个认知主体的主观情境结构，$\langle W,R_1,\cdots,R_n,T_1,\cdots,T_n,F_1,\cdots,F_n\rangle$，其中 W 是可能情境集；R_i 是主体 i 的情境之间的关系；T_i 是一个函数，对于每一情境 w，在其中主体 i 把公式集赋值为真；F_i 是一个函数，对于每一情境 w，在其中主体 i 把公式集赋值为假。这样建立起来的逻辑具有非逻辑全能属性。之所以把情境方案划归为语用方案，是因为情境这一因素已经主要涉及了理性主体。

本节所阐述的避免逻辑全能问题的方案是我们经常可以看到的一部

① 需要注意的是，我们应当把这里的“语用方案”和哈尔彭所提到的“语用方案”区分开来，前者是解全方案的一个子类，而后者是解全方案的语用学概念。

② M. Cadoli, M. Schaerf. Approximate Reasoning and Non-omniscient Agents//*Proc. Fourth Conference on the Theoretical Aspects of Reasoning about Knowledge*. Monterey, CA: Morgan Kaufmann Publishers, 1992: 169 - 183.

③ Paul F. Syverson. An Epistemic Logic of Situations//*Proc. Fifth Conference on the Theoretical Aspects of Reasoning about Knowledge*. Pacific Grove, California: Morgan Kaufmann Publishers, 1994: 109 - 121.

④ A. Moreno, U. Cortés, T. Sales. Avoiding Logical Omniscience by Using Subjective Situations//M. Ojeda-Aciego et al (eds.). *Logics in Artificial Intelligence* (JELIA 2000). Berlin: Springer-Verlag, 2000: 284 - 299.

分，并且是比较成熟的一部分。实际上，解全方案还有许多，如时态认知逻辑、步进逻辑（steps logics）、行动逻辑、非单调推理、缺省推理、记忆模型等。不管怎样，这个问题值得我们倍加关注和深入探讨，正如张建军所说，逻辑全能和逻辑无能是现代逻辑发展向现代哲学提出的一个十分基本的问题，其地位可与传统哲学中的休谟问题相提并论。

第四节 本书的主要内容、结构

一、本书的主要内容

本书以阐明逻辑全能问题作为起点，继而从纵横两个维度来简述解全方案的发展，力求体现“以史带论”的研究方法。而这研究方法重在“论”，解全方案“史”只是“论”的基石。在做好“史”的基础上，如何做好“论”？张建军所倡导的32字方针为“论”提供了指导原则：“澄清概念、分清层次；清理矛盾、追问可能；揭示预设、辨析共识；合理怀疑、严格推证。”在这一原则的指引下，本书主要的研究方法有两种。一种是分析和综合的方法。例如，对“逻辑全能问题”的分析和综合，区分出逻辑全能问题的不同类型，通过对众多学者解全方案的分析和综合，把方案整理成三大类。另一种方法是比较。解全方案类型之间的比较、同类型方案中不同学者之间的比较，通过比较对解全方案的取舍提供了依据。

逻辑全能问题是认知封闭原则在形式系统中的体现，对逻辑全能问题的回答可以视为对认知封闭原则的解答。本书的基调是拒斥逻辑全能问题，实则是不接受认知封闭原则。在这个基调之下，本书试图从两个层面来分析逻辑全能问题：（1）技术层面。在避免逻辑全能问题的诸多方案中，绝大多数的学者都是在考虑如何不全能的问题，但有一个问题常常被忽视，即不逻辑无能的问题，这个问题是由达克提出来的。本书试图刻画这一标准，使用这一标准来评估各种方案。（2）哲学层面。这主要是转而探讨认知封闭原则下的各种哲学疑难。在这个思路下，本书做了以下具体工作：

（1）逻辑全能问题的历史考察。本书试图全面系统地考察逻辑全能问题的历史，界定“逻辑全能问题”这个概念。在此基础上分析逻辑全能问题表现形式的多样性，并进一步分析逻辑全能问题的重要性。逻辑全能问题是认知逻辑系统使用模态逻辑的方法带来的一个不现实的属性，模态方法的丰富性以及认知概念的多样性，使得认知逻辑系统众多，因而，不同的系统中全能问题有着不同的表现形式，同时又具有共同的属性。

（2）解决逻辑全能问题标准的探讨。达克提出认知逻辑系统应该是既非逻辑全能也非逻辑无能。本书使用弱矛盾信念和强矛盾信念的关系对之做出新的刻画。对于所有的弱矛盾信念来说，如果主体可以得出部分强矛盾信念，而不是所有，那么这个主体就是一个现实的主体。而这一点体现主体不是后承封闭，可能有弱矛盾信念，不相信强矛盾。信念和逻辑之间可能存在不一致，信念以逻辑法则为准绳，逻辑法则来规范信念世界。

（3）解决逻辑全能问题的方案评估。本书使用解全的制约性标准来评估三大类解全方案。语形方案集中考察了一阶语句方案、演绎模型以及动态认知逻辑。在这些方案中，一阶语句方案由于很容易导致悖论所以优先度较低，而演绎模型以及动态认知逻辑在表达能力上是等价的。它们在处理逻辑全能问题上都是相对于弱化，即主体的推理能力减弱，演绎模型是限制规则的使用，而动态认知逻辑考虑主体的时间受限，但是相对于系统而言，这两个系统还是具有相对的逻辑全能。语义方案主要考察了不可能可能世界、觉识逻辑以及多值认知逻辑，这些语义解释基本上是等价的。语用方案主要是强调了认知主体在知识（信念）当中的主体地位。

（4）情境的重新审视。情境语义学的提出，避免逻辑全能问题就是缘由之一。情境语义学可以很好地避免逻辑全能问题，但是有可能重新出现逻辑全能问题。情境演算的提出不是为了避免逻辑全能问题，而是为了刻画世界。情境是行动的结果，知识也是行动的结果。可惜的是赖特的知识行动理论中也有全能问题。本书认为情境演算可以用来刻画主体的知识状态的变化，这个变化是由主体使用推理规则而得到的。

（5）哲学与方法论的反思。我们不承认有全能主体，如果存在这样一个主体的话，类似于全能的上帝，其结果必然导致悖论。同时，我们也不承认认知封闭原则，正是这一原则带来了哲学上的许多麻烦。例如，命题态度语境中的指称问题、信念之谜、认知悖论等，这些问题的背后都预设了或者直接使用了认知封闭原则。

二、本书的结构

第一章在给出认知逻辑系统研究概貌的基础上，重点描述逻辑全能问题及其解决方案。在描述逻辑全能问题时，本书试图做出整体的考察，从逻辑全能问题的历史渊源、表现形式以及问题的重要性等几方面进行表述。而对其解决方案的描述，试图在前人的基础上将方案划归为三大类：语形方案、语义方案和语用方案，为后文的不同方案的比较提供基础。

在第二章中，重点放在对解全标准的探析，即既非逻辑全能又非逻辑无能之间的制约性的准则。这个准则为下文的各种解决逻辑全能问题的方案评估提供一个可操作的形式标准，有利于甄别哪种方案比较合适。

第三章，评述解全方案中具有代表性的三种方案：一阶方案，康诺利格演绎模型，达克动态逻辑。

第四章，在众多语义解全方案中选取几个典型的案例来分析：蒙太古-斯科特为代表的簇模型、不可能世界为起源的筛模型以及多值认知逻辑系统。

第五章，评述语用解全方案，阐述了其从情境语义转向情境演算研究的发展。在这个基础上，给出情境演算的一个示例，试图为构造一个能够较好地解全的基于情境演算的认知系统做出铺垫。

第六章，主要是对逻辑全能问题相关联的一些哲学问题进行反思。

第二章　解全制约性标准探析

如前所述，逻辑全能问题给了一个重新审视认知逻辑的契机。辛提卡在从事认知逻辑系统研究之初，就已经认识到了逻辑全能问题的存在，并努力提出解决方案。之后，学者也纷纷提出许多解全方案。这些方案在不同程度上推进和深化了问题的研究，但迄今并未在各种方案的优劣上达成学界共识。我们认为，面对众多解全方案，当务之急是探讨“解全标准”这一元理论问题，即逻辑全能问题在何种意义上可以认为得到了解决。本章先讨论理性认知主体这一概念，然后分析该概念与信念之间的关联，并试图在达克提出的“逻辑全能”与“逻辑无能”这对概念的基础上，给出一个适当的解决逻辑全能问题的基本制约性标准，并进行初步的哲学反思。

第一节　现实理性主体

一、现实理性主体与逻辑

对于何谓理性（rationality）的讨论，可谓是众说纷纭。大致可以从两个角度来讨论，一个是从哲学角度，另一个是从形式系统的角度。从哲学角度来看，理性有着不同的划分：实践理性和认知理性，历时理性和共时理性，全局理性和局部理性。① 从形式系统的角度来看，有经济学中的完全理性和有限理性；而在人工智能科学中，理性主体的界定更是多种多样，大致可以从以下几个方面来考察：互动结构；基于逻辑的结构；程序推理系统；信念-欲望-意图结构；隐含主体结构；面向行为主体程序；可

---

① D. Christensen. *Putting Logic in Its Place*. New York: Oxford University Press, 2004: 1-12.

废止推理者；分层结构。①

在哲学史上，“理性”通常是表示推出逻辑结论的认识的阶段和能力的范畴，一般指概念、判断、推理等思维活动。近代唯理论认为，理性是知识的源泉，只有理性是最可靠的。康德把人的认识能力分为感性、知性和理性三个阶段，把理性理解为在经验中无法达到的知识的完备性和无条件性，即要求认识世界的认知能力。但是，理性自身没有先天的形式，只能借用知性范畴。而知性行事所依据的规则，要么是必然的，要么是偶然的。对于前者，没有它们，就不可能有知性的应用；而对于后者，没有它们，就不可能有某一确定的知性应用。而关乎知性和理性的必然法则的科学，康德认为就是逻辑学。我们可以从康德对于逻辑学的概念定义得到这一观点：

> 逻辑学是一门理性科学，这不是仅就形式而言，而是就质料而言；它是一门关于思维的必然法则的先天科学，但不是就特殊的对象而言，而是就一切一般对象而言；——因此，它们是一门一般而言正确的知性应用和理性应用的科学，但不是在主观上，也就是说，不是按照知性如何思维的经验性（心理学）原则，而是在客观上，也就是说，是按照知性应当如何思维的先天原则。②

事实上，传统的观点认为，逻辑规律就是“思维规律”。然而，根据形式逻辑来直接定义理性要求现实主体是个全能的主体，为了达到合理性要求，你需要知道一切，包括从你所知道的或你只是假设的前提通过有效的演绎推理而得到的结论。可见理性和逻辑并不是一个等价的概念。人们在思维时使用逻辑推理的规则，这是合理的。从人类推理的广阔的历史和发展趋势来看，我们就可以很清楚地看到为什么理性不能简单地等同于逻辑。众所周知，一种形式逻辑系统已经包含了所有的有效定理，逻辑系统可以不变或变得更强大。因而逻辑的历史表明，理性不是仅仅意味着遵守逻辑系统中的规则，否则的话逻辑的历史是不合理的！

经济学中的“理性”则是指，认知主体能够在所有集合中选择正确的解。可见，经济学中的“理性人”是指认知主体所进行的理性选择，即参

---

① A. Moreno. Modelling Rational Inquiry in Non-Ideal Agents. PhD. dissertation，Universitat Politècnica De Catalunya，2000：1.

② 康德．康德著作全集 第9卷：逻辑学、自然地理学、教育学．北京：中国人民大学出版社，2010：15.

与人对他们的偏好和目标具有理性的认识，在所面临问题的选择集合中，总是能够选择正确的一种组合。从这可以看出理性主体的信息是完全的，能够获知所有与其偏好和目标相关的信息。显然，这样的认知主体是完全理性的，也是全能的，因而遭遇到理论困境。从下面的“理性人”的定义可以看出这一点。①

理性人：选择程序的初始点是一个集合 $\mathbf{A}$ 上的偏好关系$\succsim$。已知一个选择问题 $A\subseteq\mathbf{A}$，在 A 中选择一个满足最优偏好关系的元素 x^*，即对所有 $x\in A$ 来说，都有 $x^*\succsim x$。

从上述定义，我们可以看出理性人是在集合中封闭的，即理性人获取所有的信息（完全信息）并能够根据已有信息选出最好的方案。在赫伯特·西蒙（Herbert Simon）看来，这种理性的定义是有缺陷的，只是一种理想模式，不可能指导实际中的决策，继而提出了有限理性标准。他指出，人不可能知道全部的备选方案，外部环境是不确定的、复杂的，信息是不完全的，人的记忆能力和计算能力是有限的，因而，人是有限理性的。②

在人工智能科学中，人们通常先定义智能主体，然后考察主体的属性。主体就是通过传感器感知其环境，并通过执行器作用于环境（见图 2-1）。③

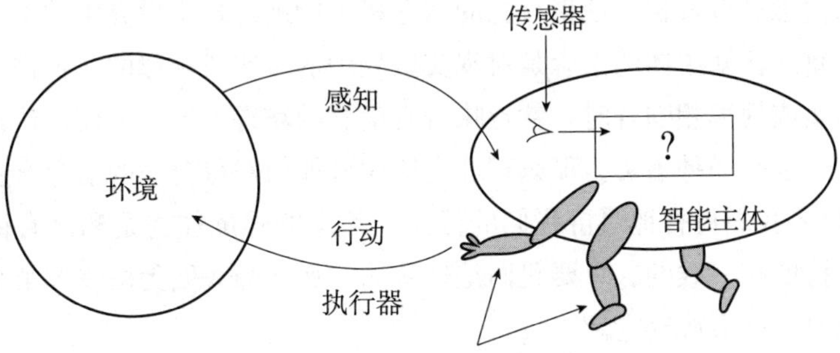

图 2-1　智能主体示意图

① 阿里尔·鲁宾斯坦．有限理性建模．北京：中国人民大学出版社，2005：2.

② Herbert Simon. A Behavioral Model of Rational Choice. *Quarterly Journal of Economics*, 1955（69）：99-188.

③ Selmer Bringsjord, Naveen Sundar Govindarajulu//Edward N. Zalta（ed.）. Artificial Intelligence. *The Stanford Encyclopedia of Philosophy*（Summer 2020 Edition）. URL =〈https：//plato. stanford. edu/archives/sum2020/entries/artificial-intelligence/〉.

从上图来看，一个智能主体能够感知外在的世界，获取信息，根据相应的信息采取行动而反作用于世界。那么根据这一理解，一个理性主体就能做理性的行动。此处的“理性”通常理解为：主体不可能获知所有相关的信息，采取行动有可能达不到预期的目标。莫雷诺说道：“理性主体（rational agents）是这样一些主体，他们能持久分析他们的信念集，使得信念和现实世界中的事实尽可能吻合。理性主体试图排除那些不能准确反映他们所处情境中的真实情况的信念，同时也试图通过增加他们信念的逻辑后承来扩充信念集。这个连续不断的分析过程也称为理性探究。”① 莫雷诺从中区分出一类认知主体，称为“理性探究者”（rational inquirer）。他认为：“理性探究者是这样一个主体，他将持续不断地对他的信念做多维度的动态分析，试图尽可能地使信念和现实世界中的事实吻合。这种分析由以下成分组成：

（1）逻辑分析，主体可以对他自己的信念集执行演绎推理（有限）。

（2）试探性分析，主体可以怀疑，是否（隐性）相信某一事实。

（3）实验分析，主体需要一些证据来确认或否证某些信念。

理性探究者也可以把直接从他们所处情境中获得的信息融合到他们的信念中去。”②

从这段话可知，理性主体与信念紧密关联。一方面，理性主体能够对自身的信念进行分析，使得自身的信念尽可能地与现实世界中的事实或规律相一致。认知主体的信念是对现实世界中的事实或规律的一种描述，当其与事实或规律相吻合时，就意味着真信念的获得。另一方面，认知主体具有信念也是一种事实。那么理性主体应该如何对待自身的信念？蒯因说道：“只要我们理智地对待我们的信念，信念的强度往往是和已有证据对它的支持度相一致的。只要我们是理智的，那么当我们无法找到某个信念的证据时，就会放弃它。”③

这三种分析就是认知主体如何达到理性的途径。通过逻辑分析，认知主体能够对信念使用逻辑推理规则进行逻辑推理，把违反逻辑法则的信念排除，把服从逻辑法则的信念保持下来。从这一点看，逻辑法则是一个理

---

① A. Moreno. Modelling Rational Inquiry in Non-Ideal Agents. PhD. dissertation，Universitat Politècnica De Catalunya，2000：86.

② A. Moreno，U. Cortés，T. Sales. Inquirers：A General Model of Non-Ideal Rational Agents. *International Journal of Intelligent Systems*，2000（15）：203.

③ 涂纪亮，陈波．蒯因著作集：第5卷．北京：中国人民大学出版社，2007：345.

性主体的准则，认知主体应尽可能地不违反逻辑法则。试探性分析还是以逻辑分析为基础，但这和逻辑分析有所不同。在试探性分析中，认知主体可以怀疑某一命题 α 是否成立。而实验分析显示了认知主体获得信息的能力，来支持或否证自身的某一信念。至此，我们可以看出，理性的认知主体是以逻辑法则作为准则来检验自身的信念，使得自身的信念尽可能地不违反逻辑法则。显然，这是一个终极的理想目标，理性主体在朝这个目标前进的时候或多或少可能会违反逻辑法则。

可见，一个主体是理性的，我们通常会认为他持有理性信念。而理性信念通常是源于合乎逻辑的思考，即正确的逻辑为理想的理性信念提供一个模型。例如，一个傻瓜可以碰巧猜对了，而一个侦探因线索的误导会得到错误的结论，但是我们不会因为傻瓜猜对了而认为他是一个理性主体，也不会因为侦探错了而认为他是一个非理性主体。也就是说，一个理性主体能够对信念加以扩张（获取世界信息），排除错误信念（把和事实不相符的信息清除）。

二、弱矛盾信念、强矛盾信念与现实理性主体

从上面讨论可以看出，对理性主体的分析可以转换为对理性信念的分析。而理性信念基本是以逻辑法则为基础的。下面以矛盾律为例，分析逻辑法则与理性信念的关系。

对于矛盾，自古以来就有所讨论，亚里士多德就明确提出人们不应该相信矛盾，他说：

> 对于任何人来说都不应相信同一事物既存在又不存在，如某些人认为赫拉克利特所说的。一个人所说的，他并不必然地相信；如果相反者不可能在同一时间属于同一对象（通常的规定必须被附加在这个前提上），而且如果与另一个意见相矛盾的意见，就是与那个意见相反的，那么显然，对于同一个人来说，在同一时间相信同一事物既存在又不存在就是不可能的了；如果一个人在这一点上是错误的，那他就会在同一时间有相反的意见了。正是由于这个理由，所有进行证明的人都把它归结到这一点作为终极的信念。因为即使对于所有其他公理来说，这都自然是一个出发点。①

① 亚里士多德．形而上学．上海：上海人民出版社，2005：90.

显然，亚里士多德在这里强调了两点：一是任何人说都不应相信同一事物既存在又不存在；二是这一点作为终极的信念。一个理性主体会相信明显矛盾的命题吗？显然不会，否则就是一个非理性主体。而“终极的信念”，意味着不矛盾律就是信念的一个规范。所以，对于矛盾，人们通常是加以反对的，而且通常有下面的理由：（1）矛盾蕴涵一切；（2）矛盾不可能为真；（3）矛盾不能被理性地相信；（4）如果接受矛盾，大家不可能是理性地批评；（5）如果接受矛盾，谁都不能否定任何的东西。① 其中第（1）、（2）点是有关矛盾自身的属性，其余三点是矛盾与理性主体之间的关系。第（2）点上面已经分析了。第（1）点是矛盾在经典逻辑形式系统中的一个定理，即 $\alpha\wedge\neg\alpha\rightarrow\beta$，也就是由假而全原则，也就是说矛盾蕴涵一切命题。矛盾律和理性信念之间的关系与这个原则有着密切的关联。如果把认知主体加入由假而全原则中，形式上可改写为：$B_i(\alpha\wedge\neg\alpha)\rightarrow B_i\beta$，那么上面提到的（3）、（4）和（5）点完全可以在这个形式中得到刻画。

这里需要特别注意的是，在经典认知逻辑系统中有如下证明：

（1）$B_i\alpha\wedge B_i\neg\alpha\vdash B_i(\alpha\wedge\neg\alpha)$

（2）$B_i(\alpha\wedge\neg\alpha)\vdash B_i\beta$

（3）$B_i\alpha\wedge B_i\neg\alpha\vdash B_i\beta$

最后一步的结论表明，如果一个认知主体的信念形如 $B_i\alpha\wedge B_i\neg\alpha$，那么这个认知主体就相信任意命题。但这与我们的直觉并不相吻合。究其原因，是由于人们把两个概念经常等同起来，即把不一致（inconsistency）和矛盾（contradiction）通常看成两个可以相互定义的概念，或者说二者是同一个概念的两种不同表达。不过，基于本书宗旨，当这两个概念用在信念等语境中时，我们可以将它们区分使用。一个不一致的命题或信念是自相矛盾的，反之亦然。此外，两个相互矛盾的命题或信念是相互不一致的。从下面这段话可以得出这一点。

> 如果某人相信 s_1，相信 s_2，且相信 $\neg(s_1\wedge s_2)$，那么他可能没有陷入矛盾中，虽然他似乎是既相信（$s_1\wedge s_2$）又相信 $\neg(s_1\wedge s_2)$。同样，他也没有陷入自相矛盾，虽然他似乎是相信了 $[(s_1\wedge s_2)\wedge\neg(s_1\wedge s_2)]$。②

① G. Priest. What's So Bad about Contradictions? //G. Priest，J. C. Beall，B. P. Armour-Garb (eds.). *The Law of Non-Contradiction*: *New Philosophical Essays*. Oxford: Oxford University Press，2004：23.

② John N. Williams. Inconsistency and Contradiction. *Mind*，1981 (90)：600.

他没有矛盾信念，因为没有两种信念是相互矛盾的。此外，抽去他的任何一个信念的结果是，他所剩的信念都有可能是正确的。他也不持有任何自相矛盾的信念，然而，由于他所相信的东西是自相矛盾的，因此，他所持有的信念必然并不都是真的。因此，虽然所有持有矛盾信念或自相矛盾信念的人都持有不一致的信念，但并非所有持有不一致信念的人都持有矛盾或自相矛盾的信念。从形式上来看，不一致信念是信念集中具有形如 $B_i\alpha$、$B_i\neg\alpha$ 这样的公式，而矛盾信念是 $B_i\alpha \wedge B_i\neg\alpha$，自相矛盾信念是 $B_i(\alpha \wedge\neg\alpha)$。其实我们在现实生活中考虑事情的时候，经常会单独考虑 α，也会单独考虑 β，但是有可能不会同时对二者加以考虑，即$(\alpha\wedge\beta)$。上述的形式表示可以很好地刻画这种情形。为了便于表达，我们约定，$B_i\alpha \wedge B_i\neg\alpha$ 这种形式为弱矛盾信念；$B_i(\alpha\wedge\neg\alpha)$为强矛盾信念。

现在，我们可以清楚地看到：理性的认知主体可能拥有弱矛盾信念，是因为认知主体从自身的信念集中没有使用推理规则推出弱矛盾，而这弱矛盾是可以从主体的信念集中使用推理规则得到的两个相互矛盾的信念，即表达为 $B_i(s_1\wedge s_2)\wedge B_i\neg(s_1\wedge s_2)$。同时，我们也非常清楚地得到：理性的认知主体是不可能拥有强矛盾信念，即表达为 $B_i(\alpha\wedge\neg\alpha)$，因为矛盾是明显地摆在眼前，无须使用任何推理规则就已经呈现出来了。显然如果一个认知主体相信强矛盾信念，那么这个主体就是非理性认知主体。

从上可知，弱矛盾信念是一种隐性矛盾信念，从认知主体的信念集中根据认知主体所相信的推理规则，可以推出认知主体的信念，表达为$(B_i\alpha \wedge B_i\neg\alpha)$，即认知主体隐含地相信了隐性矛盾，但是实际上认知主体并没有推出矛盾，也就是主体的信念状态没有从 $B_i\alpha$ 和 $B_i\neg\alpha$ 转换到 $B_i(\alpha\wedge\neg\alpha)$。在这种情形中，认知主体不知道自身有不一致的地方。从这里，我们可以得出，一个主体可能持有弱矛盾信念，而这就意味着主体的信念集并不是自身信念的后承封闭。在这种意义上，认知主体所具有的知识和信念是可以存在不一致的。但这并不意味着认知主体的知识和信念不需要追求逻辑一致。恰恰相反，认知主体是要尽可能地使用逻辑推理规则将自身知识信念中不一致的地方清理出来。认知主体的知识信念系统存在弱矛盾是一个事实，这个事实不是理性主体追求的目标。认知主体追求逻辑理性是一个终极的目标，但实际上认知主体只能无限逼近，很难完全达到。一个很好的典型事例就是我们常说的“序言悖论”。[①] 人们通常对于自己

① D. C. Makinson. The Paradox of the Preface. *Analysis*, 1965 (25): 205-207.

书中的每一个命题都相信它是正确的，即：α_1，…，α_n 这些命题都是正确的；同时人们通常认为自己书中的缺陷是难免的，也就意味着书中的某一个命题可能会出错，即：$\neg\alpha_1 \vee \cdots \vee \neg\alpha_n$。这就意味着作者有着弱矛盾信念，即：

$$B_i(\alpha_1 \wedge \cdots \wedge \alpha_n) \wedge B_i(\neg \alpha_1 \vee \cdots \vee \neg \alpha_n)$$

由上可得到：

$$B_i(\alpha_1 \wedge \cdots \wedge \alpha_n) \wedge B_i \neg(\alpha_1 \wedge \cdots \wedge \alpha_n)$$

这里需要注意的是，作者的信念可以表述为只有 $B_i(\alpha_1 \wedge \cdots \wedge \alpha_n) \wedge B_i \neg(\alpha_1 \wedge \cdots \wedge \alpha_n)$，而没有 $B_i((\alpha_1 \wedge \cdots \wedge \alpha_n) \wedge \neg(\alpha_1 \wedge \cdots \wedge \alpha_n))$，或者说更没有某一具体的矛盾形如 $B_i(\alpha_1 \wedge \neg \alpha_1)$。

强矛盾信念 $B_i(\alpha \wedge \neg \alpha)$，意思是主体 i 相信一个矛盾命题($\alpha \wedge \neg \alpha$)。一个理性的主体是不可能直接相信矛盾的。如果一个主体相信矛盾命题，也就意味着，他面对矛盾命题，没有任何的分辨能力。从这个角度来说，这样的认知主体就是逻辑无能主体。

可见，$B_i\alpha \wedge B_i \neg\alpha$ 和 $B_i(\alpha \wedge \neg \alpha)$之间有着明显的区分。首先，前者是一种间接的矛盾信念，所以称为弱矛盾信念，也可以称之为隐性矛盾信念；后者是直接的矛盾信念，所以称之为强矛盾信念，也可以称之为显性矛盾信念。其次，$B_i\alpha \wedge B_i \neg\alpha$ 这个公式中的合取符号容易使人产生误解，它指的是信念系统中存在不一致的地方，但是认知主体目前没有把它们找出来。如果在信念系统中，存在这么一个不一致的地方，但是认知主体没有把它们找出来的话，即 $\exists p(B_i p \wedge B_i \neg p)$。这样的认知主体从某种意义上来说就是一个非逻辑全能认知主体。

雷谢尔对于认知主体信念系统的不一致做了一个更加细致的区分，他认为可以分为下面四种情况①：

(1) 弱不一致（weak inconsistency）：$\exists p(B_i p \wedge B_i \neg p)$

(2) 强不一致（strong inconsistency）：$\exists p(B_i(p \wedge \neg p))$

(3) 超不一致（hyperinconsistency）：$\forall p(B_i(p \wedge \neg p))$

(4) 逻辑混沌（logical chaos）：$\forall p(B_i p)$

显然，雷谢尔在这里进行了命题的量化工作，对矛盾做了进一步的细化。弱不一致对应我们所谓的弱矛盾信念（隐性矛盾信念），强不一致和

① N. Rescher. *Rationality*: *A Philosophical Inquiry into the Nature and the Rationale of Reason*. Oxford: Clarendon Press, 1988: 75. 为便于阅读，符号有改动。

超不一致可以归结到强矛盾信念（显性矛盾信念），逻辑混沌是非理性的极端情形。辛提卡也认为："即使是逻辑学家也可能不知道某些难以捕捉到的不一致。"① 显然，一个现实的理性认知主体可以有弱矛盾信念（隐性矛盾信念），但是不能有强矛盾信念（显性矛盾信念）。

一个很好的例子可以说明理性的认知主体的确有某些弱矛盾信念。在《算术基础》中，弗雷格并没有把罗素悖论找出来，显然他就是拥有了弱矛盾信念。然而，罗素把这个悖论告诉他之后，他相信这个悖论在他原有信念系统中存在，但是不接受这个矛盾。

那么，是什么东西让我们认为有弱矛盾信念是理性可接受的？蒯因认为："有时候，很遗憾，我们甚至会同意相互冲突的句子，但这是因为不一致性并不总是明显的。一旦我们知道一组句子相互矛盾，我们便不会相信所有的句子是真的，因为矛盾要求它们中的这个或那个句子为假。"② 他进一步说："当一组信念不能完全相容时，至少有一个信念要被认为是错误的而被拒绝；但是至于要拒绝哪一个，则依然是一个开放的问题，必须对相对冲突的信念的证据进行评估，从而将最缺乏支持的信念予以清除。"③ 显然，人们正因为有弱矛盾信念，才会导致信念需要修正。这恰恰就是人类信念系统的实际情况。

第二节 逻辑全能与逻辑无能

逻辑全能问题的提出，反映了经典认知逻辑刻画知识与信念算子时存在某个方面的误区。面对逻辑全能问题，人们从语法、语义等不同的角度给这些系统修改或添加一些限制性的条件，从而弱化认知主体的推理能力，可以在一定程度上减轻或避免逻辑全能问题。然而这些条件却使得认知主体的一些正常的推理能力丧失。正是在这个意义上达克提出了"逻辑无能"这个概念。达克认为，"逻辑全能"与"逻辑无能"是认知逻辑系

① J. Hintikka. Impossible Possible Worlds Vindicated. *Journal of Philosophical Logic*, 1975 (4): 478.

② 涂纪亮，陈波．蒯因著作集：第5卷．北京：中国人民大学出版社，2007：344.

③ 同②346.

统的两难困境。[①]“逻辑全能”与“逻辑无能”这对概念强化了认知主体在知识和信念当中的重要作用，使得认知主体的主体作用凸显出来。这也为认知逻辑的发展提供了一个很好的指南。

可见，认知系统刻画现实认知主体的推理能力不能太强，也不能太弱。前面我们说过，现实认知主体通常是理性的，而且理性是建立在逻辑基础上的。换句话说，理性主体是有逻辑推理能力的，而这个能力是有限的。“有限”通常可以理解为“上限”和“下限”。理性认知主体的“上限”就是非逻辑全能。拉斯马森（Mattias Skipper Rasmussen）认为这个非逻辑全能表现为认知主体的知识并不是逻辑规则下的封闭。[②] 认知主体知识的非封闭性原则并不意味着认知主体无法获得知识的逻辑后承。事实上，对于一些资源有限主体来说有可能具有超强的逻辑能力。但是最基本的要求是，我们不能期望一个资源有限主体的知识遵守任何封闭原则，即使是在最简单的同一律，认知主体的知识也不是封闭的。切尔尼克（C. Cherniak）认为理性认知主体通常有一个“下限”，即“最小的一般理性条件”：如果一个认知主体有一个特别的信念集，他会尝试一些显然是适当的行动，但不一定是所有的行动。[③] 而这个“最小的”理性可以转化为“逻辑推理能力的最低要求”：“如果一个认知主体有某信念集，那么，他可以从其信念集中得出某可靠推理，且这一推理是明显恰当的，但不必是要求得出所有的推理。”[④] 也就是说，如果资源有限主体知道有效推理的前提，并了解相关的推理规则，然后给予足够的资源，那么资源有限主体完全可以推断出结论。切尔尼克明确表明理性的认知主体不需要消除所有不一致的信念。这会产生以下的“最小的一致性条件”：如果认知主体有一个信念集，如果在信念集中出现任何不一致的情况，有时会消除其中的一些。这就要求理性认知主体在面对明显的或强矛盾信念时，能够做出合适的推理。

同时，切尔尼克认为，一个认知主体的信念集是演绎封闭的，这是最简单、最极端和最理想化的情形，即如果认知主体有某信念集，那么，他

---

① H. N. Duc. Logical Omniscience vs. Logical Ignorance on a Dilemma of Epistemic Logic// *Progress in Artificial Intelligence*, *7th Portuguese Conference on Artificial Intelligence*, EPIA' 95. Berlin: Springer, 1995: 237 - 248.

② M. S. Rasmussen. Dynamic Epistemic Logic and Logical Omniscience. *Logic and Logical Philosophy*, 2015 (24): 379.

③ C. Cherniak. Minimal Rationality. *Mind*, 1981 (90): 166.

④ 同③167.

可以从其信念集中得出所有可靠推理，且这些推理是明显恰当的。①这里有两个要素：一是所有的推理对于认知主体来说是明显恰当的；二是认知主体能够成功进行所有的推理。这个理想化的认知主体就具有全能属性。切尔尼克认为非最小理性的理想的看法（建议认知主体应该消除所有的矛盾）实际上意味着人类的非理性，任何人试图满足认知主体保持一致的信念将是非理性的。

如前所述，“逻辑全能问题”在辛提卡 1962 年出版的当代认知逻辑奠基《知识和信念》一书中即已显现出来。在经典认知模态逻辑中，K 公理和 N 必然化规则通常被认为是产生逻辑全能问题的原因。

K 公理：$K_i(\alpha\rightarrow\beta)\rightarrow(K_i\alpha\rightarrow K_i\beta)$，意思是如果主体知道（相信）$\alpha\rightarrow\beta$，那么，如果主体知道（相信）$\alpha$，那么主体就知道（相信）$\beta$。N 必然化规则：$\vdash\alpha\Rightarrow\vdash K_i\alpha$，是说，逻辑系统中的所有定理，认知主体都知道（相信）。这要求主体能够知道（相信）自身知识（或信念）集中的所有逻辑后承。同时要求主体知识（信念）集必须是一致的，因为由假而全原则（假命题蕴涵任何一切命题），主体将会知道（相信）所有的一切。现实中的理性主体可能有矛盾，但不可能会由此相信一切命题。故经典认知逻辑所预设的主体是绝对的理想主体，而不可能是现实主体。

如前所述，“知识”的传统定义为“证成了的真信念”。信念是知识的必要条件，据此，我们可以借助信念系统来说明逻辑全能问题的表现形式。经典信念系统是 **K45** 或 **KD45**，如果初始联结词选定为蕴涵→和否定¬，B 为相信算子，α、β 为公式，i 为认知主体，那么我们可以把前面提到的十个全能属性公式简化为以下几个公式：

（1）$B_i(\alpha\rightarrow\beta)\rightarrow(B_i\alpha\rightarrow B_i\beta)$

（2）$\vdash\alpha\Rightarrow\vdash B_i\alpha$

（3）$B_i\alpha\rightarrow\neg B_i\neg\alpha$

（4）$B_i\alpha\rightarrow(B_i\neg\alpha\rightarrow B_i\beta)$

第（1）个公式就是 K 公理。第（2）个公式是必然化规则，说的是系统中的所有定理，认知主体都相信。第（3）个公式是说认知主体没有不一致的信念，如果相信某个命题，那么认知主体就不会相信这个命题的否定。第（4）个公式是说如果认知主体有矛盾信念的话，那么他相信所有的命题。这个公式和下面这个公式有着本质的区别：

① C. Cherniak. Minimal Rationality. *Mind*，1981（90）：170.

$B_i\alpha \rightarrow (\neg B_i\alpha \rightarrow B_i\beta)$

区别在于后者中的（$B_i\alpha \wedge \neg B_i\alpha$）是一个矛盾，认知主体相信某物又不相信某物不可能为真；而 $B_i\alpha \rightarrow (B_i\neg\alpha \rightarrow B_i\beta)$ 中的 $(B_i\alpha \wedge B_i\neg\alpha)$ 对于一个主体来说有可能为真。显然这些全能属性公式都不符合人们关于实际认知主体的直觉，但是它们都是认知逻辑系统中的有效公式。

要避免逻辑全能问题，一个直观的做法就是把上述四个公式加以否定，从而得到非全能属性：

（1）$B_i(p \rightarrow q) \wedge B_i p \wedge \neg B_i q$

（2）$\Box p \wedge \neg B_i p$

（3）$B_i p \wedge B_i \neg p$

（4）$B_i p \wedge B_i \neg p \wedge \neg B_i q$

（1）说的是认知主体在前提条件充分的情况下，仍然有可能无法得出前提条件的逻辑后承。这说明认知主体的推理能力是受限的。（2）强调了认知主体对于必然为真的命题可能不相信。这就意味着认知主体对世界的认知也是受限的。（3）刻画的是认知主体存在弱矛盾信念。（4）在（3）的基础上就能够很好地被理解，既然认知主体存在弱矛盾信念，那么自然就不可能相信任何命题。

但是上述四个公式在修改得到的系统中不能是普遍有效式，而只能是可满足式。因为如果它们是普遍有效式的话，就会导致明显地不符合直觉。如果这四个公式是普遍有效式，公式（1）就意味着认知主体即使在有充足的前提条件下也没有任何推理能力；公式（2）是说主体有可能不相信任何的重言式；公式（3）宣称认知主体有弱矛盾信念；公式（4）说的是主体只相信矛盾。也许，以这四个公式作为定理的系统可以称为绝对的“逻辑无能”系统。

上述四个公式是对逻辑全能属性公式进行否定而获得的。这就意味着认知逻辑系统很容易从“逻辑全能”这个极端走向另一个极端“逻辑无能”。正是在这个意义上，达克指出，我们研究认知逻辑既要避免“逻辑全能”，但同时也要避免“逻辑无能”。他认为以往的所有弱化型方案，虽然在一定的程度上能够解决一部分逻辑全能问题，描述的主体所具有的信念更符合实际，但是，弱化型认知逻辑通常非常严厉地限制了主体的推理能力。事实上，有些弱化方案所刻画的主体连基本的推理也不会，甚至什么也不相信而只相信矛盾。显然，这样的主体不是我们要讨论的。我们所需要讨论的主体是一个理性的智能主体，反理性的、无智能的主体不是我们所感兴趣的。从这里，我们可以观察到当学者们把注意力集中在如何避免逻辑全能问题时，很容易忽视系统的逻辑无能问题。达克提出“非逻辑无能”原则，恰恰弥补了这一点，避免逻辑系统在解全时掉入另一个火坑。只有遵循这一原则，才能使得解全方案真正达到解全的目的。既“非逻辑全能”又“非逻辑无能”是要求一个系统从上限和下限两方面制约来刻画一个现实的理性主体。一个现实的理性主体的推理能力不可能强到逻辑全能，同时也不可能弱到逻辑无能。因此，既“非逻辑全能”又“非逻辑无能”可以看成认知逻辑系统的一个合适的标准。

第三节 解全制约性基本准则

逻辑全能与逻辑无能这对概念虽然指引了达克建构一个动态认知逻辑系统，但是达克只是提出了概念，并没有对逻辑全能与逻辑无能做进一步深入细致的分析。非逻辑全能与非逻辑无能显然是针对认知主体的推理能力（宽泛一些就是认知能力）提出的一个可以接受的合乎实际的标准。但这个标准在技术上是含糊的。我们来做进一步澄清。

雷谢尔在《认知逻辑：知识逻辑概论》一书中对全知者做了比较系统的分析。全知者和全能者显然有着不同的属性，全知者是对于可知命题来说的，他知道所有的可知命题；而全能者是针对一个系统而言的，他能知道系统中所有的逻辑后承。但从全知者的分析中我们可以得到一定的启发。

雷谢尔用形式化的方法刻画出了知道者的能力及其能力的有限性。①

知道者的能力：我们要刻画的是现实的知道者，是至少知道某些知识的个体。

1. $\forall i \exists p K_i p$

知道者的有限性：我们刻画的是有限能力的知道者，没有谁是全知的。

2. $\forall i \exists p (p \wedge \neg K_i p)$

在上述两个命题的基础上我们可以给出它们的负命题：

1′. $\exists i \forall p \neg K_i p$

① N. Rescher. *Epistemic Logic*. Pittsburgh: University of Pittsburgh Press, 2005: 10.

这是说存在一个认知主体对于所有的命题都不知道。显然，这是一个极品傻瓜。

$2'. \exists i \forall p(p \rightarrow K_i p)$

这个公式意思是说，存在一个认知主体对于所有的命题，如果这个命题为真的话，那么他知道这个命题。这是一个典型的全知者。

在给出知道者的能力和有限性后，雷谢尔详细讨论了知道者与知识之间的关联。他从知道、不知道与知识之间的量化关联入手，列出了 16 个命题，其中大部分命题之间可以建立等价关系。下面我们分析其中一些命题，等价命题在此不做分析。

雷谢尔从正、反两方面给出知道者与知识之间的量化关系，从而指出哪些命题是不能够接受的。首先他从正面给出四个命题①：

(1) $\forall i \forall p K_i p$

(2) $\forall i \exists p K_i p$

(3) $\exists i \forall p K_i p$

(4) $\exists i \exists p K_i p$

这四个公式中，命题 (1) 可以推出其他三个命题。这个命题说的是所有的认知主体都是全知主体，大家什么都知道。显然，这是不能够接受的。命题 (2) 就是知道者有能力原则，意思是说所有的认知主体都能够知道一个命题。命题 (3) 实际上是命题 (1) 的一种弱化形式，说的是存在一个全知主体，这也是我们所不能够接受的。当然，我们这里不涉及上帝这个全知主体的讨论，只讨论现实中的认知主体。命题 (4) 说的是存在一个认知主体知道某个命题，这一点被认为是对极端怀疑论者的一个很好的回答。自然，命题 (4) 是符合人们的直觉的。

上面四个命题是从"知道者知道"出发，下面考察"知道者不知道"。

(1′) $\forall i \forall p \neg K_i p$

(2′) $\forall i \exists p \neg K_i p$

(3′) $\exists i \forall p \neg K_i p$

(4′) $\exists i \exists p \neg K_i p$

在上面四个命题当中，命题 (1′) 可以推出其他三个命题。这个命题就是典型的极端怀疑主义命题。所有的认知主体对于所有的命题都不知道，所有认知主体都是无知主体。命题 (2′) 刻画的是存在一个不可知的

---

① N. Rescher. *Epistemic Logic*. Pittsburgh：University of Pittsburgh Press，2005：12 - 13.

命题。命题（$3'$）是命题（$1'$）的弱化形式，刻画的是存在一个无知主体，他对于所有的命题都不知道。命题（$4'$）刻画的是一个非全知者。

雷谢尔只是讨论了有关知道者与知识之间的关系，即全知者与非全知者、无知者与非无知者。由于全知、无知和全能、无能之间的不同，我们不可能通过简单迁移，直接给出逻辑全能强到什么程度以及逻辑无能弱到什么程度的标准。但我们认为使用弱矛盾信念和强矛盾信念及其相互之间的关系，可以更好地刻画现实的有限理性认知主体。

现在，我们可以对如下命题加以比较。

(1) $\forall i\,\forall p\neg(B_i p\wedge B_i\neg p)$　　(1′) $\forall i\,\forall p\neg B_i(p\wedge\neg p)$

(2) $\forall i\,\exists p\neg(B_i p\wedge B_i\neg p)$　　(2′) $\forall i\,\exists p\neg B_i(p\wedge\neg p)$

(3) $\exists i\,\forall p\neg(B_i p\wedge B_i\neg p)$　　(3′) $\exists i\,\forall p\neg B_i(p\wedge\neg p)$

(4) $\exists i\,\exists p\neg(B_i p\wedge B_i\neg p)$　　(4′) $\exists i\,\exists p\neg B_i(p\wedge\neg p)$

(5) $\forall i\,\forall p(B_i p\wedge B_i\neg p)$　　(5′) $\forall i\,\forall p B_i(p\wedge\neg p)$

(6) $\forall i\,\exists p(B_i p\wedge B_i\neg p)$　　(6′) $\forall i\,\exists p B_i(p\wedge\neg p)$

(7) $\exists i\,\forall p(B_i p\wedge B_i\neg p)$　　(7′) $\exists i\,\forall p B_i(p\wedge\neg p)$

(8) $\exists i\,\exists p(B_i p\wedge B_i\neg p)$　　(8′) $\exists i\,\exists p B_i(p\wedge\neg p)$

公式（1）是说对于所有的主体，所有的弱矛盾信念命题不成立；公式（3），存在这样的主体，这是全能主体，推理能力超强，可以把所有的不一致的信念清除。公式（2）是说对于任意的主体，至少有一个弱矛盾信念是不成立的，公式（4）是（3）的推论，这是非逻辑无能主体。这个主体可以把自身的某一弱矛盾信念清除出来。公式（5）是说对于所有的主体，所有的弱矛盾信念命题成立，公式（7）类似，在某种意义上说，这是逻辑无能主体，即不能够把自身的弱矛盾信念清除出来。公式（6）对于任意的主体，存在一个弱矛盾信念命题成立，公式（8）类似，这是个非逻辑全能主体。公式（$1'$）是说所有的主体都不相信所有的强矛盾信念命题，公式（$2'$）、（$3'$）和（$4'$）类似，这是非逻辑无能主体。公式（$5'$）是说所有的主体都相信所有的强矛盾信念命题，公式（$7'$）类似，这是逻辑无能主体。公式（$6'$）和（$8'$）有一个矛盾命题至少有人（甚至所有的人）都相信，例如有人相信说谎者语句既为真又为假。

上面的讨论只是单方面地从主体的无能与全能角度来考虑，没有把二者之间的关系展现出来。考虑弱矛盾信念与强矛盾信念的关系，即 $B_i p\wedge B_i\neg p$ 和 $B_i(p\wedge\neg p)$之间的关系。如果认知主体拥有强矛盾信念，显然这个认知主体就是一个逻辑无能主体。因而可以说，强矛盾信念是逻辑不无能的下限。如果认知主体拥有弱矛盾信念，那么我们可以说该认知主体是一个逻辑不全能的认知主体。因而可以说，弱矛盾信念是逻辑不全能的上限。如果某主体有强矛盾信念，显然可以推导出这个主体有弱矛盾信念，所以主要是考察如何从弱矛盾信念推导出强矛盾信念的问题：

$$B_i p \wedge B_i \neg p \rightarrow B_i(p \wedge \neg p)$$

这个公式在具有逻辑全能属性的经典认知逻辑中是普遍有效的，这恰好体现了逻辑全能主体的特征；而若将之视为永假式，则是“逻辑无能”的体现；因此，若要刻画既“非逻辑全能”也“非逻辑无能”的主体，则须将该式视为仅可满足式。笔者认为，这就获得了考察一个解全方案合理性的基本技术性制约标准。

第四节　解全制约性标准的哲学反思

上面我们讨论了弱矛盾信念和强矛盾信念之间的关系，即 $B_i p \wedge B_i \neg p \rightarrow B_i(p \wedge \neg p)$在系统中是仅可满足式而不是普遍有效式时，这个系统刻画的就是现实的理性主体。那么，这个可满足式而非普遍有效式与上面所列的非全能属性之间有着什么样的关联呢？二者都体现了接受弱矛盾信念，不接受矛盾蕴涵一切，不接受演绎封闭原则。但是二者之间存在差别。非逻辑全能属性，正如前面所分析的，如果不加以限制的话，很有可能使得认知主体成为逻辑无能主体。而弱矛盾信念和强矛盾信念的区分恰恰避免了这一点。非逻辑全能属性更多的是从知识（相信）的静态属性来考察，即知识（信念）的属性是什么；而弱矛盾信念和强矛盾信念的刻画却是从认知动态这个角度来看，更加能够体现主体在推理过程中的主导地位，即知识（信念）是通过认知主体运用推理规则而从有限的前提中获得的。一个现实的理性认知主体可以排除一些错误的信息，但不可能排除全部。排除错误的信息实际就是一个推导过程。

弱矛盾信念和强矛盾信念之间的关系作为一个解全标准应该如何来衡量？我们可以借鉴解悖方案的三个准则——足够狭窄性、充分宽广性和非特设性——来衡量。① 前面两点主要是从技术层面来说，后面一点主要是从哲学层面上来考虑。足够狭窄性就是消除逻辑全能问题，也就是非全能

① 张建军．逻辑悖论研究引论．南京：南京大学出版社，2002：35.

原则。这是主要的目标，因而这一点是必需的。如果一个标准不能够避免逻辑全能问题，或者在这个方面似乎可以避免，但是在另一个方面又重新浮现出来，那么这个标准就不满足足够狭窄性这一要求。充分宽广性就是要求尽可能保持认知主体的推理能力，不至于使认知主体的推理能力弱化到了逻辑无能的地步。如果一个认知主体不是逻辑全能，却是逻辑无能的话，那么系统刻画的认知主体也不是一个现实的理性主体。这也不是我们所需要的。我们所需要刻画的认知主体是具有一定的理想化程度，但又是现实可以接受的。充分宽广性确保逻辑系统所刻画的认知主体能够推出足够的逻辑后承。非特设性，是一种纯哲学的要求，主要是指解全这个标准能够符合人们的直觉，能够经受住哲学依据的检验。一个解全方案满足非特设性，其恰当性还应该满足足够狭窄性和充分宽广性这两个要求。如果两个方案都满足足够狭窄性和充分宽广性这两个要求，那么就需要通过非特设性的考察，进行哲学上的分析，看哪一个方案更加符合人们的直觉。

从技术上来看，弱矛盾信念和强矛盾信念之间的关系的制约标准能够满足足够狭窄性和充分宽广性。这从前面的分析可以看出，弱矛盾信念和强矛盾信念之间的关系能够很好地表达"非逻辑全能"和"非逻辑无能"。非逻辑全能是足够狭窄性的体现，而非逻辑无能体现了充分宽广性。从非特设性这个角度来看，弱矛盾信念和强矛盾信念是我们日常可解释的概念，不是因为我们需要避免逻辑全能问题而产生的概念。更为重要的一点是，弱矛盾信念和强矛盾信念与不矛盾律相容。这里主要是讨论弱矛盾信念，因为理性认知主体可能有弱矛盾信念，但是不可能会有强矛盾信念。显然，拒斥强矛盾信念与不矛盾律是一致的。现在问题的关键是，弱矛盾信念与不矛盾律和排中律是否相容？前面我们已经提到弱矛盾的表现形式 $B_ip \wedge B_i \neg p$ 是可满足的。这就意味着，如果认知主体的信念表达形如 B_ip，那么有可能推不出认知主体的信念表达形如$\neg B_i \neg p$。承认 $B_ip \wedge B_i \neg p$ 是可满足的，并不否定不矛盾律，因为在非全能系统中，$B_i \neg p$ 并不能必然地得出$\neg B_ip$，也就不承认 $B_ip \wedge \neg B_ip$。显然，照此理也没有否定排中律。在这里，我们需要区分两个层次：一是认知主体的语用层次，二是系统的元逻辑层次。系统的元层面不用多说。认知主体的语用层面，主要是认知主体对逻辑法则的遵守问题，完全理性化的认知主体是不打折扣地遵守，而现实的理性主体是尽量自觉遵守，尽可能地达到逻辑法则所要求的层面。但是现实的理性主体受限于多个因素，不自觉地就违反了逻辑法则，而这正是认知主体所需要尽量避免的。那么从这个层面上来说，弱矛盾信念和强矛盾信念与不矛盾律和排中律是相容的。

既非逻辑全能也非逻辑无能可以说是认知逻辑系统的适当性标准。而如何衡量一个系统是否满足这一标准，可能是一件非常棘手的事。我们虽然无法一下子给出充分条件，但是已经给出了这个标准的必要条件。作为理性主体，我们不能直接相信矛盾。这是避免逻辑无能的最低制约性标准。同时，我们可能有弱矛盾信念。理性主体若拥有弱矛盾信念，根据经典命题逻辑的规则，可以推出主体相信了矛盾命题，从而相信一切命题。其实不然，认知主体相信弱矛盾信念，并不意味直接地相信矛盾。这源于逻辑全能问题背后的复杂性。这表现在系统的逻辑能力与认知主体的认知能力之间的差距：一个逻辑系统是穷尽可能的，而认知主体是有计算限度的，无法穷尽可能，只是尽可能地穷尽可能。弱矛盾信念和强矛盾信念之间的关系虽然能够在一定的程度上反映这种差距，但是无法刻画出认知主体的计算复杂度的上限和下限。正是从这个意义上来说，弱矛盾信念和强矛盾信念之间的关系只能是一个基本的、必要的制约性的条件。

逻辑全能问题还缘于我们对“知道”和“相信”这两个算子的刻画不精确。知识和信念，对于每一个认知主体来说都是不断更新、动态发展的。而我们目前建构的认知逻辑系统很大程度上只是某一静态的刻画，这就使得认知主体对于初始公理和初始规则没有任何的选择。实际上从某种程度上看，经典认知逻辑所刻画的认知主体与初始公理和初始规则无关。这就造成认知封闭原则预设了主体的全能性。因此，我们无论怎么选择合适的初始公理和初始规则，逻辑全能问题总是会以某一种形式出现。因为，给定一个初始公理和初始规则，而认知主体在实际使用中是会对公理和规则进行选择使用的，也就是说，有些规则得到使用而另外一些却丢失了。正是在这个层面上看，句法和语义方向的努力在某种程度上虽然可以避免某些逻辑全能问题，但终究还是不符合现实的理性认知主体的推理能力。一个最简单的例子就是小学生学习数学加法运算，例如，44＋66，464＋667，对于学了加法进位运算的学生来讲，第一个运算可能好一些，而第二个运算出错的概率可能高一些，原因就在于对加法进位运算规则的使用会发生遗漏，该使用规则时却没有使用。也就是说，给定的公理和规则只是一个参数，认知主体应该决定这个参数在推理中的作用。换句话说，是认知主体选择公理和规则，而不是相反。这也正是第二代认知逻辑系统所强调的认知主体的主动性。

第三章　语形解全方案研究

第一节　知识和信念的形式化

认识论研究主要集中在知识论，因而我们在探讨认识论的形式化问题时实际上主要是在探讨知识和信念的形式化问题。在这里，形式化的工具主要是逻辑，即用现代逻辑方法来刻画认识论概念。那么首要的问题就是逻辑学刻画的认识论概念是否严格、准确和清晰？这是认识论形式化的目的，如果不能达到这样的目的，那么就会存在是否能够用逻辑学来表征认识论概念的问题。其次，如果能够刻画，那么如何来刻画？这个问题其实是前者衍生出来的问题，要达到形式化的目的，那就需要一个合适的手段。

一、逻辑和认识论

使用某个元素来刻画另一个元素，在当今科学发达的世界里比比皆是。例如，我们看到的彩色电视就是使用三种基本的颜色来显示逼真的现实世界。那么逻辑和认识论之间的关系也是类似的吗？

经过卡尔纳普、冯·赖特和辛提卡的不懈努力，逻辑和认识论的结合产生了认知逻辑。认知逻辑的诞生遭遇到一些学者的质疑，如霍克特1972年发表的《认知逻辑可能吗?》一文提出了两个问题：(1) 认知逻辑在什么意义上是认知的？(2) 认知逻辑在什么意义上是逻辑的？[①] 前者其实是在考问认知逻辑是否合理清晰地表征了认识论概念，能否有助于解决

---

① M. O. Hocutt. Is Epistemic Logic Possible?. *Notre Dame J. Formal Logic*, 1972, 13 (4): 436.

传统认识论存在的疑难问题，会不会带来新的认识论疑难问题，等等。后者是从逻辑的元层面来考察，即认知逻辑是否具有经典逻辑系统的可靠性、一致性、完全性等。显然，这两个问题，前者更加重要，如果认知逻辑不能满足认识论理论的需求，那么认知逻辑就会失去存在的必要性；而对于后者认知逻辑元理论的考察是基于前者成立的条件，当然，前者不成立时，后者可以作为一个纯粹的形式系统来玩味也未尝不可。对于这两个问题，当代学者如威廉姆森（T. Williamson）[①]、索伦森（R. Sorensen）[②]、亨德里克斯[③]、范丙申[④]和斯托内克尔[⑤]都进行过探讨。《哲学研究》（*Philosophical Studies*）在 2006 年出了一本专刊《形式与主流认识论之间的八座桥梁》（*8 Bridges between Formal and Mainstream Epistemology*），这是学者们研究讨论形成小高潮的一个结晶。

范丙申认为虽然目前的认识论研究纲领与逻辑似乎没有什么关系，但是这两个领域之间的桥梁依然存在，而且，事实上它们之间的联系十分紧密。范丙申通过分析一些实例对此加以论证，即知识和证据演算的关系，怀疑主义，信息的动态性，学习和证实，多主体或群体问题，等等，提出知识不应被定义成命题的某种本质特征，而应当根据知识在认知活动中所起的作用来对它加以理解。[⑥] 从范丙申的分析来看，认知逻辑刻画的对象就是认识论讨论的对象，同时认知逻辑有助于认识论概念的清晰化。例如，关于知识的定义，柏拉图对其的定义是：正当性得到证明的真的信念。这一定义强调了对我们所知事物的证据，即知识的来源和对它们的证明。而在辛提卡的认知逻辑中知识被看作在可能性的逻辑空间中为真，这些可能性是主体认为相关的，即 $K_i\alpha$。虽然这两个定义不同，但是实际上把认识论和逻辑的很多部分都联系了起来。范丙申认为 K-算子的认知逻辑和正当性证明存在这么一个直接组合。例如，模态逻辑的可证性解释，

---

① T. Williamson. *Knowledge and Its Limits*. Oxford：Oxford University Press，2000.

② R. Sorensen. Formal Problems about Knowledge//P. K. Moser（ed.）. *The Oxford Handbook of Epistemology*. Oxford：Oxford University Press，2002：539－595.

③ V. F. Hendricks. *Mainstream and Formal Epistemology*. New York：Cambridge University Press，2005.

④ J. van Benthem. Epistemic Logic and Epistemology：The State of Their Affairs. *Philosophical Studies*，2006，128（1）：49－76.

⑤ R. Stalnaker. On Logics of Knowledge and Belief. *Philosophical Studies*，2006，128（1）：169－199.

⑥ J. 范·本特姆．认知逻辑与认识论之研究现状．世界哲学，2006（6）：71－81.

在某个相关的证明演算中把必然算子（$\Box\alpha$）读作：存在一个对 α 的证明。这实际上是逻辑本身提供了一个知识和证明可以共存的实例。

认知逻辑的发展存在一些问题，如逻辑全能问题，肯定内省（positive introspection）和否定内省（negative introspection）的有效性问题，等等。这些问题在认识论当中也是在讨论，如知识的封闭原则在形式系统中就表现为逻辑全能问题，怀疑论中使用到的肯定内省和否定内省问题。可见，认知逻辑中解决这些问题有助于认识论相应问题的解决，反过来也是一样的。

至此，我们粗略地了解到逻辑与认识论之间的紧密关系，但在此并不打算对它们之间的关系进行深入讨论。正如亨德里克斯所说，使用认知逻辑的形式装置不能解决传统的认识论问题，但是认知逻辑通过肢解有问题的概念，使我们用一种系统的方式来解决问题；它也有助于我们认识未曾预料的问题；为我们回应怀疑论的策略提供了形式方法考察。[①]

二、形式化的方法

“弗雷格相信晨星就是昏星”，从语法结构上来看是一个主谓宾结构，即 AVS，其中 A 指称一个认知主体，S 是一个从句，而 V 通常被称为命题态度动词。显然“知道”“相信”就是这样一类动词，它指称含有表征内容的内在心灵状态，而这些内容是可以判定真假值的，因而也称之为命题。这也就表明含有命题态度动词的语句形成了主体-态度词-语句三者之间的结构关系。对于这三者之间的结构关系理解不同就形成了不同的形式化方案，关于这句话的形式化通常有三种方案：命题、语句和句法方案。这个划分是从态度词所考察的对象而言的。在“弗雷格相信晨星就是昏星”中，“相信”是一个态度词，而“相信”的对象是“晨星就是昏星”。现在的问题是，“晨星就是昏星”对于认知主体来说意味着什么？如果“晨星就是昏星”对于认知主体来说是一个命题，或者按照弗雷格的观点，是思想的一个部分，那么态度词考察的对象就应该是在语义层面上来处理语形的，但是当时最好的形式系统就是一阶谓词逻辑。把态度词直接看成谓词，同一替换就会失效，甚至会出现悖论。如果“晨星就是昏星”对于认知主体来说是一个语句，态度词“相信”是认知主体“弗雷格”和语句

---

① V. F. Hendricks, J. Symons. Where's the Bridge? Epistemology and Epistemic Logic. *Philosophical Studies*, 2006, 128 (1): 137.

“晨星就是昏星”之间的一个关系，即态度词是一个函数（算子），那么常见的形式处理就是使用模态逻辑来做认知解读。而句法方案纯粹是从语言学和逻辑学相结合的角度出发，蒙太古语法架起了自然语言和形式语言之间的桥梁，虽然只是个起步，但是后续的研究取得了丰富的成果，形成了一个完整的系统范畴类型逻辑。

1. 态度词是谓词

在传统的语法中，一个谓词乃是句子或子句里的一个词或一些词，它们表达关于主词所说的东西。在逻辑中谓词具有一种更广泛的作用。例如，由于没有为普通名词引进一种记法，因此在语句中充当主语的普通名词是借助变项和谓词得以符号化的。例如，我们把语句：

(1) 所有人都是动物。

翻译成：

(2) 对于每一个 x，如 x 是人，则 x 是动物。

在普通语法中，“是动物”是语句（1）的谓词。用经典逻辑语言表示为(2)，增加了一个新的谓词“是人”，代替（1）中的普通名词“人”。用“M”代表谓词“是人”，用“A”代表谓词“是动物”，这样我们就可以把（1）用经典的一阶逻辑符号语言表示为：

(3) $\forall x M(x) \rightarrow A(x)$

那么命题态度动词就可以被看成述谓对象之间的关系词，其中一些对象为命题、关系和属性等。蒯因认为这是一种一目谓词的构造方法，即在语句前通过前置小品词如“that”而构造出一个单称词项。这一方法的好处就是不涉及命题的名称，不过这种处理方法本身并没有离开命题，或者是假定了命题态度的对象是为某类东西。显然，蒯因的这一处理方法是性质命题的处理方法。于是，“弗雷格相信晨星就是昏星”就具有 $F_a(b)$ 的形式，其中“相信”表现为一目谓词 F，索引 a 为认知主体，b 为命题，即语法构造中的一个项（单称词项）。

蒯因提出把“believes that”之类处理为一个新的实义范畴“态度词”，把毗连态度词“believes that”的语句“晨星就是昏星”一起构成一个一目谓词。这样分析就不再需要命题态度的对象。不过，这种处理方法有个明显的缺陷，那就是我们无法量化“y”说“x 相信 y”之类，不能

再说存在 x 相信的某物。①

当然，除了一目谓词，蒯因认为还可以是二目谓词，即在语句前通过前置小品词如“that”而构造出一个名称。于是，“弗雷格相信晨星就是昏星”就具有 F（a，“b”）的形式，其中“相信”表现为二目谓词 F，a 为认知主体，“b”为语句的名称，此处用加引号的方法来表示 b 语句的名称。这种处理方法增加了句法范畴“名称”，同时二目谓词还会有不同的划分，如“认为”“知道”等能应用于“that”从句，而“打”“大于”则不能。

现在的问题是，语言学当中的命题态度谓词能否恰当地转换成经典一阶形式逻辑中的谓词？蒙太古构造出一个知道者悖论，从而给出的答案是否定的。

2. 态度词是模态算子

“算子”指数学、逻辑和物理学中对某些变换（映射）或运算的称呼。模态算子是指模态逻辑中表示模态的算子，通常用人工语言符号“□”表示必然性，用“◇”表示可能性。现代逻辑在谓词逻辑的基础上通过增加相应的模态词等来处理推理问题，由此得到模态谓词逻辑。如果这个谓词逻辑的基础是一阶逻辑，那么得到的就是一阶模态谓词逻辑，简称一阶模态逻辑。所以，我们说一阶模态逻辑一般就是指经典一阶逻辑和基本模态命题逻辑结合而成的模态谓词逻辑。算子的观点直接导致晦暗性指称和透明性指称的区分，同时引入了内涵个体，而这点是蒯因极力反对的。

蒯因说道：“内涵对象在某些被考虑过的同一性条件下恐怕也会失掉作为命题态度对象的资格……无论如何，我们有充分理由不接受内涵对象。其次可想而知的观点是将其同一性条件甚至比命题态度所要求的更强的东西作为命题态度的对象。”② 蒯因在此认为内涵对象不是命题态度的对象。那么命题态度的对象是什么？蒯因认为命题态度的对象可以尝试使用语句本身，而非内涵对象。而要达到这样的目的，就需要对语言标记进行改写。如把“弗雷格相信晨星就是昏星”改写为“弗雷格相信【晨星就是昏星】为真”，把“相信”改写为“相信为真”。这就意味着“弗雷格相信晨星就是昏星”不再具有“Fab”的形式，其中“相信”表现为二元关

① W. V. O. Quine. *Philosophy of Logic*. Cambridge, Mass.: Harvard University Press, 1986: 32-34.

② 蒯因．语词和对象．北京：中国人民大学出版社，2005：211.

系词 F，a=弗雷格和 b=晨星就是昏星，而是看成具有“Fa”的形式，其中 a=弗雷格，“F”为一复合词。动词“相信”在此不再是一个谓词，而是表现为“相信……”或“相信【 】”这个算子的一部分。“相信……”或“相信【 】”和一个语句相结合，就生成了一个复合的、独立的普遍词项，而该语句是该词项的直接组成部分。

模态算子在建构认知逻辑系统之时除了面对量化、同一性问题外，最主要的是逻辑全能问题。蒯因指出：“即使在‘相信’的透明意义方面可以容许如此之多的奇特之处，但还有更多其他的地方是不能容许这种奇特性”①。可见蒯因对于逻辑全能问题的重视和排斥。

第二节　语形解全方案概述

此处的语形是一种广义上的语形，即把“知道”“相信”看成语句谓词的一阶逻辑，以及把“知道”“相信”处理成语句算子的模态逻辑，或重新构造新的系统来刻画现实的认知主体的属性。语形解全方案总体着眼于系统的构造，即修改认知逻辑的原有公理或引进新的算子增加新的初始公理，以及修改推理规则。下面将从这两个方面选取部分方案来加以考察：(1) 信念的层次性；(2) 信念模型；(3) 推理规则的不完全；(4) 演绎中的限制。

一、信念的层次性

莱维斯克在 1984 年的《隐性和显性信念的逻辑》(*A Logic of Explicit and Implicit Belief*) 一文中提出信念分为隐性信念和显性信念。莱维斯克使用两个算子：B 表示显性信念，L 表示隐性信念。这是试图避免逻辑全能问题的一个非常有名的系统，由分离规则以及下面的三个公理构成。②

1. $L\alpha$，其中 α 是重言式

2. $B\alpha \rightarrow L\alpha$

---

① 蒯因．语词和对象．北京：中国人民大学出版社，2005：148.

② H. Levesque. A Logic of Implicit and Explicit Belief. *Proceedings of the Fourth AAAI National Conference on Artificial Intelligence*. Menlo Park，CA：AAAI Press，1984：201.

3. $L\alpha \wedge L(\alpha \rightarrow \beta) \rightarrow L\beta_L$

从这个系统的初始公理，我们可以初步判定该系统在隐性信念上依然具有逻辑全能属性，而显性信念就不再具有逻辑全能属性。从这个意义上来说，我们也许可以容忍隐性信念的逻辑全能属性。但是这种弱化的方案遭到不少人的反对，主要在于系统有以下缺陷：第一，它不允许量化——这个缺点已经被莱克梅尔（Lakemeyer）纠正（Lakemeyer，1991）；第二，它似乎并不允许嵌套的信念；第三，“情境”概念，在莱维斯克的逻辑中，如果有的话，可能比“可能世界”概念更神秘；第四，在某些情况下，莱维斯克的方案刻画的认知主体的推理能力仍然是不切实际的。①

隐性信念如何转变成显性信念，费金等人引进一个新概念“觉识”（awareness），从而增加了一个新的模态算子 $A_i\alpha$，解释为“主体 i 觉识 α”。直观的意思就是人们能相信某物必须先“觉识”该物。的确，如果一个人对某物没有觉识，那怎么能够说他显性相信或不相信某物。这样，显性信念 B 可以定义为觉识的（隐性）信念，即，$B_i\alpha \leftrightarrow A_i\alpha \wedge L_i\alpha$。增加“觉识”算子，会不会有可能这个算子也有逻辑全能属性，如果有的话，这个定义是否有可能导致显性信念 B 重新获得逻辑全能属性？

二、信念模型

伍尔德里奇（M. Wooldridge）定义了一个信念模型，用信念模型来表示认知主体的信念系统。② 主体 i 的信念系统用一个二元有序对来刻画，第一个元是主体的信念集，这个信念集使用某一内涵语言 L 来表示；第二个元是关系，信念扩充关系（belief extension relation），可以解释为：

如果 i 相信 Δ 而且 $(\Delta, \alpha) \in BE_i$，那么 i 也相信 α。

需要注意的是，这里的信念扩充关系不要求基于逻辑推理规则，这样信念模型刻画的认知主体的“推理”不再是基于逻辑规则的推理。一个信念模型 b 是一个多元组 $\langle \Delta, BE_i \rangle$，其中 Δ 是基本信念集，信念扩充关系

---

① H. Reichgelt. Logics for Reasoning about Knowledge and Belief. *Knowledge Engineering Review*，1989，4 (2)：119－139.

② M. Wooldridge. An Abstract General Model and Logic of Resource-bounded Believers// *Representing Mental States and Mechanisms*，*Proc. of the 1995 AAAI Spring Symposium*. Menlo Park，CA：AAAI Press，1995：136－141.

BE 是公式集与公式之间的非空二元关系，是可数的，满足以下条件：

(1) 自返性：如果$(\Delta,\alpha)\in BE$，那么$\forall\delta\in\Delta$，$(\delta,\Delta)\in BE$。

(2) 单调性：如果$(\Delta,\alpha)\in BE$，$(\Delta',\beta)\in BE$ 且 $\Delta\subseteq\Delta'$，那么$(\Delta',\alpha)\in BE$。

(3) 传递性：如果$(\Delta,\alpha)\in BE$ 且$(\{\alpha\},\beta)\in BE$，那么$(\Delta,\beta)\in BE$。

BE 刻画了主体的推理能力。主体的信念集可以表示为：

$$bel(\langle\Delta,BE\rangle)=\{\alpha\mid(\Delta,\alpha)\in BE\}$$

其思想是，如果 b 是一个代表某主体信念系统的信念模型，那么 $bel(b)$包含了主体所相信的所有公式。这个信念模型可以看成康诺利格的演绎模型的推广。在演绎模型中可以表达的在信念模型中也可以表达。在演绎模型中是演绎规则封闭的，而在信念模型中主体的推理能力是由信念扩充关系来刻画的。这些信念扩充关系从一阶来看就是我们通常用来刻画模态框架的代数关系。这些关系对一个认知主体来说是一种强制性的关系，主体对于关系所获得信念公式没有选择，只是接受。在这种情形之中，认知主体完全有可能接受一个不一致的信念甚至矛盾信念。

三、推理规则的不完全

经典认知逻辑系统中有一个预设，即认知主体总是准确无误地使用推理规则。这一点和我们的直觉相背离。康诺利格认为这不仅仅在于主体的时空受限，更为重要的是主体对规则的使用是不完全的，即不是所有的推理规则主体都知道，甚至主体所知道的推理规则也不可能始终准确无误地执行。鉴于此，他构造了一个演绎模型，把信念系统看成一个信念集，它是主体的内部语言，主体能够从他的信念集中使用推理规则得出结果，但是推理规则集不需要完全。

动态逻辑的出现恰恰可以体现出推理规则的使用这一思想。达克构造的一个动态认知逻辑系统，体现了推理规则的使用是主体的核心这一思想。既“非逻辑全能”也“非逻辑无能”原则的提出，是这一思想的升华。

四、演绎中的限制

从 $\vdash s_1\supset s_2$ 推出$\{b\}Ks_1\supset\{b\}Ks_2$，意思是说，如果有 $\vdash s_1\supset s_2$，那么如果 b 知道 s_1，那么 b 知道 s_2，其中 b 是认知主体，K 是知道，把主体放在知道算子的前面，意思是主体不受知道算子的管辖，这与现在的把主体作为算子的下标有所区别。但是，辛提卡认为，如果我们对这个推理过程进行限制，那么我们还是可以接受从 $\vdash s_1 \supset s_2$ 推出 $\{b\}Ks_1 \supset \{b\}Ks_2$。他认为，“自由个体符号和量词层次的数目决定了有多少个体在语句 S（一个论证）中得到考察。对从 s_1 到 s_2 的论证的限制，本质是这个参数在论证的任何阶段都不会比它在 s_1 或 s_2 中的要大”①。

这个参数看起来似乎思路清晰，但是这个系统执行起来却非常复杂。对推理的步骤进行限制，明显地体现了受限主体的属性。但是对这个限制如何具体进行，如何进行形式描述呢？这个形式描述的工作由约翰·麦卡锡（John McCarthy）1980 年在《限定：非单调推理的一种形式》（“Circumscription—A Form of Non-Monotonic Reasoning”）一文中开创，他提出限定逻辑是一种非单调逻辑。它假定除非特殊指定的情况否则事物将同预期的一样。在它最初的一阶逻辑表述中，限定最小化了某些谓词的外延。林芳增（Fangzhen Lin）把限定运用到一个主体的知识命题模态逻辑中，在 S5 系统中增加一个模态算子“*Val*”。$Val(p)$，直觉上的含义是 p 命题是真的。②

第三节　一阶谓词逻辑方案

一、理论背景

对于命题态度的讨论可以追溯到 1892 年弗雷格的《涵义和所指》一文，之后罗素、蒯因以及克里普克等学者分别讨论了这一问题。弗雷格在讨论同一性陈述问题时，引进了涵义与指称之间的区分。他问，如果 a 是 b，那么 $a=b$ 如何在认识价值上区别于 $a=a$？也就是说为何前者比后者就有更多的信息内容？他认为：当 a 是 b 时，a 和 b 有着相同的指称，但是 a 和 b 的涵义不同。这就说明了为什么前者比后者信息更加丰富。在这

---

① J. Hintikka，Reasoning about Knowledge in Philosophy：The Paradigm of Epistemic Logic//*Proc. of the First Conference on Theoretical Aspects of Reasoning about Knowledge*. Los Altos，California：Morgan Kaufmann Publishers，1986：71.

② Fangzhen Lin. Circumscription in a Modal Logic//*On Proc. of the Second Conference. Theoretical Aspects of Reasoning about Knowledge*. Los Altos，California：Morgan Kaufmann，1988：113 - 127.

一基础上，他对谓词、从句以及句子的指称和涵义做了进一步的说明。他认为，句子的指称必须是它的真值。因为，如果一个句子的某一部分被另一个涵义不同但指称相同的表达式替代，保持不变的只有真值，那么，在内涵语境中或间接引语中，从句指称的就不是真值，而是从句所表达的命题。如，“我知道天要下雨”，从句“天要下雨”指称的就不再是真值，而是“天要下雨”这个命题。此时，“知道”仅仅是“我”与“天要下雨”之间的一种关系。换句话说，知道（信念）仅仅是知道者（相信者）与命题之间的一种关系。按照弗雷格的理论，我们在推理过程中会遇到一些疑难。下面举例来说明。

在大家熟悉的电影《超人》中，洛依斯是超人的发现者，而克拉克是洛依斯的同事，而且克拉克就是超人。于是有了下列语句：

（1）洛依斯相信超人是会飞的。

（2）洛依斯相信克拉克是不会飞的。

（3）洛依斯不相信克拉克是会飞的。

（4）洛依斯相信克拉克是会飞的。

我们通常可以接受（1）、（2）、（3）这些事实，但是根据弗雷格的同一替代原则，我们可以把（1）中“超人”用“克拉克”来替代而得到（4）。而这个替代的结果和（3）相互矛盾，是不为大家所接受的。这个例子表明，命题态度如“相信”与后面的从句是外延上的关系还是内涵上的关系是需要探讨的问题。弗雷格认为，从句是思想的一部分，指称的是命题。那么，我们就需要承认内涵实体。这恰恰就是蒯因所强烈反对的。蒯因说：“最后一个在我看来像任何一种办法一样有吸引力的选择是干脆摒弃命题态度的对象。”① 那么，如何来表达命题态度语句？蒯因认为，主体、态度词和从句这三者之间最好不要看成一个关系，而是把态度词和从句看成复合谓词。这就意味着语句“洛依斯相信超人是会飞的。”不再具有“B_ip”这样一种形式，其中“B”为相信，“i”为洛依斯，“p”为超人是会飞的，而应该看成是具有“B_i”这样一种形式，而此处的“B”是复合谓词。蒯因这样考虑其实主要是源于一阶逻辑。在一阶逻辑中，不可以直接表示成形如 B_ip 这样一种形式，其中 B 表示相信谓词，i 是认知主体，p 是相信的对象。因为，在一阶逻辑中，谓词的论元是词项，而不是语

① 蒯因．语词和对象．北京：中国人民大学出版社，2005：247. 命题态度的对象一般被当作命题或句子的意义。

句。这可以更换一种表示方法，给语句命名，使得语句的名称成为一个个体词项。命名符号可以采用引号“⌜⌝”，对于任何的语句 p，词项⌜p⌝指称 p。[①] 这样就可以采用这样一种形式 B_i⌜p⌝来表示。这样，模态词就不是置于语句或公式的前面，而是放置在语句的名称或公式的名称前面。这样的处理方法优点是显而易见的，如果模态词处理成谓词，那么非外延语境的问题就不复存在，我们通常使用的同一律依旧有效。根据这一方法，上述的四个语句可以表示如下：

(1) $B_i(\ulcorner F(s)\urcorner)$

(2) $B_i(\ulcorner \neg F(c)\urcorner)$

(3) $\neg B_i(\ulcorner F(c)\urcorner)$

(4) $B_i(\ulcorner F(c)\urcorner)$

词项⌜p⌝指称语句 p，这种加引号的方法成功地用一阶逻辑表示内涵概念。但是，这种方法同时也引进了知道者悖论。鉴于这个问题的重要性，我们将在下一节详细阐述。

为了避免一阶系统中出现悖论，摩根施特恩（Leora Morgenstern）采用了克里普克的“有根基的”[②] 思想，公理都是对有根基的命题才成立，同时引进两个算子“@”和“⌜⌝”，前者用在对象前面产生对象的名称，后者是去引号算子。摩根施特恩在前人的基础上构造一个一阶谓词知识系统。[③]

K1：经典一阶谓词逻辑的公理

K2：$K(a,p,s)\rightarrow p$

K3：$K(a,p,s)\rightarrow K(a,\ulcorner K(@a,\ulcorner p\urcorner,@s)\urcorner,s)$

K4：认知主体知道的推理规则

(i) $K(a,\ulcorner implies(\ulcorner p\urcorner,\ulcorner q\urcorner)\urcorner,s),K(a,p,s)\Rightarrow K(a,q,s)$

---

① 涂纪亮，陈波．蒯因著作集：第 6 卷．北京：中国人民大学出版社，2007：515－518.

② 张建军．逻辑悖论研究引论．南京：南京大学出版社，2002：142－143：“本身含有真值谓词的语句，其真值必须通过考察赋值过程中某个在先的语句来确定，如果后者仍含有真值谓词，则就得通过考察它的某个在先语句来确定。如果这种考察最后终止不含有真值谓词的语句，而人们又可以肯定或否定这种语句，使得能够确定原语句的真值，则原语句就叫作‘有根基’的，否则就叫作‘无根基’的。”

③ Leora Morgenstern. A First Order Theory of Planning，Knowledge，and Action. *Proceedings of the 1986 Conference on Theoretical Aspects of Reasoning about Knowledge*. Los Altos，California：Morgan Kaufmann Publishers，1986：108. 为了便于阅读，部分符号有改动。

(ii) $K(a,\ulcorner p\urcorner,s)\Rightarrow K(a,\ulcorner\forall x(p)\urcorner,s)$

K5a：如果 p 是经典一阶谓词逻辑的公理，那么对于任何 s，有 $K(a,p,s)$。

K5b：$K(a,K1-K5b,s)$，对于任何 s。

这个系统的构造和模态认知命题系统 S4 是类似的。一阶谓词知识系统明显要比一阶模态认知命题逻辑的表达能力强，因为一阶模态认知谓词逻辑的量化遭遇到很多问题。例如“洛克知道琼斯知道一些事情但洛克自己并不知道”，标准的一阶模态谓词逻辑无法量化，但是一阶谓词系统，更具体来说是摩根施特恩的系统轻而易举就可以做到：知道（洛克，“存在 X，知道（琼斯，‘X’）并且不知道（洛克，‘X’）”）。同时一阶谓词知识系统的推理能力要比一阶模态认知命题逻辑弱，认知主体无须知道所有的公理。

这个系统只对有根基的语句成立，同时对分离规则进行了限制，即把模态逻辑中的 K 公理重构为分离规则，并对 p 和 q 之间的关系重新解释为推出关系，因而可以表明这不是一个全能的系统。即存在弱矛盾信念没有推出强矛盾信念。同时，分离规则的限制使用也确保了可以从弱矛盾信念推出强矛盾信念。可见这个系统基本上能够满足解全制约性基本标准。但是，一阶谓词知识系统中使用了有根基的这一有争议的哲学概念。① 所以，这一方案的可接受度依然是不清晰的。

二、经典一阶谓词方案的问题：知道者悖论

在一阶方案中，为了把信念等命题态度处理成谓词，需要通过引进命名符号⌜⌝来指称命题态度表达式，即用⌜p⌝来指称语句 p。蒯因有句名言：真即去引号。② “雪是白的”是真的，当且仅当雪是白的。用塔尔斯基的 T 模式表示就是：

$$T\ulcorner p\urcorner\leftrightarrow p$$

如果系统的表达能力强到可以允许语句来表达自身，即自指语句，形如：

$$p: T\ulcorner p\urcorner$$

这个语句是说，本语句为真。自指语句在这种情形之中运作良好，可是当我们考察说谎者自指语句：

---

① 张建军．逻辑悖论研究引论．南京：南京大学出版社，2002：150－153.

② 奎因．真之追求．北京：三联书店，1999：54.

p：T$\ulcorner\neg p\urcorner$

这个语句是说，本语句不是真的。现在使用 T 模式，可以得到 $p\leftrightarrow\neg p$，因为，说谎者语句是说 T$\ulcorner p\urcorner\leftrightarrow\neg p$，而 T 模式是说 T$\ulcorner p\urcorner\leftrightarrow p$。

这是把“真”看成谓词的形式，使用去引号原则，把“真”消去，在某些自指语句中就会导致矛盾。命题态度转换成谓词形式是否也有类似的情形呢？答案肯定的。卡普兰和蒙太古于 1960 年发现了“知道者悖论”。① 知道者悖论建立在下面三条公理上②：

(1) $K_i(\ulcorner p\urcorner)\rightarrow p$

(2) $K_i(\ulcorner K_i(\ulcorner p\urcorner)\rightarrow p\urcorner)$

(3) $I(\ulcorner p\urcorner,\ulcorner q\urcorner)\wedge K_i(\ulcorner p\urcorner)\rightarrow K_i(\ulcorner q\urcorner)$

在上面三条公理的基础上，用知道者语句来代入 p：

$K_i(\ulcorner\neg p\urcorner)\leftrightarrow p$

直观上，如果使用 T 模式，我们就可以得出矛盾，分析如前。但是，这里使用的是公理，以及经典的推理规则，需要严格证明。③ 蒙太古总结道：“根据知道者悖论，我们可以证明包含初等句法系统以及在其定理中包括了 (1)—(3) 所有实例的任何一个形式系统都是不一致的。”④

蒙太古把这一结果推广到不限定语言类型的一阶算术，可以是皮亚诺算术 (P)，也可以是罗宾逊算术 (Q)，因而更加具有普适性。为了更好地理解这一成果，我们需要理解一个术语。$\Delta_{nr(\varphi)}$ 是 φ 的名称，其中 $nr(\varphi)$ 是 φ 的哥德尔数。

定理 3.3.2.1　假设 T 是一理论且 α 为一公式，其唯一的自由变元为 u，并对 T 的所有句子 φ，ψ 有：

(1) $\vdash_T\alpha(\Delta_{nr(\varphi)})\rightarrow\varphi$

(2) $\vdash_T\alpha(\Delta_{nr(\varphi)})$，如果 $\alpha(\Delta_{nr(\psi)})\rightarrow\psi$

(3) $\vdash_T\alpha(\Delta_{nr(\varphi)})$，如果 φ 是一逻辑公理

(4) 如果 $\vdash_T\alpha(\Delta_{nr(\varphi\rightarrow\psi)})$且 $\vdash_T\alpha(\Delta_{nr(\varphi)})$，那么 $\vdash_T\alpha(\Delta_{nr(\psi)})$

(5) 对某公式 β，其唯一的自由变元为 u，$Q^{(\beta)}$ 是 T 的一子理论

---

① D. Kaplan, R. Montague. A Paradox Regained. *Notre Dame Journal of Formal Logic*, 1960 (3): 79-90.

② 同①88. 为便于阅读，这里的符号稍做修改。

③ 证明过程也可以参见张建军．逻辑悖论研究引论．南京：南京大学出版社，2002：18-20。

④ 理查德·蒙太古．形式哲学：理查德·蒙太古论文选．上海：上海译文出版社，2012：325.

则 T 理论是不一致的。①

蒙太古在该文中证明了定理 3.3.2.1，并且进一步总结道："这样，如果从句法角度来处理必然性，换句话说，如卡尔纳普和奎因所主张的那样，作为命题组成的谓词处理，则只好牺牲几乎所有的模态逻辑，甚至于最弱的系统 S1。"② 非常明显，蒙太古在这儿提到的"模态逻辑"只能是"真势"意义上的模态逻辑，即把模态处理成语句算子，而不是语句谓词。

定理 3.3.2.1 可以示例为知识系统，公式 α 是一阶谓词逻辑系统中的谓词公式，可以是简单的公式，也可以是复杂的公式。如果把 α 理解为知道谓词，那么可以得到下述结果。

> 如果知识系统中包含以下公理和规则：
> (1) $K_i(\ulcorner\alpha\urcorner)\to\alpha$
> (2) $K_i((\ulcorner p\urcorner)\to(\ulcorner p\urcorner))\to(K_i(\ulcorner p\urcorner)\to K_i(\ulcorner p\urcorner))$
> (3) 如果 $\vdash\alpha$，那么 $K_i(\ulcorner\alpha\urcorner)$
>
> 那么这个知识形式系统就会不一致。

从蒙太古的定理 3.3.2.1 很容易得到一阶谓词信念系统也是不一致的。

定理 3.3.2.2 假设 T 是一理论且 α 为一公式，其唯一的自由变元为 u，并对 T 的所有句子 φ，ψ 有：

(1) $\vdash_T\alpha(\Delta_{nr(\varphi)})\to\alpha(\Delta\alpha(\Delta_{nr(\varphi)}))$

(2) $\vdash_T\alpha(\Delta_{nr(\varphi)})$，如果 $\alpha(\Delta_{nr(\psi)})\to\psi$

(3) $\vdash_T\alpha(\Delta_{nr(\varphi)})$，如果 φ 是一逻辑公理

(4) 如果 $\vdash_T\alpha(\Delta_{nr(\varphi\to\psi)})$ 且 $\vdash_T\alpha(\Delta_{nr(\varphi)})$，那么 $\vdash_T\alpha(\Delta_{nr(\psi)})$

(5) 对某公式 β，其唯一的自由变元为 u，$Q^{(\beta)}$ 是 T 的一子理论

则 T 理论是不一致的。

托马森使用 B 来替代 K，同时用信念正内省公理来替代知识公理：

(1) $B_i(\ulcorner\alpha\urcorner)\to B_i(B_i(\ulcorner\alpha\urcorner))$

(2) $B_i((\ulcorner p\urcorner)\to(\ulcorner p\urcorner))\to(B_i(\ulcorner p\urcorner)\to B_i(\ulcorner p\urcorner))$

(3) 如果 $\vdash\alpha$，那么 $B_i(\ulcorner\alpha\urcorner)$

---

① Richard Montague. Syntactical Treatments of Modality, with Corollaries on Reflexion Principles and Finite Axiomatizability. *Proceedings of a Colloquium on Modal and Many-valued Logics*, Helsinki, 23－26 August, 1962, Acta philosophica Fennica, 1963 (16): 158.

② 理查德·蒙太古. 形式哲学：理查德·蒙太古论文选. 上海：上海译文出版社，2012：337.

在这个信念系统中同样可以推导出矛盾。①

而孔斯（R. Koons）把这一结果进一步推广：

> R. 蒙太古和 R. 托马森二人在某些知识与信念逻辑中发现了和说谎者悖论相类似的悖论，从而令人信服地证明，我们只能在不存在有害的自指的语言中来表达这样的概念。利用语句算子而不是句子谓词（或其他有着类似句子结构的实体）来表达信念或有关的认知概念，可以做到这一点。

艾舍尔（N. Asher）、坎普（H. Kamp）和佩里斯（D. Perlis）已经表明单就这一个策略（“内涵主义者”的方法）还不足以阻止悖论的形成。如果这个语言包含了一个二元谓词，而该二元谓词表达了句子与句子所表述的命题之间的关系，或者如果这个语言包含了置换算子 Sub（P，Q，R），并且可以证明置换了合式公式中所有 Q，但除去合式公式 A 在合式公式 P 中的最后一次出现所得的结果与它相一致，那么就可以在一个内涵主义者的逻辑中构造出信念悖论。②

虽然卡普兰、蒙太古、托马森以及孔斯的结果表明知识、信念等命题态度词不适合处理成谓词形式，同时也表明模态逻辑也不可以直接转换成一阶谓词逻辑，但是赖沃里斯（Jim de Riviares）和莱维斯克证明如果公理模式仅仅使用正则公式示例的话，那么这种句法方案还是有可行之处的。③ 不过正则表达式的要求非常严格，首先不可以对一个命题对象进行量化处理。这就限制了一阶方案的表达力。虽然正则公式限制了一阶句法方案，但这是很好的兆头。莫罗（M. Morreau）和克劳斯（S. Kraus）在正则表达式的基础上引进两个谓词：P（L 语句的哥德尔数）和 T（L 语句的真），允许命题量化，称为 RPQ-公式。④ 这样，RPQ-公式比正则公式的表达力要强得多。

---

① R. H. Thomason. A Note on Syntactical Treatments of Modality. *Synthese*，1980（44）：392-393. 为便于阅读，符号有改动。

② R. C. Koons. *Paradox of Belief and Strategic Rationality*. Cambridge：Cambridge University Press，1992：13-14. 译文参照南京大学现代逻辑与逻辑应用研究所编的孔斯教授访问讲学中文资料，2008：1。

③ J. de Riviares，H. Levesque. The Consistency of Syntactical Treatments of Knowledge (How to Compile Quantificational Modal Logics into Classical FOL). *Computational Intelligence*，1988（4）：31-41.

④ M. Morreau，S. Kraus. Syntactical Treatments of Propositional Attitudes. *Artificial Intelligence*，1998（1）：161-177.

第四节　康诺利格演绎模型

一、理论背景

康诺利格提出演绎模型，主要是人工智能科学的发展所需要，同时是对认知逻辑的一阶谓词逻辑方案和模态逻辑方案反思的结果。信念概念在机器人规划以及问题求解系统中有着重要的地位。康诺利格认为刻画信念的模型应该有两个重要的属性①：

（1）认知主体能够从初始信念集中推出结论，同时

（2）他们不是必然得到所有的逻辑可能。

显然，第一点对于一个机器人来说是最重要的，他们有能力计算观察周围的情况，得出结论，从而采取行动。而每一个机器人都有着时空的限制，他们的计算能力有限，有些结论无法在有限的时空中获得。第二点就恰恰反映了这一直观的看法。目前的形式系统可以很好地完成第一点，但是对于第二点似乎困难重重，逻辑全能问题就是一道卡，在前面的分析中我们已经知道这一点。

第二点表明存在一些逻辑结论，认知主体可能推不出来。那么是什么原因使然？康诺利格举了一个形象的例子来说明。例如一道数学题：$x+a=b$，如果学生不知道等式两边同时减去一个相同的数等式依然相等这一规则，那么这个学生就无法得出 x 的答案。这表明并不是学生没有足够的时空来计算，而是受推理规则的不完全所限。推理规则的不完全主导了康诺利格演绎模型的产生。

康诺利格认为一个认知主体就是一个演绎系统，或者说："两个基本概念——数据结构来表达事实且通过结构的形式操作得到结果——是来描述和对世界进行推理的标准的 AI 方法的特征。"② 这个数据结构及其相关的推理过程就称为"信念系统"。而对于一个 AI 信念演绎系统可以用下面的图 3－1 来表示这一思想③：

---

① K. Konolige. *A Deduction Model of Belief*. Los Altos，California：Morgan Kaufmann Publishers，1986：1.

② 同①11.

③ 同①19.

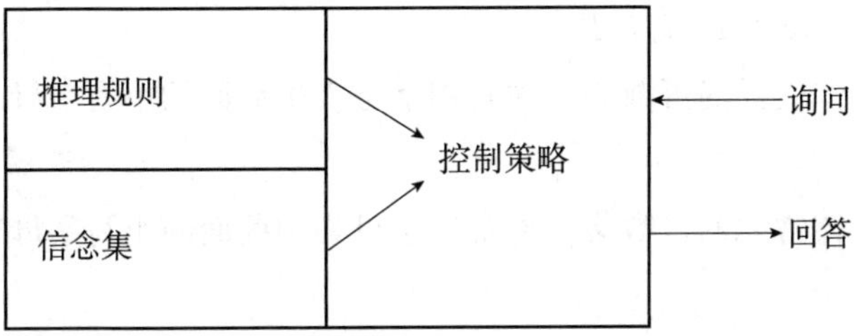

图 3－1　典型的 AI 信念系统的结构

这个康诺利格演绎模型由信念集、推理规则和控制策略三部分构成。显然，康诺利格演绎模型最重要的是信念集的构造以及推理规则的选择。认知主体的数据库就是信念集，也可以说是语句集，这些语句是认知主体的内部语言（internal language），是一阶语言的子集。康诺利格区分了内部语言和外部语言，外部语言是观察者用来描述认知主体的信念。这两种语言可能等同，但可以不必等同。对数据库进行推理需要的是推理规则，而推理规则是由某一控制策略来执行的。这对于认知主体来说，推理规则的使用是有选择的使用。每一个主体自身有一个规则集，可以不需要完全。这个时候的演绎封闭是针对主体的规则集而言的，如果规则集是不完全的，那么演绎封闭比逻辑全能要弱。

二、康诺利格演绎模型介绍

至此，我们已经对康诺利格演绎模型有了一个直观的了解。在这里要对形式部分做一个简单的介绍。由于康诺利格演绎模型是建立在一阶逻辑的基础上，一阶的语形、语义都可以直接拿过来用，不赘述。人们经常把这一模型看成克里普克语义学的一个推广，是混合了语形和语义的方法。为了扩充康诺利格演绎模型的语言，需要增加一个模态算子 $[S]$，公式的生成如常。一个公式 $[S]\alpha$ 为真当且仅当 α 在主体 S 的信念集中，其中 α 是内涵语言。在这里我们选取命题演算这一部分来讨论，并且出于讨论的方便以及可读性，下面把模型中的模态算子 $[S]$ 改为 B，需要注意的是此时算子后面的语句就不再是一阶方案中代表语句的名称了。同时我们不区分内部语言和外部语言，这对于讨论没有影响。

定义 3.4.2.1　一阶语言 L_0 由下列符号组成：

(1) 对于任意正整数 n，n 度的谓词可数集（通常用大写字母表示，如 P，Q），n 度的 P 记为 P^n。

(2) 个体变元的可数集（通常用字母表中后面的小写字母来表示，如 x，y）。

(3) 个体常元的可数集（通常用字母表中前面的小写字母来表示，如 a，b）。

(4) 布尔联结词符号：$\wedge$，$\vee$，$\supset$，$\neg$。

(5) 量词符号：$\exists$ 和 $\forall$。

L_0 的原子公式为 $P^n(c_1,c_2,\cdots,c_n)$，其中 c_i 或者是个体变元或者是个体常元。一阶语言公式的形成规则如常。

定义 3.4.2.2 令 α 为 L_0 的公式。对于任意变元 x 和个体常元 a，公式 α_a^x 由下列规则得到：

(1) α 是原子公式，那么 α_a^x 是对 α 中的 x 替代得到的。

(2) 如果 $\circ$ 是个二元布尔算子，那么 $(\alpha\circ\beta)_a^x=\alpha_a^x\circ\beta_a^x$，$(\neg\alpha)_a^x=\neg\alpha_a^x$。

(3) 如果 Q 是量词，那么 $(Qx.\alpha)_a^x=Qx.\alpha$，$(Qy.\alpha)_a^x=Qy.\alpha_a^x$。

定义 3.4.2.3 康诺利格演绎模型语言

康诺利格演绎模型语言 L^B 是满足下列条件的最小公式集：

(1) $L_0\subseteq L^B$（L_0 是一阶命题逻辑语言）。

(2) 如果 α，$\beta\in L^B$，那么 $\neg\alpha$，$\alpha\rightarrow\beta\in L^B$。

(3) 如果 $\alpha\in L_0$，那么 $B_i\alpha\in L^B$。

相信原子公式是 $B_i\alpha$，语言 L^B 中不含信念算子的语句称为日常语句。如果把 L_0 看成 L^B 的内涵语言，那么下面公式是 L^B 的语句：

(1) B_ip

(2) $B_i\forall x.Px$

(3) $\exists x.(Px\wedge B_i\exists x.Px)$

但是下面的就不是 L^B 的语句：

(1) $B_i(B_ip)$

(2) $\exists x.B_iPx$

$B_i(B_ip)$ 不是 L^B 的公式是因为 B_ip 不是 L_0 中的语句，即不是内涵语言。而 $\exists x.B_iPx$ 中 Px 虽然含有自由变元 x 但是它并不是 L_0 中的语句，所以 $\exists x.B_iPx$ 不是 L^B 的公式。那么常见的巴坎公式 $\forall x.B_iPx\rightarrow B_i\forall x.Px$

也不是 L^B 的公式。这时就需要增加语言的层次即量词对信念算子的纳入，形成一个新的语言 L^{Bq}。①

定义 3.4.2.4 康诺利格演绎结构

康诺利格演绎结构是一个有序对：

$\langle L,\rho\rangle$

其中，L 是信念集，即信念内涵语言的可数公式集；ρ 是演绎规则集。

演绎规则是系统的推理规则，是一类特定的满足下列属性的规则②：

（1）简易性（provinciality）：规则的前提数量是确定的、有穷的。

（2）可判定（effectiveness）：规则是这些前提的能行可计算函数。

一个公式 α 是从公式集 Γ 中使用规则推导出来的，可以记为 $\Gamma\vdash_\rho\alpha$，即存在一个从信念集 Γ 使用 ρ 中的规则而得到 α 的证明。正是在这种意义上，这里引进了一个非常普通的限制算子，可以记为 $\langle i:\Gamma\rangle\alpha$，意思是公式 α 是在 i 的演绎结构中从公式集 Γ 中使用规则推导出来的。显然，在这个系统中有 $\langle i:\Gamma\rangle\alpha\Leftrightarrow B_i\alpha$。

关系 $\vdash_\rho$ 拥有证明关系（$\vdash$）的许多属性，包括传递、自返等关系。然而，由于推理规则的属性限制，许多推理规则，无法进入认知主体的推理规则集中。例如，缺省推理规则不具有简易性这一属性，它通常是基于矛盾信息不可能出现在主体的信念集的假设上。一个典型的缺省推理规则：

> 如果 x 是一只鸟，并且没有任何与 x 相矛盾的信念，那么 x 是会飞的。

非单调推理规则不具有简易性，那么这些规则就不在康诺利格演绎模型的规则集中。

定义 3.4.2.5 康诺利格演绎模型

$B(L,\rho)$-模型是一个多元组 $M=\langle\alpha,\nu,U,D\rangle$，其中前三个是一阶模型结构，$D=\{d_1,\cdots,d_n\}$ 是演绎结构系列，是每一个主体 i 的演绎结构，L 为演绎结构的语言，d_i 的规则是 ρ_i。

定义 3.4.2.6 公式 α 是可满足的，记为 $M\models\alpha$，归纳定义如下：

（1）$M\models p$ 当且仅当 $\nu(p)=1$；

---

① 因本书没有讨论量词纳入，故不做详细介绍，详情请参见 K. Konolige. *A Deduction Model of Belief*. Los Altos，California：Morgan Kaufmann Publishers，1986：40－42。

② 同①21.

（2）$M \models \neg\alpha$ 当且仅当 $M \not\models \alpha$；

（3）$M \models \alpha \rightarrow \beta$ 当且仅当如果 $M \models \alpha$ 那么 $M \models \beta$；

（4）$M \models B_i\alpha \in L^B$ 当且仅当 $\alpha \in bel(d_i)$，其中 $bel(d_i) = \{\alpha \in L^B \mid B_i \vdash_\rho \alpha\}$，是主体 i 的信念集。

对于最后一点，我们可以举例子来说明。

	L^B 句子	信念集	例子
(1)	$B_i\alpha$	$\alpha \in bel\ (i)$	洛依斯相信超人是会飞的。
(2)	$B_i \neg\alpha$	$\neg\alpha \in bel\ (i)$	洛依斯相信超人是不会飞的。
(3)	$\neg B_i\alpha$	$\alpha \notin bel\ (i)$	洛依斯不相信克拉克是会飞的。
(4)	$\neg B_i \neg\alpha$	$\neg\alpha \notin bel\ (i)$	洛依斯不相信克拉克是不会飞的。
(5)	$\alpha \wedge B_i\alpha$	$\alpha \in bel\ (i)$	洛依斯知道超人是会飞的。
(6)	$\alpha \wedge \neg B_i\alpha$	$\alpha \notin bel\ (i)$	超人是会飞的，但是洛依斯不相信。

从上面的例子来看，(1)(2)是可以同时为真的，即认知主体可以有不一致信念；但是从(1)(2)推不出认知主体有矛盾信念，除非认知主体的信念集中有矛盾公式。(3)(4)是可以同时为真的，可以说是对某事无知；而(6)摩尔句在这种解释下，显然可以满足。

定义 3.4.2.7 公式 α 是 M-有效的，记为 $\models_\rho \alpha$，如果对于每一个 M，都有 $M \models \alpha$。

这里需要注意的是有效性是在主体规则集下的有效性，即演绎封闭：

$$close(L, \rho) = \{\alpha \mid L \vdash_\rho \alpha\}$$

在这种有效性解释下，每一个主体的演绎系统 d_i 是可靠的和完全的。也就是说，对于所有的演绎模型类 $\mathcal{M}$，以及 $\mathcal{M}$ 的子集 $\mathcal{M}$，如果 $\mathcal{M} \models \alpha$ 当且仅当 $M \models \alpha$（其中 $M \in \mathcal{M}$），那么对于任意的 $\alpha \in L^B$，有 $M \models \alpha$ 当且仅当 $B_i \vdash_\rho \alpha$。

可见演绎封闭比起逻辑全能来要弱一些，如果主体的规则集是一不完全的规则集的话。如果主体的规则集是完全的话，那么演绎封闭就等价于逻辑全能。康诺利格也认识到这一点，认为用可能世界语义学解释的模态逻辑是一个理想的信念模型，可以用下面的公式来刻画。①

$$\forall w (w_0 R w \rightarrow w \models \alpha) \text{ 当且仅当 } \alpha \in bel(d)$$

① K. Konolige. *A Deduction Model of Belief*. Los Altos, California: Morgan Kaufmann Publishers, 1986: 108.

由于系统没有考虑认知主体的时态，很可能有如下两种极端的情形。如果这个系统的主体推理规则集中有合取规则的话，那么这个主体对于任何的弱矛盾信念都可以推出强矛盾信念。这时的系统虽不是逻辑无能却有可能是逻辑全能系统。相反，如果这个系统的主体推理规则集中没有合取规则的话，那么这个主体对于任何的弱矛盾信念都无法推出强矛盾信念。这时就表明系统虽不是逻辑全能系统却有可能是逻辑无能的。

三、康诺利格演绎模型的局限性

康诺利格演绎模型似乎比可能世界语义学更加符合人们的直观，即使是这样，也遭受到一些学者的批评。通常批评康诺利格演绎模型缺陷的观点有两点：一是虽然演绎封闭比逻辑全能要弱，但是这对于现实中的主体来说依然是很强的要求；二是认为把信念系统刻画成公式集具有高度的特设性。①

尽管康诺利格的信念的推理模型在一定程度上避免逻辑全能问题，但是它并没有完全解决逻辑全能问题。系统的逻辑后承封闭相应的问题仅仅是换另一副面孔出现，取而代之的是较弱的假设，即认知主体信念是在一组不完整的（部分）推理规则下的封闭。所以，我们仍然面临演绎封闭的问题，可以说如果间接封闭是直觉上不可接受的，因为它没有考虑到认知主体的资源有限性，那么类似的论点适用于弱形式的演绎封闭。从上述我们可以看到，康诺利格的信念演绎系统的演绎封闭的确要比逻辑全能弱，但这只能说是弱化，对现实主体的确依然不适合。康诺利格对于这种批评似乎不担心。首先，他提出的构造信念系统的局部限制演绎的方法只是一个轮廓，还有需要完善的地方。其次，他认为，演绎封闭属性是必要的，可以减少在构造认知主体信念体系模型时所需要的证明建模等。这意味着如果需要，可以为特定的应用程序开发更加精细的模型。

康诺利格后来就提出一个更为精细的模型。他提出一个谓词 $D(n)$ 表示推理的 n 步应用，那么我们可以对常见的分离规则 MP 表述如下：

$$(D(n)\&\alpha),(D(l)\&(\alpha\rightarrow\beta)\vdash(D(k+l+1))\&\beta)$$

康诺利格这个方案还是存在瑕疵，事实上有可能根本不起作用。如果我们有合取消除规则，即 $(D(n)\&(\alpha\wedge\beta)\vdash(D(k+l+1))\&\beta)$，并且

① M. J. Wooldridge. The Logical Modelling of Computational Multi-Agent Systems. PhD. thesis, The University of Manchester, 1992: 35.

$k+l+1$ 是最大可允许的步骤，那么推理就阻断了。

演绎模型受到批评的另一个缺陷是特设性：公式集来对信念系统建模似乎是太幼稚的方法。这种批评对康诺利格来说是站不住脚的。首先，康诺利格的演绎模型可视为一个可能世界语义学的推广，任何“标准”的可能世界系统都可以在演绎模型中得到表达。其次，康诺利格构建演绎模型的宗旨主要是服务于人工智能的信念系统，而不是现实中认知主体的信念系统。

总之，康诺利格的演绎模型对于现实中的认知主体来说过于简单粗糙，对于 AI 系统中智能主体来说还是适用的，但我们还需要对该模型进一步精细化。

第五节　达克动态逻辑

一、理论背景

如果把知识分成隐性知识和显性知识，那么在有些学者看来逻辑全能在隐性知识下是不成问题的。而且从认知主体理论这个角度来说，显性知识远远比隐性知识重要。因为认知主体的行动依靠的是他们实际上所知道的知识，而不是潜在的知识。因此我们必须考察刻画显性知识的逻辑系统，这样逻辑全能问题自然就摆在桌面上，成为一个亟待解决的问题。

达克认为用弱化认知逻辑来解决逻辑全能问题的方案有三个不容忽视的缺陷：

第一，这种方案仅适用于分析静态知识，而且这是绝大多数认知逻辑系统都有的缺陷；

第二，我们的逻辑系统所刻画的主体仅仅是想象的，现实中不存在；

第三，我们的逻辑太弱，我们既要避免逻辑全能问题，同时又要确保我们的系统所刻画的认知主体能够知道相信足够多的后承。①

那么造成以往解全方案有上述缺陷的原因是什么呢？达克认为，以往

① H. N. Duc. Logical Omniscience vs. Logical Ignorance on a Dilemma of Epistemic Logic// *Progress in Artificial Intelligence*，*7th Portuguese Conference on Artificial Intelligence*，EPIA'95. Berlin：Springer，1995：237 - 248.

的方案都把希望寄托在根本不存在的衍推上，虽然可以解决一些问题，但是注定要失败。他认为认知主体的知识是在时间上进化，在某一刻，认知主体可能知道也可能不知道他自身知识的某一逻辑后承，但是经过推理，可以在将来的某一时刻知道。① 很明显，达克考虑了认知主体的时间方面的物理限制，同时把知识的获得，即某认知主体的知识更新或动态化与时间紧密相连。而知识的获得与认知主体的推理能力等物理条件紧密相关。认知逻辑系统在某种程度上已经预设了认知主体能够正确使用推理规则。如果一个认知主体能够正确无误地使用推理规则，这意味着什么？很明显，他可以得到系统的所有逻辑后承。即使把时间因素考虑进去，当一个计算的复杂度相当大时，他依然可以正确无误地推出结论。这对于受限的主体来说，特别是现实当中的主体来说，是相当困难。

正是出于上面的考虑，达克认为知识推理采用动态来刻画是一件很自然的事。关于行动的推理自然首选动态逻辑，需要做的事就是在认知逻辑语言中增加一个行动集。增加行动集，认知逻辑系统中就有了形如$[R_i]K_i\alpha$或$\langle R_i\rangle K_i\alpha$的公式，可以分别解读为：总是（某时）使用规则$R$后，认知主体$i$知道$\alpha$。其中的$R$可以是逻辑系统的逻辑规则，如MP规则。这样，K公理可改写为：$K_i\alpha \wedge K_i(\alpha\rightarrow\beta)\rightarrow\langle MP_i\rangle K_i\beta$，意思是说，如果认知主体知道$\alpha$且知道$\alpha\rightarrow\beta$，那么在使用适当的推理规则MP规则后他知道$\beta$。这样公理可以看成具体的推理规则，不同的认知主体有不同的推理规则，因而有着不同的推理规则集。这样系统通往全能的道路需要通行证，通行证就是推理行动。这就充分体现了达克的思想："认知逻辑系统的公理必须具有下面的形式：如果认知主体知道所有前提中的有效推理规则，且他能够正确地执行推理，那么他将知道这些结果。"② 这句话体现了达克的非逻辑全能和非逻辑无能的思想，一个理性的受限主体能够正确地使用推理规则，得到应该得到的结果。也就意味着，如果认知主体知道所有的推理前提同时能够按照推理规则来推理，那么该认知主体就可以得到结论。可见，认知主体并不是自动知道结论，而是经过某些心理活动，也就是通过推理活动获得结果。如果认知主体没有进行推理活动，即使这个结论在推理前提中是显而易见的，该认知主体还是无法得知该结论。例

---

① H. N. Duc. Resource-Bounded Reasoning about Knowledge，PhD. thesis，The University of Leipzig，2001.

② 同①27.

如，认知主体知道α与$\alpha\rightarrow\beta$的合取，即$K_i(\alpha\wedge(\alpha\rightarrow\beta))$，那么在经典认知逻辑系统中我们可以得到$K_i(\alpha\wedge\beta)$。但是这个推理对于现实中的认知主体来说不是必然的。认知主体不是自动就知道$\alpha\wedge\beta$，而是通过正确使用推理规则而获得的。如果用CE、CI和MP分别表示合取消除、合取引入和分离规则，那么这个例子可以形式化为$K_i(\alpha\wedge(\alpha\rightarrow\beta))\rightarrow\langle CE_i;MP_i;CI_i\rangle K_i(\alpha\wedge\beta)$，其中“;”表示行动的复合，而不是经典认知逻辑系统中的定理形式$K_i(\alpha\wedge(\alpha\rightarrow\beta))\rightarrow K_i(\alpha\wedge\beta)$。那么一个认知主体从$\alpha$经过使用一系列的推理规则如$R^1$，…，$R^n$获得$\beta$，我们可以形式化为这种形式：$K_i\alpha\rightarrow\langle R_i^1;\cdots;R_i^n\rangle K_i\beta$，其中$R_i^k$是认知主体使用推理规则$R^k(k=1,\cdots,n)$的推理行动。这个公式表明，认知主体如果想从$\alpha$得到$\beta$需要正确使用一系列的推理规则$R^1$，…，$R^n$。认知主体能否从前提得到想要得到的结论完全取决于他的逻辑能力。达克认为，一方面这种处理方式可以解决认知系统中的逻辑全能问题，因为系统中的认知主体的知识可以是逻辑法则下的封闭也可以不是逻辑法则下的封闭；另一方面系统所描述的认知主体也不是逻辑无能的，而是一个理性主体。当然，从理论上说，如果认知主体有足够的时间和记忆空间，并且认知主体想要穷尽所有的知识，那么他会知道所有的逻辑定理以及自身所知的所有的知识后承。

同时达克意识到这里预设了认知主体知道所有的前提，而这在受限主体中，遗忘的现象是常有的事。为了克服这一问题，达克提出一个知识持续公理：$K_i\alpha\rightarrow[R_i]K_i\alpha$。提出这个公理，达克基于两个理由，一是知识是永真的，如果一个命题在使用规则推导之后为假，那么不应该说这个主体知道这个命题；二是主体的行动不可能改变知识的真值。至此，达克在非逻辑全能和非逻辑无能原则的主导下，采用动态逻辑对认知逻辑系统加以修改，刻画一个主体受限的逻辑系统。下面我们将对这个系统做一个简单的介绍，然后剖析这个系统的推理能力，是否真正达到了非逻辑全能也非逻辑无能这一理性的目标。

二、达克动态认知逻辑系统

达克在经典认知逻辑语言的基础上，增加一个模态算子$\langle F_i\rangle\alpha$，扩充成了达克动态认知逻辑语言L^{DE}。①

① H. N. Duc. Reasoning about Rational, but not Logically Omniscient, Agents. *Journal of Logic and Computation*, 1997, 7 (5): 633-648.

定义 3.5.2.1 达克动态认知逻辑语言 L^{DE}

令 $\mathrm{Agt}=\{1,\cdots,N\}$ 是主体集，L^{FE} 是认知命题逻辑语言。L^{DE} 是最小集，使得：

(1) $L^{FE}\subseteq L^{DE}$；

(2) 如果 α，$\beta\in L^{DE}$，那么 $\neg\alpha$，$\alpha\rightarrow\beta\in L^{DE}$；

(3) 如果 $\alpha\in L^{DE}$，那么 $\langle F_i\rangle\alpha\in L^{DE}$。

其他的联结词符号和往常一样可以定义引进，同时还定义引进 $[F_i]\alpha$，作为 $\neg\langle F_i\rangle\neg\alpha$ 的缩写。公式 $\langle F_i\rangle\alpha$ 读作："α 在主体 i 经过某些思考过程之后为真"，$[F_i]\alpha$ 读作："α 在主体 i 经过任何的思考过程之后为真"。在动态认知语言的基础上，达克定义了一个子类语言 L^{FE+}，称为知识持续公式（knowledge-persistent formulae）。

定义 3.5.2.2 知识持续公式

L^{FE+} 是 L^{FE} 的子类语言，当它包含了所有在 L^{FE} 中没有出现知识算子 K_i 的公式（也称为客观公式）且满足下列条件：

(1) 如果 $\alpha\in L^{FE+}$，那么 $\neg\alpha\in L^{FE+}$；

(2) 如果 α，$\beta\in L^{FE+}$，那么 $\alpha\vee\beta\in L^{FE+}$；

(3) 如果 α，$\beta\in L^{FE+}$，那么 $\alpha\wedge\beta\in L^{FE+}$；

(4) 如果 α，$\beta\in L^{FE+}$，那么 $\alpha\rightarrow\beta\in L^{FE+}$；

(5) 如果 $\alpha\in L^{FE+}$，那么 $K_i\alpha\in L^{FE+}$。

达克给出了一系列的公理模式和推理规则。

公理模式：

PC1 $\alpha\rightarrow(\beta\rightarrow\alpha)$

PC2 $(\alpha\rightarrow(\beta\rightarrow\gamma))\rightarrow((\alpha\rightarrow\beta)\rightarrow(\alpha\rightarrow\gamma))$

PC3 $(\neg\alpha\rightarrow\neg\beta)\rightarrow(\beta\rightarrow\alpha)$

TL1 $[F_i](\alpha\rightarrow\beta)\rightarrow([F_i]\alpha\rightarrow[F_i]\beta)$

TL2 $[F_i]\alpha\rightarrow[F_i][F_i]\alpha$

TL3 $\langle F_i\rangle[F_i]\alpha\rightarrow[F_i]\langle F_i\rangle\alpha$

DE1 $K_i(\alpha\rightarrow\beta)\rightarrow(K_i\alpha\rightarrow\langle F_i\rangle K_i\beta)$

DE2 $K_i\alpha\rightarrow[F_i]K_i\alpha$，其中 $\alpha\in L^{FE+}$

DE3 $\langle F_i\rangle K_i(\alpha\rightarrow(\beta\rightarrow\alpha))$

DE4 $\langle F_i\rangle K_i((\alpha\rightarrow(\beta\rightarrow\gamma))\rightarrow((\alpha\rightarrow\beta)\rightarrow(\alpha\rightarrow\gamma)))$

DE5 $\langle F_i\rangle K_i((\neg\alpha\rightarrow\neg\beta)\rightarrow(\beta\rightarrow\alpha))$

DE6 $K_i\alpha\rightarrow\alpha$

DE7 $\langle F_i\rangle K_i(K_i\alpha\rightarrow\alpha)$

DE8 $K_i\alpha\rightarrow\langle F_i\rangle K_iK_i\alpha$，其中 $\alpha\in L^{FE+}$

推理规则：

MP 从 α 和 $\alpha\rightarrow\beta$ 可以推出 β。（分离规则）

NEC$_t$ 从 α 推出 $[F_i]\alpha$。（必然化）

公理 **PC1—PC3** 是命题逻辑公理，**MP** 是分离规则。公理 **TL1—TL3** 是时态公理，**NEC$_t$** 是时态算子的概括（必然化）规则。公理 **DE1—DE8** 考察的是认知算子 K_i 以及和时态算子的交互。公理 **DE1** 表示认知主体有能力使用分离规则。公理 **DE2** 表示认知主体不会忘记他使用推理获得的知识。**DE3**、**DE4**、**DE5** 是认知主体经过某些思考之后知道命题公理 **PC1—PC3** 为真。由于采用的是公理模式，有无穷多的示例，这三个公理可以改写为一个推理规则（作为一个初始推理规则而不是导出规则），即后面的NEC_{de}：$\vdash PC\alpha\Rightarrow\ \vdash\langle F_i\rangle K_i\alpha$。公理 **DE6** 是知识的真性公理，公理 **DE7** 是对知识真性公理的保持可能的记忆，即经过某一推理之后知道知识真性公理。公理 **DE8** 说的是知识的内省，是有限制的内省，内省的对象必须是知识持续公式。公理 **PC1—PC3** 加上推理规则 **MP** 就是我们常见的命题演算。而在命题演算基础上增加公理 **TL1**、**TL2** 以及 **NEC$_t$** 构成传递时间的最小时态逻辑。有了这些公理和推理规则，我们可以构造不同的系统：

（1）**DEK$_N$＝PC1＋PC2＋PC3＋TL1＋TL2＋DE1＋DE2＋DE3＋DE4＋DE5＋MP＋NEC$_t$**

（2）**DEK$^*_N$＝DEK$_N$＋TL3**

（3）**DES4$_N$＝DEK$_N$＋DE6＋DE7＋DE8**

（4）**DES4$^*_N$＝DES4$_N$＋TL3**

系统 **DES4$_N$** 和 **DES4$^*_N$** 可以看成显性、真知识逻辑系统，对应于模态系统 S4，要求知识为真，并且主体具有正内省能力。

三、系统属性

达克动态认知逻辑系统的建立的出发点就是要避免逻辑全能问题，达克自身也明确了一个系统应该是既不逻辑全能也不逻辑无能，并且对系统的非全能属性进行了考察，得到下列定理。①

① H. N. Duc. Resource-Bounded Reasoning about Knowledge. PhD. thesis，The University of Leipzig，2001：34－35.

定理 3.5.3.1 非全能

下列推理规则在 $\mathbf{DEK_N}$、$\mathbf{DEK_N^*}$、$\mathbf{DES4_N}$ 和 $\mathbf{DES4_N^*}$ 系统中无法导出：

（1）**必然化**：从 α 推出 $K_i\alpha$。

（2）**单调性**：从 $\alpha\rightarrow\beta$ 推出 $K_i\alpha\rightarrow K_i\beta$。

定理 3.5.3.2 下列公式在 $\mathbf{DEK_N}$、$\mathbf{DEK_N^*}$、$\mathbf{DES4_N}$ 和 $\mathbf{DES4_N^*}$ 系统中不可证明：

（1）$K_i(\alpha\rightarrow\beta)\rightarrow(K_i\alpha\rightarrow K_i\beta)$

（2）$K_i\alpha\rightarrow(K_i\beta\rightarrow K_i\alpha)$

（3）$K_i(\alpha\wedge\beta)\rightarrow K_i\alpha$

（4）$K_i(\alpha\wedge\beta)\rightarrow(K_i\alpha\wedge K_i\beta)$

（5）$(K_i\alpha\wedge K_i\beta)\rightarrow K_i(\alpha\wedge\beta)$

（6）$K_i\alpha\rightarrow K_i(\alpha\vee\beta)$

（7）$(K_i\alpha\vee K_i\beta)\rightarrow K_i(\alpha\vee\beta)$

（8）$K_i\alpha\rightarrow K_i(\neg\neg\alpha)$

（9）$K_i(\neg\neg\alpha)\rightarrow K_i\alpha$

（10）$K_i\alpha\rightarrow K_iK_i\alpha$

（11）$\neg K_i\alpha\rightarrow\neg K_i\neg K_i\alpha$

显然通常的推理规则必然化、单调性在达克动态认知逻辑中失效，因为知识的产生都需要使用时态算子，即时态与知识交互的公理以及分离和时态必然化规则（当然相应于时态算子，系统当中就要有相对应的推理规则，这在下面会提到）。也就是说，知识算子除了一个知识公理可以消除知识算子之外，没有其他单独的运算规则。这就使得知识的大量运算要依赖于时态算子的运算，显然上面所列的逻辑全能公式在达克动态认知逻辑中都无法得出。现在的问题是，由于增加了时态算子，而公式 $\langle F_i\rangle K_i(\alpha\rightarrow\beta)\rightarrow(\langle F_i\rangle K_i\alpha\rightarrow\langle F_i\rangle K_i\beta)$ 在系统 $\mathbf{DEK_N+TL3}$ 及其扩充的系统中可证[①]，这就存在相对于时态算子和知识算子的逻辑全能问题。如果这一说法成立，那么显然这是一种变异的逻辑全能问题。因为主体在时态算子的限制下，依然可以得到时态、知识算子的所有逻辑后承。这就意味着，达克动态认知逻辑系统中 $(K_i\alpha\wedge K_i\beta)\rightarrow K_i(\alpha\wedge\beta)$ 无效，但是 $(K_i\alpha\wedge K_i\beta)\rightarrow\langle F_i\rangle K_i(\alpha\wedge\beta)$ 是有效的。同时，我们可以断定达克动态认知逻辑系统肯定

① H. N. Duc. Resource-Bounded Reasoning about Knowledge. PhD. thesis，The University of Leipzig，2001：37.

不是逻辑无能的，因为存在从认知主体的弱矛盾信念推出强矛盾信念。

定理 3.5.3.3 令 α、β 是任意公式，Λ 表示 $\mathbf{DEK_N}$、$\mathbf{DEK_N^*}$、$\mathbf{DES4_N}$ 和 $\mathbf{DES4_N^*}$ 系统中一个，有：

(1) $\vdash_{PC}\alpha \Rightarrow \vdash_{\Lambda}\langle F_i\rangle K_i\alpha$

(2) $\vdash_{PC}\alpha\rightarrow\beta \Rightarrow \vdash_{\Lambda}K_i\alpha\rightarrow\langle F_i\rangle K_i\beta$

(3) $\vdash_{PC}\alpha\rightarrow\beta \Rightarrow \vdash_{\Lambda}\langle F_i\rangle K_i\alpha\rightarrow\langle F_i\rangle K_i\beta$

如果把逻辑全能问题扩展到时态算子，那么上面的三条规则和正规认知逻辑中相应的规则应该是同态的。当然，如果我们把逻辑全能问题仅局限于知识算子，那么这三条规则自然是另当别论。

第六节 蒙太古语法①

蒙太古语法（MG）的语形学部分的基础是范畴语法。范畴语法的思想源于弗雷格，其完整的表述则归功于 20 世纪 30 年代的波兰逻辑学家列斯尼夫斯基（Lesniewski）和爱裘凯维茨（Ajduciewcz）。20 世纪 50 年代，巴-希勒尔以范畴语法的递归方式来解释自然语言各句法范畴之间的转化关系。20 世纪 70 年代，许多学者都对范畴语法产生了浓厚的兴趣，试图用它来解决自然语言的语义问题。蒙太古注意到范畴语法所谓范畴的生成和范畴的运算与逻辑类型论语形学的有关部分非常相似。② 范畴语法可以很自然地过渡到逻辑类型论，可以完成由范畴语法类型到内涵逻辑式类型的转化，进而与逻辑类型论的语义学联系起来。这样，通过把范畴语法的语句翻译成内涵类型论语言（即内涵逻辑表达式），内涵逻辑表达式相当于语句的“语义表现”，翻译就体现了语形与其“语义表现”的同态关系，再通过逻辑类型论语义学来解释这些翻译式（内涵逻辑表达式），就使自然语言的语句真正获得了它的语义解释，最终实现语形和语义同态。

蒙太古在内涵逻辑中把所有的语义类型做了内涵和外延区分，同时引进时间变量和可能世界，提出所有类型的常量的语义值都是内涵，即内涵

---

① 本节内容部分来自笔者的硕士学位论文：基于汉语短语结构歧义的蒙太格型语义排歧．南京：南京大学，2004。

② 邹崇理．自然语言逻辑研究．北京：北京大学出版社，2000：43.

是基本的语义，如要得到常量的外延就需通过意义公设规则来实现。需要特别注意的是，内涵逻辑把内涵看作一个函项，它的定义域是所有可能世界组成的集合，值域是该语言表达式在各可能世界的外延所组成的集合。个体词项的外延是所指称的对象，其内涵是个体概念，即是从可能世界到其指称对象的函项。谓词的外延是个体类，其内涵是谓词的属性，即是从可能世界到其指称的个体类的函项。语句的外延是真值，其内涵是命题，即从可能世界到真值的函项。

表 3-1 表达式的内涵和外延

表达式	外延	内涵
逻辑公式	真值	命题（从世界到真值的函项）
个体词	集合中个体	个体概念（从世界到个体集的函项）
一元谓词	个体集合	特征函项（从世界到个体集幂集的函项）

蒙太古语法语义理论以内涵逻辑为基础，提出自然语言与高度形式化的人工语言在理论上没有区别，人工语言的语义可以用高度形式化的方法进行处理，自然语言同样也可以用高度形式化的方法进行处理。在蒙太古语法中，自然语言的句法结构和语义表达式都被看成一个代数系统，严格地按照递归规则生成，对于语义表达式来讲，不管生成的语义表达式有多长多复杂，都可以根据翻译和解释的递归规则在有穷步骤内求得其真值条件、模型论解释或可能世界的所指。

一般说来，蒙太古语法由三部分组成：第一部分是由乔姆斯基的转换生成语法推导出成立句子的理论和方法，即句法部分；第二部分是把成立句子转化为内涵逻辑表达式的理论和方法，即翻译部分；第三部分是内涵逻辑学的语义理论和方法，即语义部分。①

句法部分包括一套语类和一套句法规则。语类给基本词语规定一个句法范畴。句法规则的作用是将基本词语变成短语，然后再将较小片段短语结合成较大片段短语。这套规则可以反复运用，从而将短语从小到大逐步结合，直到生成句子。②

---

① （1）L. T. F. Gamut，L. T. F. van Benthem. Logic，Language，and Meaning，Vol. 1：Introduction to Logic. Vol. 2：Intensional Logic and Logical Grammar. Chicago：University of Chicago Press，1991. （2）R. Montague. Formal Philosophy：Selected Papers of Richard Montague. New Haven：Yale University Press，1974. （3）刘颖．计算语言学．北京：清华大学出版社，2002：145.

② 俞如珍，金顺德．当代西方语法理论．上海：上海外语教育出版社，1994：367.

翻译部分包括一套翻译规则，将短语翻译成内涵逻辑表达式。

语义部分是在内涵逻辑的基础上建立起来的，是蒙太古语法理论的精髓所在，也是这一理论区别于其他理论的显著标志。显然，内涵逻辑也由句法和语义两个部分构成。句法部分是由义类系统和语句形成规则构成。义类是从词项的语类由对应函数 f 而获得。语句形成规则主要是对义类的获得进行约束。内涵逻辑表达式的义类只能通过这些形成规则得到。语义部分主要解决语义所指问题，它有一套语义规则，运用这套语义规则可以将内涵逻辑表达式在特定模型中的语义所指求出。

句法、翻译和语义三大部分是同态的，在 MG 中，三大规则一一对应，有一条句法规则就有一条翻译规则将其处理的短语翻译成内涵逻辑表达式，然后再有一条语义规则来确定这一表达式在模型中的语义所指。

在《正确处理英语的量化现象》（“The Proper Treatment of Quantification in Ordinary English”，简称 PTQ）一文中，蒙太古的基本做法是：首先通过语形范畴建立英语语句的语形，然后建立一个人工语言，即内涵逻辑语言，并给出其语义，最后用一些翻译规则，以形式化的方法，把英语语句的表达式翻译到内涵逻辑语言的表达式，从而给出英语语句的语义。

蒙太古理论模式如图 3-2 所示①：

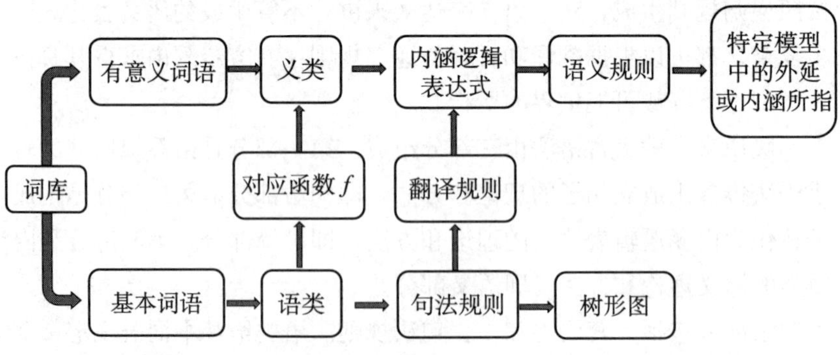

图 3-2　蒙太古理论模式

一、FE 的句法部分

蒙太古运用范畴语法的思想，通过语形范畴建立某英语方言中部分语句（a certain fragment of certain dialect of English，简记为 FE）的语形

---

① 刘颖．计算语言学．北京：清华大学出版社，2002：146.

学。句法部分主要是要把词库中的基本词语组合成句子。基本词语只能是来自词库，此时不代表任何意义，纯粹只是一种表达形式，且按照其句法特性而划归到某一语类。每个基本词语根据语句形成规则都可以是合法短语，再由短语组成更大的短语。

1. 语类

蒙太古语法理论中的语类并不是一组表达形式的集合，而只是 e 和 t 以及它们之间关系的一组集合。e 和 t 为基本语类，其他都是派生语类。e 语类表示自然界某类事物中的个体词或者实体词，并不等价于汉语中的名词或名词短语。例如，普通名词“人”，只是一个概念，是一个集合，并不具体指称某个人。t 语类表示具有真值的语言单位，也称为真值表达式或陈述语句。

A. PTQ 系统中的语类可以递归定义如下：

（1）t 是语类；

（2）e 是语类；

（3）如果 A、B 是语类，那么 A/B 和 A//B 都是语类；

（4）任何语形范畴都是有限次使用上述（1）～（3）所得。

B. 表 3 - 2 给出英语基本语类和派生语类：

表 3 - 2　PTQ 语类一览表

Category name	Definition	Description	Basic Expressions（$BaseX_A$）
e		none	none
t		sentence	none
IV	t/e	intransitive verb phrase	run，smokes
T	t/IV	noun phrase	John，he_0，he_1
TV	IV/T	transitive verb phrase	love，eat，be
IAV	IV/IV	verb phrase adverb	rapidly
CN	$t//e$	common noun	man，woman
t/t		sentential adverb	necessarily
IAV/T		preposition	in，about
IV/t		sentential complement verb	believe，assert
IV//IV		infinitive complement verb	try，wish
DET	T/CN	determiner	every，the，a

2. 句法规则

在 MG 理论里，句子依照弗雷格原理，通过短语由小到大的结合而逐渐产生。短语之间的结合通过句法规则来实现。典型的句法规则可以表示为：

S_n 如果 $\alpha \in P_A$，$\beta \in P_B$，那么 $F_m(\alpha,\beta) \in P_C$ 且 $F_m(\alpha,\beta) = \cdots$

其中，n 表示句法规则的序号。α 和 β 输入短语语类，P_C 为输出短语语类，F 为结构运算函数，其中 m 为 F 的序号，如 F_0、F_1、F_2 表示不同种类的函数。PTQ 有五种类型的句法规则：基本规则、函数应用规则、合取和析取规则、量化规则以及时态和标记规则。蒙太古一共列出 17 条句法规则，用 **S1** 至 **S17** 表示。①

基本规则：

S1. 对于任何语类 A，$B_A \subseteq P_A$。

S2. 如果$\zeta \in P_{CN}$，那么 $F_0(\zeta)$，$F_1(\zeta)$，$F_2(\zeta) \in P_T$，其中 $F_0(\zeta)$=every ζ，$F_1(\zeta)$=the ζ，$F_2(\zeta)$=a ζ或者 an ζ，具体情况依ζ中第一词和 a 或 an 搭配形式而定。

S3. 如果$\zeta \in P_{CN}$，$\phi \in P_t$，那么 $F_{3,n}(\zeta,\phi) \in P_{CN}$，其中 $F_{3,n}(\zeta,\phi)=\zeta$使得 ϕ'，其中 ϕ'来自 ϕ，并根据ζ中第一个 B_{CN}的｛阳、阴、中｝性，用｛he、she、it｝或｛him、her、it｝来替换 ϕ 中的每一个 he_n 或 him_n 而得到的。

函数应用规则：

S4. 如果 $\alpha \in P_T$ 并且 $\delta \in P_IV$，那么 $F_4(\alpha,\delta) \in P_t$，其中 $F_4(\alpha,\delta)=\alpha\delta'$ 并且 δ'是在 δ 中通过第三人称单数现在时态替代动词的一个结果（例如：B_{IV}，$B_{TV/t}$，B_{IV}或 $B_{IV//IV}$）。

S5. 如果 $\delta \in P_{IV/T}$并且 $\beta \in P_T$，那么 $F_5(\delta,\beta) \in P_{IV}$，其中 $F_5(\delta,\beta)=\delta\beta$，如果 β 不具有 he_n 的形式且 $F_5(\delta,he_n)=\delta him_n$。

S6. 如果 $\delta \in P_{IAV/T}$并且 $\beta \in P_T$，那么 $F_5(\delta,\beta) \in P_{IAV}$。

S7. 如果 $\delta \in P_{IV/T}$并且 $\beta \in P_t$，那么 $S_6(\delta,\beta) \in P_{IV}$，其中 $F_6(\delta,\beta)=\delta\beta$。

S8. 如果 $\delta \in P_{IV/IV}$并且 $\beta \in P_{IV}$，那么 F_6（δ，β）$\in P_{IV}$。

S9. 如果 $\delta \in P_{t/t}$并且 $\beta \in P_t$，那么 F_6（δ，β）$\in P_t$。

S10. 如果 $\delta \in P_{IV/IV}$ 并且 $\beta \in P_{IV}$，那么 $F_7(\delta,\beta) \in P_{IV}$，其中 $F_7(\delta,\beta)=\beta\delta$。

① 部分翻译参考了 R. Montague，金顺德．普通英语中量化的特定处理．国外语言学，1989（3）：97－110。

合取和析取规则：

S11. 如果 ϕ，$\psi \in P_t$，那么 $F_8(\phi,\psi)$，$F_9(\phi,\psi) \in P_t$，其中 $F_8(\phi,\psi)=\phi$ 并且 ψ，$F_9(\phi,\psi)=\phi$ 或者 ψ。

S12. 如果 ϕ，$\psi \in P_{IV}$，那么 $F_8(\phi,\psi)$，$F_9(\phi,\psi) \in P_{IV}$。

S13. 如果 ϕ，$\psi \in P_T$，那么 $F_9(\phi,\psi) \in P_T$。

量化规则：

S14. 如果 $\alpha \in P_T$ 且 $\phi \in P_t$，那么 $F_{10,n}(\alpha,\phi) \in P_t$，其中，或者是(i)$\alpha$ 不具有 he_k 的形式，且 $F_{10,n}(\alpha,\phi)$就等于将 ϕ 中第一个 he_n 或 him_n 用 α 来替代，其后出现的 he_n 或 him_n 则根据 α 中第一个 B_{CN}或 B_T 的｛阳、阴、中｝性，用｛he、she、it｝或｛ him、her、it｝来替换 ϕ 中的每一个 he_n 或 him_n 而得到的。(ii)$\alpha=he_k$，且 $F_{10,n}(\alpha,\phi)$来自 ϕ，分别用 he_k 或 him_k 替代 he_n 或 him_n 的所有出现而得到的。

S15. 如果 $\alpha \in P_T$ 且 $\phi \in P_{CN}$，那么 $F_{10,n}(\alpha,\phi) \in P_{CN}$。

S16. 如果 $\alpha \in P_T$ 且 $\phi \in P_{IV}$，那么 $F_{10,n}(\alpha,\phi) \in P_{IV}$。

时态和标记规则：

S17. 如果 $\alpha \in P_T$ 并且 $\delta \in P_{IV}$，那么 $F_{11}(\alpha,\delta)$，$F_{12}(\alpha,\delta)$，$F_{13}(\alpha,\delta)$，$F_{14}(\alpha,\delta)$，$F_{15}(\alpha,\delta) \in P_t$，其中

$F_{11}(\alpha,\delta)=\alpha\delta'$，$\delta'$是将$\delta$中的第一个动词替换成该动词否定的单数第三人称现在时的结果；

$F_{12}(\alpha,\delta)=\alpha\delta''$，$\delta''$是将$\delta'$中的第一个动词替换成该动词单数第三人称将来时的结果；

$F_{13}(\alpha,\delta)=\alpha\delta'''$，$\delta'''$是将$\delta$中的第一个动词替换成该动词否定的单数第三人称将来时的结果；

$F_{14}(\alpha,\delta)=\alpha\delta''''$，$\delta''''$是将$\delta$中的第一个动词替换成该动词单数第三人称现在完成时的结果；

$F_{15}(\alpha,\delta)=\alpha\delta'''''$，$\delta'''''$是将$\delta$中的第一个动词替换成该动词否定的单数第三人称现在完成时的结果。

我们以“John believes that Mary loves a unicorn”的树形图为例（见图 3－3），来说明句法规则如何从基本词语生成语句。

二、IL 的句法部分

IL 的句法部分主要确定内涵逻辑（intensional logic，简称为 IL）表达式义类问题。基本义类有两个：*e* 和 *t*，*e* 表示个体，*t* 表示真值。

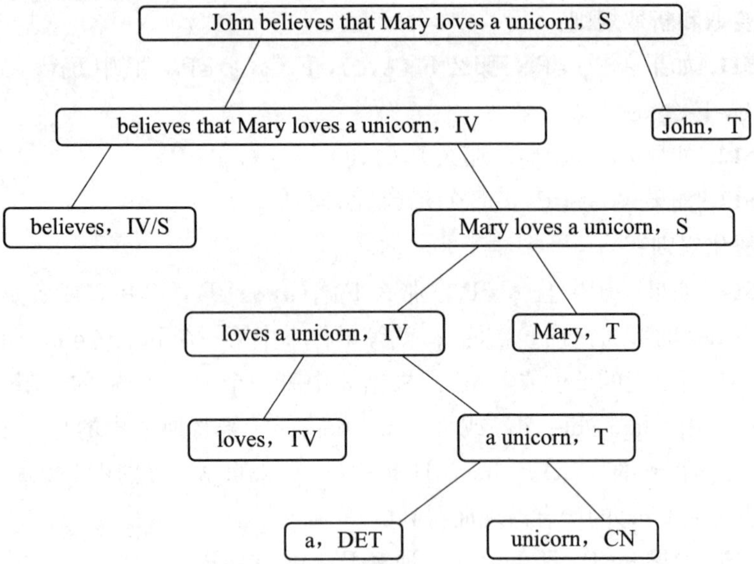

图 3-3　树形图

A. 内涵逻辑句法的义类可以递归表示如下：

（1）$t \in \mathrm{Type}$；

（2）$e \in \mathrm{Type}$；

（3）如果 a，$b \in \mathrm{Type}$，那么$<a, b> \in \mathrm{Type}$；

（4）如果 $a \in \mathrm{Type}$，那么$<s, a> \in \mathrm{Type}$；

（5）Type 中的任何元素都是有限次运用上述(1)～(4)所形成的。

这里要注意，S 本身不是一个义类，即不是 Type 中的一个元素。

MG 内涵逻辑句法包括两个部分：基本成分和句法规则。

B. 基本成分有常项和变项两类，可以定义如下：

（1）对任何 $a \in \mathrm{Type}$，有一个由无限可数个非逻辑常项或简称常项所组成的集合 Con_a。其中，第 n 个元素可记为 $C_{n,a}$，这里 n 是自然数。

（2）对任何 $a \in \mathrm{Type}$，有一个由无限可数个变项所组成的集合 Var_a。其中，第 n 个元素可记为 $V_{n,a}$，这里 n 是自然数。

（3）$\mathrm{BaseX}_a = \mathrm{Con}_a \cup \mathrm{Var}_a$。

C. 内涵逻辑句法部分的作用主要就是确定内涵逻辑表达式的义类，其规则表述如下：

（1）$\mathrm{Var}_a \subseteq \mathrm{MeanX}_a$。

（2）$\mathrm{Con}_a \subseteq \mathrm{MeanX}_a$。

（3）如果 $\alpha \in \mathrm{MeanX}_a$，$u \in \mathrm{Var}_b$，那么 $\lambda u\alpha \in \mathrm{MeanX}<b, a>$。

（4）如果 $\alpha \in \text{MeanX}_{<a,b>}$ 并且 $\beta \in \text{MeanX}_a$；那么 $\alpha(\beta) \in \text{MeanX}_b$。

（5）如果 α，$\beta \in \text{MeanX}_a$，那么 $\alpha = \beta \in \text{MeanX}_t$。

（6）如果 $\phi \in \text{MeanX}_t$，那么 $\neg\phi \in \text{MeanX}_t$。

（7）如果 ϕ，$\psi \in \text{MeanX}_t$，那么 $\phi \vee \psi \in \text{MeanX}_t$。

（8）如果 ϕ，$\psi \in \text{MeanX}_t$，那么 $\phi \wedge \psi \in \text{MeanX}_t$。

（9）如果 ϕ，$\psi \in \text{MeanX}_t$，那么 $\phi \rightarrow \psi \in \text{MeanX}_t$。

（10）如果 ϕ，$\psi \in \text{MeanX}_t$，那么 $\phi \leftrightarrow \psi \in \text{MeanX}_t$。

（11）如果 $\phi \in \text{MeanX}_t$ 并且 $u \in \text{Var}$ 那么 $\forall u \phi \in \text{MeanX}_t$。

（12）如果 $\phi \in \text{MeanX}_t$ 并且 $u \in \text{Var}$ 那么 $\exists u \phi \in \text{MeanX}_t$。

（13）如果 $\phi \in \text{MeanX}_t$，那么 $\Box\phi \in \text{MeanX}_t$。

（14）如果 $\phi \in \text{MeanX}_t$，那么 $\text{F}\phi \in \text{MeanX}_t$。

（15）如果 $\phi \in \text{MeanX}_t$，那么 $\text{P}\phi \in \text{MeanX}_t$。

（16）如果 $\alpha \in \text{MeanX}_a$，那么 $\wedge\alpha \in \text{MeanX}_{<s,a>}$。

（17）如果 $\alpha \in \text{MeanX}_{<s,a>}$，那么 $\vee\alpha \in \text{MeanX}_a$。

三、IL 的语义部分

MG 内涵逻辑语义部分可分为两部分：一部分为内涵逻辑模型，另一部分为语义规则，它们主要确定内涵逻辑表达式的所指问题。

1. 内涵逻辑语义模型

A. 内涵逻辑语义模型是一个有序五元组 $\langle \text{A}, \text{W}, \text{T}, <, \text{F} \rangle$，其中 A、W、T 都是非空集，我们可以分别把它们理解成可能个体集、可能世界集、时间集；$<$是集合 T 上的一个线性序；F 是一个从 $\text{Con} \rightarrow \text{D}_{<s,a>}$ 的函数。

B. 对于任何 $a \in \text{Type}$，我们用 D_a 表示义类 a 的可能指称集，其定义如下（其中 a，$b \in \text{Type}$）：

（1）$\text{D}_e = \text{A}$

（2）$\text{D}_t = \{0, 1\}$

（3）$\text{D}_{<a,b>} = \text{D}_b^{\text{D}a}$

（4）$\text{D}_{<s,a>} = \text{D}_a^{\text{W} \times \text{T}}$

可见，e 义类所指为模型中的个体集 A；t 义类所指为真值集合；$<a,b>$ 是一个函数，即从 a 的可能指称集映射到 b 的可能指称集；$<s,a>$是 a 的内涵，表示所有世界和时间集向 a 映射的函数，即 a 在某个世界中的某个时间点上所具有的某个值。显然，内涵逻辑的语义解释是一种可能世界语义学。

2. 内涵逻辑的语义规则

C. 这些语义规则，对于 IL 的任意有意义的表达式 α，递归地确定了 α 与模型 M，赋值函数 g 及参照点⟨w，t⟩有关的外延 $[\![\alpha]\!]^{M,w,t,g}$。

（1）如果 $\alpha\in$Con，那么$[\![\alpha]\!]^{M,w,t,g}=F(\alpha)(<w,t>)$。

（2）如果 $\alpha\in$Var，那么$[\![\alpha]\!]^{M,w,t,g}=g(\alpha)$。

（3）如果 $\alpha\in MeanX_a$，$u\in Var_b$，那么$[\![\lambda u\alpha]\!]^{M,w,t,g}=h\in D_a{}^{D}b$，对于任意 $b\in D_b$，$h(b)=[\![\alpha]\!]^{M,w,t,g[b/u]}$。

（4）如果 $\alpha\in MeanX_{<a,b>}$，$\beta\in MeanX_a$，那么 $[\![\alpha\ (\beta)]\!]^{M,w,t,g}=[\![\alpha\ ([\![\beta]\!]^{M,w,t,g})]\!]^{M,w,t,g}$。

（5）如果 α，$\beta\in MeanX_a$，那么 $[\![\alpha=\beta]\!]^{M,w,t,g}=1$ 当且仅当 $[\![\alpha]\!]^{M,w,t,g}=[\![\beta]\!]^{M,w,t,g}$。

（6）如果 $\phi\in MeanX_t$，那么 $[\![\neg\phi]\!]^{M,w,t,g}=1$ 当且仅当 $[\![\phi]\!]^{M,w,t,g}=0$。

（7）如果 ϕ，$\psi\in MeanX_t$，那么 $[\phi\vee\psi]^{M,w,t,g}=1$ 当且仅当 $[\phi]^{M,w,t,g}=1$，或 $[\![\psi]\!]^{M,w,t,g}=1$。

（8）如果 ϕ，$\psi\in MeanX_t$，那么 $[\phi\wedge\psi]^{M,w,t,g}=1$ 当且仅当 $[\phi]^{M,w,t,g}=1$，且 $[\![\psi]\!]^{M,w,t,g}=1$。

（9）如果 ϕ，$\psi\in MeanX_t$，那么 $[\![\phi\rightarrow\psi]\!]^{M,w,t,g}=1$ 当且仅当 $[\phi]^{M,w,t,g}=0$，或 $[\![\psi]\!]^{M,w,t,g}=1$。

（10）如果 ϕ，$\psi\in MeanX_t$，那么 $[\![\phi\leftrightarrow\psi]\!]^{M,w,t,g}=1$ 当且仅当 $[\![\phi]\!]^{M,w,t,g}=[\psi]^{M,w,t,g}$。

（11）如果 $\phi\in MeanX_t$，$u\in Varb$，那么 $[\![\forall u\phi]\!]^{M,w,t,g}=1$ 当且仅当对于任意 $b\in MeanX_b$，$[\![\phi]\!]^{M,w,t,g[b/u]}=1$。

（12）如果 $\phi\in MeanX_t$，$u\in Varb$，那么 $[\![\exists u\phi]\!]^{M,w,t,g}=1$ 当且仅当存在 $b\in MeanX_b$，$[\![\phi]\!]^{M,w,t,g[b/u]}=1$。

（13）如果 $\phi\in MeanX_t$，那么 $[\![\Box\phi]\!]^{M,w,t,g}=1$ 当且仅当对于任意 $w'\in W$，$t'\in T$，$[\![\phi]\!]^{M,w',t',g}=1$。

（14）如果 $\phi\in MeanX_t$，那么 $[\![\mathbf{F}\phi]\!]^{M,w,t,g}=1$ 当且仅当存在 $t'\in T$，$t<t'$，$[\![\phi]\!]^{M,w',t',g}=1$。

（15）如果 $\phi\in MeanX_t$，那么 $[\![\mathbf{P}\phi]\!]^{M,w,t,g}=1$ 当且仅当存在 $t'\in T$，$t'<t$，$[\![\phi]\!]^{M,w',t',g}=1$。

（16）如果 $\alpha\in MeanX_a$，那么 $[\![\wedge\alpha]\!]^{M,w,t,g}$是一个函数 h，其定义域是 $W\times T$，对于任意$<w',t'>\in W\times T$，$h(<w',t'>)=[\![\alpha]\!]^{M,w',t',g}$。

（17）如果 $\alpha \in MeanX_{<s,a>}$，那么 $[\![{}^{\vee}\alpha]\!]^{M,w,t,g} = [\![\alpha]\!]^{M,w,t,g}(<w,t>)$。

四、翻译部分

蒙太古语法为表示句法和语义的同态性，通常将句子翻译成内涵逻辑表达式，然后再通过语义部分的语义规则求出该表达式的语义解释。翻译过程严格按照句子的生成过程进行。每一条句法规则都有与其相对应的一条翻译规则。

从 FE 到 IL 的翻译是指把 FE 中有意义表达式翻译成 IL 中有意义表达式。为此，我们先建立一个从 FE 的语形范畴到 IL 的义类的映射函数 f。定义递归如下：

A. 设 f 是一个 Cat→Type 的函数，那么：

（1）$f(t)=t$；

（2）$f(e)=e$；

（3）对于任意 A,B ∈Cat，$f(A/B)=<<S,f(B)>,f(A)>$。

例如：

范畴名称	相应类型
e	e
t	t
IV	$<<s,e>,t>$
T	$<<s,<<s,e>,t>,t>>$
CN	$<<s,e>,t>$

B. 基本表达式规则：

（1）如果 A ∈Cat，那么 $BaseX_a$ 集合中范畴的基本表达式 A 通过上表给定。

（2）令 G：$BaseX_a \rightarrow MeanX_{f(A)}$，如果 $\alpha \in BaseX_a$，$G(\alpha)=\alpha'$，那么 $\alpha' \in MeanX_{f(A)}$。

（3）对于任何范畴 A，$BaseX_a \in PhaseX_A$。

C. 部分翻译规则：

T2. 如果 $\delta \in P_{T/CN}$ 并且 $\zeta \in P_{CN}$，那么 $F_2(\delta,\zeta) \Rightarrow \delta'({}^{\wedge}\zeta')$。

T4. 如果 $\alpha \in P_t$ 并且 $\delta \in P_{IV}$ 并且 $\alpha \Rightarrow \alpha'$，$\delta \Rightarrow \delta'$，那么 $F_4(\alpha,\delta) \Rightarrow \alpha'({}^{\wedge}\delta')$。

T7. 如果 $\alpha \in P_{IV/t}$，$\phi \in P_t$ 并且 $\alpha \Rightarrow \alpha'$，$\phi \Rightarrow \phi'$，那么 $F_7(\alpha, \phi) \Rightarrow \alpha'({}^\wedge\phi')$。

通过对上述四个部分的介绍，我们对蒙太古语法的基本体系有了大概的了解。下面我们通过实例来了解蒙太古语法对自然语言如何进行形式表示。

例句：John walks。

A. 句法分析：

1. john $\in BaseX_T$
2. john $\in Phrase_T$ （S1）
3. walk $\in BaseX_{IV}$
4. walk $\in Phrase_{IV}$ （S1）
5. John walks $\in Phrase_T$ （S4）

B. 翻译：

1. $G(John) = \lambda P[{}^\vee P(j)]$
2. $G(walk) = walk'$
3. John walks $\Rightarrow \lambda P[{}^\vee P(j)]$ （$^\wedge walk'$）
4. $^{\vee\wedge}walk'$ (j) （λ转换）
5. $walk'$ (j) （$^{\vee\wedge}$消去）

C. IL 句法：

1. $j \in MeanX_e$
2. $P \in MeanX_{<s,<e,t>>}$
3. $^\vee P \in MeanX_{<e,t>}$ （3.6.2.C.16）
4. $^\vee P(j) \in MeanX_t$ （3.6.2.C.3）
5. $\lambda P\ [{}^\vee P\ (j)] \in MeanX_{<<s,<e,t>>,t>}$ （3.6.2.C.2）
6. $walk' \in MeanX_{<e,t>}$
7. $^\vee\ walk' \in MeanX_{<s,<e,t>>}$ （3.6.2.C.15）
8. $\lambda P\ [{}^\vee P\ (j)]\ ({}^\vee walk') \in MeanX_t$ （3.6.2.C.3）

D. IL 语义：

1. $[\![j]\!]^{M,w,t,g} = F(j)(<w,t>) = John$。 （3.6.3.C.1）

2. $[\![P]\!]^{M,w,t,g} = g(P)$，$g(P)$是一个函数 f，其定义域是 w×t，对于任何的$<w',t'>$，$f(<w',t'>) = f'$，f' 是一个函数，其定义域是 D_e，$f' = 1$ 当且仅当 x runs in w' at t'。 （3.6.3.C.2）

3. $[\![{}^\vee P]\!]^{M,w,t,g} = [\![P]\!]^{M,w,t,g}(<w,t>)$ （3.6.3.C.17）

4. $[\![\mathcal{P}]\!]^{M,w,t,g}=[\![{}^{\vee}P]\!]^{M,w,t,g}([\![j]\!]^{M,w,t,g})=1$ 当且仅当 john runs in w at t。

(3.6.3.C.4)

5. $[\![\lambda P\ [\mathcal{P}(j)]]\!]^{M,w,t,g}$是一个函数 h，h：$D_{<s,<e,t>>}\rightarrow D_t$，对于所有的 Q,$h$(Q)=1 当且仅当 $[\![{}^{\vee}Q]\!]^{M,w,t,g}([\![j]\!]^{M,w,t,g})=1$。 (3.6.3.C.2)

6. $[\![walk']\!]^{M,w,t,g}=F(walk')(<w,t>)=k'$,$k'$是一个函数，其定义域是 D_e，$k'=1$ 当且仅当 x walks in w at t。 (3.6.3.C.1)

7. $[\![{}^{\wedge}walk']\!]^{M,w,t,g}$是一个函数 k，k 的定义域是 w×t，对于任何的<w’，t’>，$k(<w',t'>)=k'$,k'是一个函数，其定义域是 D_e，$k'=1$ 当且仅当 x walks in w’ at t’。 (3.6.3.C.16)

8. $[\![\lambda P[{}^{\vee}P(j)]({}^{\vee}walk')]\!]^{M,w,t,g}=[\![\lambda P[{}^{\vee}P(j)]]\!]^{M,w,t,g}([\![{}^{\wedge}walk']\!]^{M,w,t,g})=h([\![{}^{\wedge}walk']\!]^{M,w,t,g})=1$ 当且仅当$[\![{}^{\vee}walk']\!]^{M,w,t,g}([\![j]\!]^{M,w,t,g})=1$。

五、内涵逻辑中的命题态度表达

我们知道弗雷格疑难中区分了显性结构（透明语境）和隐性结构（晦暗语境），同时指出同一替代原则在显性结构中成立，而在隐性结构中就不一定总是成立。蒙太古以前的语义学都没有办法解决这一问题，那么蒙太古语法是否能够很好地解决这一问题？现在我们考察像“相信”之类的态度词在内涵逻辑中的表达。蒙太古认为，“相信”之类的态度词可以处理为表示个体和命题之间的关系，即关系函项。因此，在内涵逻辑中“相信”表示成⟨⟨S,T⟩,⟨E,T⟩⟩类型。如“弗雷格相信晨星是昏星”在内涵逻辑中就呈现为**B**(^[a=b])(F)。其中，“**B**”为态度词“相信”，“a=b”表示“晨星是昏星”，“^[a=b]”表示“晨星是昏星”的语义，“F”表示“弗雷格”。大家都知道“关系符号”的表示方法有多种，当然**B**(^[a=b])(F)也可以记为**B**(F,^[a=b])。在这里我们必须用语句“晨星是昏星”的内涵，而不是用其外延。如果我们采用“晨星是昏星”的外延，那么其外延就为1，即语句为真。而我们一般承认“弗雷格相信晨星是晨星”外延为1，“晨星是晨星”的外延也是为1，根据同一替代原则得到的“弗雷格相信晨星是昏星”的外延不一定为1，即语句不一定为真。因而“弗雷格相信晨星是晨星”也只能够表示为**B**(F,^[a=a])。现在我们就可以解释为什么不能用同一替代原则对**B**(F,^[a=a])而得到**B**(F,^[a=b])。因为,^[a=b]和^[a=a]都是在内涵算子的辖域之内，即 a=b 并不是在所有的可能世界当中都为真，也许只有满足^a=^b，同一替代原则才成立。

在晦暗语境中需要内涵同一的条件才可以执行同一替代原则，即内涵是可能世界的集合。然而，这种用可能世界来描述命题态度的方法，一定会带来逻辑全能问题。因为，如果你相信某一命题为真的话，那么所有与之一致的命题都会出现在同一世界集中，那么也就意味着你也应该会相信和该命题一致的所有命题。这显然是不可能的。

内涵逻辑也存在逻辑全能问题，要解决这个问题，那就是命题态度不能看成可能世界集，应该对其修改。首先，把信念命题当作基本实体，它们不可能是可能世界的集合，所以，假设信念的内容是新的基本实体。每一个命题都是一个实体。这就意味着一个命题 P 和它的双重否定命题是不等价的。这导致从简单逻辑式的真值和语义解释来计算复合逻辑式的真值和语义解释无法进行，如何定义逻辑算子也就无从谈起了。显然，这种方法明显行不通。其次，在可能世界的基础上增加不可能世界。最后，结构化的意义，即把句子中的每一成分或词组都当作一个语义实体，并由它们组成命题。这样，信念的内容不再是一个简单的命题，而是一组语义实体。后两种方法将在下一章展开讨论。

第七节　语形方案的比较

这一章主要考察了句法方案中三个典型的解全方案。一阶方案，因为系统有着致命的缺陷，且系统构造复杂，不是一个优选方案。在此，不再把一阶方案和其他方案做一个比较，而主要从系统的可表达性以及不全能和不无能属性等方面来考察，讨论达克动态认知逻辑与康诺利格演绎模型之间的区分和联系。

从形式系统的构造来看，康诺利格演绎模型和达克动态认知逻辑系统有着相同之处。二者都在主体的推理能力上进行弱化，康诺利格演绎模型中认知主体的推理能力是由规则集来确定的，形成一个演绎封闭；而达克动态认知逻辑系统中的认知主体的推理能力是由时态算子进行限制的，时态算子本身就可以看成推理规则集。二者都是采用模态逻辑作为蓝本，或者说在一阶逻辑的基础上，增加模态算子。康诺利格演绎模型在形式上和经典的模态逻辑没有分别，唯一不同的是推理规则的使用有限定。在康诺利格演绎模型中，逻辑后承关系转化成公式集和内在语言公式在每一个演绎规则集的关系，即 $\Gamma\vdash_{\rho}\alpha$ 当且仅当存在一个使用 ρ 规则从 Γ 中推出 α 的一个证明。语义解释类似于克里普克可能世界语义学，这个可以从

表 3 - 3 看出①：

表 3 - 3

名称	*bel* 上的条件	L^B 的特征公理
K	*bel*（*i*）是饱和的	$B_i(\alpha\to\beta)\to(B_i\alpha\to B_i\beta)$
T	$\alpha\in bel(i)\to\alpha$	$B_i\alpha\to\alpha$
D	$\alpha\in bel(i)\to\neg\alpha\notin bel(i)$	$B_i\alpha\to\neg B_i\neg\alpha$
4	$\alpha\in bel(i)\to B_i\alpha\in bel(i)$	$B_i\alpha\to B_iB_i\alpha$
5	$\alpha\in bel(i)\to\neg B_i\alpha\in bel(i)$	$\neg B_i\alpha\to B_i\neg\alpha$

达克动态认知逻辑在模态逻辑的基础上增加了时态算子、时态公理以及时态必然化规则，去掉了知识或信念必然化规则，构成了一个公理系统。这里可以把时态算子直接看成推理规则算子，那么时态公理就转换成为一阶命题在规则集下面的演算，而动态认知公理就是对知识和信念使用合适的推理规则；时态必然化规则就是说，一个公式为真，使用推理规则之后也为真。

为了便于比较这两个系统，我们把系统限定在某一个特定的系统中。康诺利格演绎模型选定信念系统 B_{K4}，达克动态认知逻辑知识系统把 $\mathbf{DES4_N^*}$转换为相应的信念系统 $B_{\mathbf{DES4_N^*}}$：

$$B_{K4}=\text{命题逻辑中的所有定理}+\mathrm{K}+4+\rho$$

其中的规则集 ρ 我们选定分离规则以及必然化规则。B_{K4} 系统是具有正内省的信念系统。

$$B_{\mathbf{DES4_N^*}}=\mathrm{PC1}+\mathrm{PC2}+\mathrm{PC3}+\mathrm{TL1}+\mathrm{TL2}+\mathrm{DE1}+\mathrm{DE2}+\mathrm{DE3}+\mathrm{DE}(1-5,8)+\mathrm{MP}+\mathrm{NEC_t}$$

$B_{\mathbf{DES4_N^*}}$ 是在极小时态系统上增加 K 公理以及正内省公理。

两个系统之间有不同的算子，无法直接进行系统之间的表达能力的比较，因此，我们需要定义一个翻译函数，使得一个系统的公式在另外一个系统中可表达。

定义 3.7.1　令 $B_{\mathbf{DES4_N^*}}$ 是以 $\neg$、$\to$、B、$\langle F_i\rangle$ 为初始联结词或算子的系统，对于任意的命题变元 p 及公式 α、β，f 是满足以下条件的一个翻译函数：

① K. Konolige. *A Deduction Model of Belief*. Los Altos，California：Morgan Kaufmann Publishers，1986：38.

(1) $f(p)=p$

(2) $f(\neg\alpha)=\neg f(\alpha)$

(3) $f(\alpha\rightarrow\beta)=f(\alpha)\rightarrow f(\beta)$

(4) $f(B_i\alpha)=f(B_i\alpha)$

(5) $f(\langle F_i\rangle\alpha)=f(\alpha)$

命题 3.7.1 若对 $B_{\mathrm{DES4}_N^*}$ 中任意公式 α 都存在 $B_{\mathrm{DES4}_N^*}$ 到 B_{K4} 的翻译函数，那么有：

$$\vdash_{B_{\mathrm{DES4}_N^*}}\alpha\Leftrightarrow\ \vdash_{B_{K4}}f(\alpha)$$

证明：对 α 证明长度进行归纳证明。

(1) 归纳基始：当证明长度 $n=1$ 时，即 α 为初始公理，有以下结论：

(A) $\vdash_{B_{\mathrm{DES4}_N^*}} PC1,\ PC2,\ PC3\Leftrightarrow\ \vdash_{B_{K4}} f(PC1,PC2,PC3)\Leftrightarrow\ \vdash_{B_{K4}} PC1,PC2,PC3$

(B) $\vdash_{B_{\mathrm{DES4}_N^*}} TL1,TL2,DE(1-5,8)\Leftrightarrow\ \vdash_{B_{K4}} f(TL1,TL2,DE(1-5,8))$

(2) 归纳步骤：假设 α 的证明长度为 $n-1$ 时成立，那么当证明长度为 n 时，即 α 或为初始公理，或为使用推理规则获得：

(A) 当 α 为初始公理时，证明同上。

(B) 当 α 是使用分离规则得到的，即通过证明长度小于 n 的两个形如这样的公式：$\beta\rightarrow\alpha$ 以及 β，那么根据归纳假设有 $\vdash_{B_{K4}} f(\beta\rightarrow\alpha)$ 以及 $\vdash_{B_{K4}} f(\beta)$，从而有 $\vdash_{B_{K4}} f(\alpha)$。

(C) 当 $\alpha=B_i\beta$ 是使用必然化规则得到的，即通过证明长度小于 n 的形如这样的公式：β，那么根据归纳假设有 $\vdash_{B_{K4}} f(\beta)$，从而有 $\vdash_{B_{K4}} f(B_i\beta)$，即 $\vdash_{B_{K4}} f(\alpha)$。

从一阶谓词逻辑到模态逻辑、动态认知逻辑再到内涵逻辑，这些系统除了能够避免逻辑全能问题之外，还需要满足一些形式化的要求。康诺利格对这个问题做了零星的讨论，赖希盖尔特（H. Peichgelt）总结为两点。① 第一点是轻松和自然的表达。从这一标准看，模态认知逻辑比动态认知逻辑更可取。动态认知命题很快就变得非常复杂，特别是因为个体允许不同的论域。因此，认知信息的公式表征很快就会变得非常困难。在这一点上内涵逻辑是有过之而无不及。第二点要求是计算能行性。初看，似

① H. Reichgelt. Logics for Reasoning about Knowledge and Belief. *The Knowledge Engineering Review*, 1989, 4 (2): 128-129.

乎一阶方法更好，毕竟，它使用的语言是经典谓词演算。比较知识不同的形式化表达的最终标准是表达力。在这里，内涵逻辑稍胜一筹。首先，它可以量化（名称）命题，因此你可以表达在模态认知逻辑中无法表达的东西。一个例子是“我相信你所相信的一切”。

从这一个简单的比较来看，我们可以看出动态认知逻辑在克服逻辑全能问题方面有很好的表现，同时其表达能力可以通过对系统的扩充发展到动态认知谓词逻辑。而内涵逻辑虽然具有很好的表达能力，可是就目前来说在避免逻辑全能问题方面它还有一段较长的路要走。

第四章　语义解全方案研究

第一节　语义解全方案概述

用模态逻辑方法来刻画知识和信念，虽然有许多的优点，但是人们对其语义解释总是有着各种质疑。而逻辑全能问题的存在，更加强了这种质疑。对可能世界语义学进行修改甚至另寻新型语义学，构成解全方案的语义思路。这些语义方案众多，主要从可能世界和赋值函数两个方向入手。一方面对“可能世界”进行修改，这主要有两个途径：一是在保持“正规的可能世界”的基础上，增加“非正规世界”，如“不可能可能世界”；一是对可能世界进行限制，体现出与认知主体相关的是认知可能世界而不是逻辑可能世界。另一方面是修改赋值函数，这主要通过两个途径：一是修改“知识”“信念”的定义；二是修改初始联结词的定义。而有些方案则同时从几个方面入手来对克里普克经典可能世界语义学进行修改。下面从三个方面来做一个简单的评述。

一、“可能世界”的修改

对“可能世界”的扩充一个可接受的直观想法是认为经典可能世界并不是我们全部的世界，矛盾或不一致的信念在克里普克语义学的可能世界中无法成立。但我们实际上可以拥有不一致的信念。如何刻画拥有不一致的信念的世界？一个合理的途径就是增加“世界”，如非经典世界（nonclassical worlds）、不可能可能世界（impossible possible worlds）、非标准世界（non-standard worlds）以及情境（situations）或可想象情境（conceivable situations），使得不一致的信念在这些世界中是可满足的。另外一个途径就是对认知主体所关联的可能世界进行限制，因为可能世界是一种逻辑可能，而不是主体的认知可能，主体不可能穷尽所有的可能世界，只是关联其中的一部分。这种方案的代表就是由蒙太古和斯科特发展而来的簇模型方案，后来瓦尔迪的认知结构和融合认知模型、费金等人的局部推理以及泰瑟（E. Thijsse）的部分模型就是沿着这个思路来发展的。

克雷斯韦尔提出非经典世界就是试图为解决逻辑全能问题提供一个途径。他认为世界应该划分成为不相交的两个世界：经典的和非经典的。在经典世界中，逻辑等值式能够保持同一真值，但是在非经典世界中可能不服从这些逻辑规则。那么，这些非经典世界是什么样的世界？是人造物还是具有本体地位？克雷斯韦尔认为，这不是真正的不可能发生的世界，而是联结词的意义在这些世界中以一种非标准的方式解释。这种解释为后来的形形色色的非标准的可能世界语义学提供了一个基础。

“不可能可能世界”是非经典世界的具体体现，典型的代表是兰塔拉（V. Rantala）的瓮模型（urn model），后来万星把这个模型推广为一个广义的可能世界语义模型。[①] 在这种模型中，世界就被划分为经典的可能世界和非经典的可能世界。经典世界中的语义解释是一种递归的解释，能够保持逻辑规则有效。而在非经典可能世界中的语义解释却不是递归定义的，赋值是把整个公式看成原子公式来进行的。而莱维斯克的显性和隐性信念逻辑，以及以此为基础的一系列逻辑系统如费金和哈尔彭的觉识逻辑、局部推理逻辑等都可以看成这个广义模型的特例。

莫雷诺等人主张用“可想象情境”或“主观情境”（subjective situations）替代“可能世界”。[②] 他们认为，修改可能世界有一个最大的问题，就是不论你怎样修改，得到的可能世界都和认知主体没有关联。而认知主体对世界是有不同的偏好的，可能世界语义学无法表达这一点。为了把主体与世界紧密联系在一起，“主观情境”概念应运而生。我们将在第五章详细阐释这一方案。

---

① H. Wansing. A General Possible Worlds Framework for Reasoning about Knowledge and Belief. *Studia Logica*，1990，49（4）：523－539.

② A. Moreno，U. Cortés，T. Sales. Avoiding Logical Omniscience by Using Subjective Situations//M. Ojeda-Aciego et al（eds.）. *Logics in Artificial Intelligence*（JELIA 2000）. Berlin：Springer-Verlag，2000：284－299.

二、"知识""信念"的重释

在这种方案中最有名的是莱维斯克的显性和隐性信念逻辑。① 在这个逻辑系统中，莱维斯克使用两个算子 B、L 来分别表示显性信念和隐性信念。采用的是情境语义解释且是一种多值语义，而不是可能世界语义学。一个原子命题在情境 s 中可以为真、为假、既真又假或既不真又不假。显然这种情境不是经典的可能世界。费金等人批评了莱维斯克的显性信念和隐性信念的不足，为了避免显性和隐性信念逻辑的缺陷，他们增加了觉识算子，并扩充到多主体。② 觉识算子的提出是基于这样一个直观的思想：如果人们没有觉识到某事，那么他就不知道；如果知道了某事，那么主体一定觉识到了。它在显性与隐性之间起到一个筛子式过滤作用，有时也称为"筛模型"。下面提到的方案在某一层面上都可以说是筛模型的一个变种。

觉识逻辑通过觉识算子把认知主体所相信的进行限制。类似地，范·德·胡克和梅耶也提出一种方案：对信念集增加任意的公式。③ 这些公式表达了认知主体的欲望，而无须考虑是否和信念集一致。在这种方案中模态算子是：

(1) $P_i\alpha$：α 是主体 i 的一个信条；

(2) $B_i\alpha$：主体 i 相信 α；

(3) $B_{I,i}\alpha$：主体 i 隐性地相信 α。

这种方案和觉识方案有着惊人的相似之处，但语义仍采用克里普克型语义学。可以类似地定义一个模型 $M=\langle S,\mathcal{P}_1,\cdots,\mathcal{P}_n,R_1,\cdots,R_n,v\rangle$，其中 S 是状态集，$\mathcal{P}_i$ 是认知主体的信条公式集，R_i 是状态上的 i 的可及关系，ν 是对每一个状态中的原子命题进行赋值。

根据模型可以给出上述三个算子的语义：

(1) M，$s\models P_i\alpha$ 当且仅当 $\alpha\in\mathcal{P}_i(s)$；

---

① H. J. Levesque. A Logic of Implicit and Explicit Belief. *Proceedings of the Fourth AAAI National Conference on Artificial Intelligence*. Menlo Park, California: AAAI Press, 1984: 198-202.

② Ronald Fagin, Joseph Y. Halpern. Belief, Awareness, and Limited Reasoning. *Artificial Intelligence*, 1988 (34): 39-76.

③ W. Van der Hoek, J.-J. Ch. Meyer. Modalities for Reasoning about Knowledge and Uncertainties//P. Doherty (ed.). *Partiality, Modality, and Nonmonotonicity*. Stanford, CA: Center for the Study of Language and Information Publications, 1996: 77-109.

(2) M，$s\models B_i\alpha$ 当且仅当 $\forall t(s,t)\in R_i$ 使得 M，$t\models\alpha$；

(3) M，$sB\models_{I,i}\alpha$ 当且仅当 M，$s\models B_i\alpha$ 或者 M，$s\models P_i\alpha$。

从上面的语义可以看出，信念算子的定义和经典的克里普克语义学所定义的一样，隐性信念是显性信念或者是通过增加主体的信条而得到。这和觉识模型存在着区别，觉识模型的显性信念是从隐性信念通过觉识筛选出来的，而隐性信念的定义才和克里普克语义学所定义的一样。但是二者殊途同归，都在一定程度上缓解了逻辑全能问题。

谢弗和卡多利也提出了两个类似于觉识算子具有句法过滤装置的算子，但是与前面类似于觉识算子的方案又有着细微的差别。① 在这种方案中，原子公式集 $\mathbf{P}=\{p_1,p_2,\cdots,p_n\}$ 中的原子命题具有下面的解释②：

定义 4.1.2.1 定义谢弗-卡多利（1-解释、2-解释、3-解释）

(1) 3-解释 I^3 指派集合 $\{0, 1, \top\}$ 中的值给每一个原子命题；

(2) 2-解释 I^2 指派集合 $\{0, 1\}$ 中的值给每一个原子命题；

(3) 1-解释 I^1 指派集合 $\{\bot\}$ 中的值给每一个原子命题。

相对于真、假两值，可以看出 2-解释是标准的解释。3-解释包含了 2-解释，而 1-解释既不是 2-解释也不是 3-解释。而 1-解释和 3-解释就可以起到一个筛子的作用，得到原子公式集 **P** 的子集 **S**，限制了 **S** 中的公式指向 $\bot$ 和 。下面可以通过定义来看清楚这一点。

定义 4.1.2.2 谢弗-卡多利（S-1 解释、S-3 解释）

(1) **P** 的 S-1 解释 I_s^1，给 **S** 中原子公式指派 $\{1, 0\}$，给 **P/S** 中原子公式指派 $\bot$。对于每一个 $p\in\mathbf{P}$ 有如下可能：

①$I_s^1(p)=1, I_s^1(\neg p)=0$ 当且仅当 $p\in\mathbf{S}$。

②$I_s^1(p)=0, I_s^1(\neg p)=1$ 当且仅当 $p\in\mathbf{S}$。

③$I_s^1(p)=0, I_s^1(\neg p)=0$ 当且仅当 $p\in\mathbf{P/S}$。

(2) **P** 的 S-3 解释 I_s^3，给 **S** 中原子公式指派 $\{1, 0\}$，给 **P/S** 中原子公式指派 $\{0,1,\top\}$。对于每一个 $p\in\mathbf{P}$ 有如下可能：

①$I_s^3(p)=1, I_s^3(\neg p)=0$ 当且仅当 $p\in\mathbf{S}$。

②$I_s^3(p)=0, I_s^3(\neg p)=1$ 当且仅当 $p\in\mathbf{S}$。

---

① M. Cadoli，M. Schaerf. Approximate Reasoning and Non-Omniscience Agents. *Proc. Fourth Conference on the Theoretical Aspects of Reasoning about Knowledge*. Monterey，CA：Morgan Kaufmann Publishers，1992：169-183.

② 符号做了改动，便于阅读，采用的是沈观茂的用法，参见 K. M. Sim，Epistemic Logic and Logical Omniscience：A Survey. *International Journal of Intelligent Systems*，1997 (12)：70。

③$I_s^3(p)=1, I_s^3(\neg p)=1$ 当且仅当 $p\in \mathbf{P/S}$。

在S-1解释下的情境是一致的但不是必然完全的，而在S-3解释下的情境是完全的但不是必然一致的。显然在S-3和S-1解释下，逻辑全能属性就不再成立。例如，$B_i\alpha \wedge B_i(\alpha\wedge\beta)\wedge\neg B_i\beta$ 和 $B_i\alpha\wedge B_i(\neg\alpha)\wedge\neg B_i\beta$ 是可以满足的。

范·德·胡克和梅耶提出一种方案，认为信念概念不应该看成必然算子，而应该看成可能算子①，这样信念算子在克里普克可能世界模型中的有效性可定义如下：

$M, s\models\alpha$，如果 $\exists t$ 使得 $(s,t)\in R$，且 $M, t\models\alpha$。

在这样一种解释下，一些逻辑全能属性消失，但是还有一些全能属性依然存在。例如，蕴涵封闭和合取封闭不再成立，而逻辑等值封闭、有效式的相信、有效蕴涵封闭等全能属性依然存在。

如果把世界看成公式集，那么主体的信念就是一个信念世界。在这个思路下，瓦尔迪以另外一种方式构造了信念世界。② 他把对原子公式集的赋值 ν_0 称为0-阶指派，而 $\langle\nu_0\rangle$ 称为一元世界。那么可以归纳定义 k 元世界，$\langle\nu_0,\nu_1,\cdots,\nu_k\rangle$。在这种赋值解释下，系统的可满足可以定义如下：

(1) $\langle\nu_0,\nu_1,\cdots,\nu_k\rangle\models p$，其中 p 是初始命题，如果 $\nu_0(p)=1$；

(2) $\langle\nu_0,\nu_1,\cdots,\nu_k\rangle\models\neg\alpha$，如果 $\langle\nu_0,\nu_1,\cdots,\nu_k\rangle\not\models\alpha$；

(3) $\langle\nu_0,\nu_1,\cdots,\nu_k\rangle\models\alpha\wedge\beta$，如果 $\langle\nu_0,\nu_1,\cdots,\nu_k\rangle\models\alpha$ {且} $\langle\nu_0,\nu_1,\cdots,\nu_k\rangle\models\beta$

(4) $\langle\nu_0,\nu_1,\cdots,\nu_k\rangle\models B_i\alpha$，如果 $k>0$ 且 $\{w: w\in W_k, w\models\alpha\}\in\nu_k(i)$。

三、初始联结词的修改

认知可能和逻辑可能有着很大的区别，认知可能在直观上不会穷尽所有的逻辑可能，同时逻辑可能无法容忍不一致的公式。这一区别对于避免逻辑全能问题有着很大的启发。一个信念公式无须在所有的逻辑可能世界中为真，那就需要改变真的赋值，这可以通过修改初始联结词而达到目的。直观上的想法是一个公式和它的否定式有着相互独立的真值，即 α

---

① W. Van der Hoek, J. -J. Ch. Meyer. Possible Logics for Belief. *Logique et Analyse*, 1989 (127/128): 177-194.

② M. Vardi. On Epistemic Logic and Logical Omniscience//Joseph Y. Halpern (ed.). Theoretical Aspects of Reasoning about Knowledge. *Proceedings of the 1986 Conference*. Los Altos, California: Morgan Kaufmann Publishers, 1986: 293-305.

和$\neg\alpha$在任何的状态下可以同时为真或为假。费金、哈尔彭和瓦尔迪顺着这一思想构造了一个模型-非标准结构。[①] 他们以$\neg$和$\wedge$为初始联结词，构造了一个非标准命题逻辑系统（NPL）。在这个系统中真值与有序对（S，u）相关，其中S是一个 NPL 结构，u是S中的一个真值指派。增加一个函数*，是从 NPL 结构中的赋值到另外一个结构的赋值。$\neg\alpha$在（S，u）中为真，当α在u^*中不为真。用形式语言来说：

$$(S,u)\models\neg\alpha\Leftrightarrow(S,u^*)\not\models\alpha$$

α和$\neg\alpha$可能在一个世界s中都不真或都真。如果承认这样的世界，那么这就是对可能世界进行了扩充。费金、哈尔彭和瓦尔迪把α和$\neg\alpha$可能在一个世界s中都不真的这个世界称为不完全世界（incomplete），否则就称为完全世界（complete）。α和$\neg\alpha$可能在一个世界s中都真的这个世界称为不一致世界，否则就称之为一致世界。实际上当$s=s^*$时，NPL 系统中的否定又回到了经典否定，自然这个时候的世界就是完全而又一致的世界：每一个公式α和$\neg\alpha$在s中恰好只有一个为真。

因为初始联结词的定义已经改变，那么系统中使用初始联结词来定义的引进联结词相应地会发生变化。非标准命题逻辑系统中的逻辑蕴涵比经典蕴涵要弱，这个时候出现的逻辑全能问题相对于标准的命题系统来说是弱一些。此时，需要引进一个新的蕴涵——强蕴涵：

$$(S,u)\models\alpha\hookrightarrow\beta \text{ 当且仅当如果 } (S,u)\models\alpha \text{ 那么 } (S,u)\models\beta。$$

这样就有（$\alpha\wedge\neg\alpha$）$\rightarrow\beta$在标准命题逻辑系统当中是有效的，但是（$\alpha\wedge\neg\alpha$）$\hookrightarrow\beta$在非标准命题逻辑系统中是无效的。可见逻辑全能问题相对地缓解了。

第二节　不可能可能世界[②]

所有的可能世界都是世界，但是并不是所有的世界都是可能世界，也就是说，有些世界是不可能世界。对于不可能世界的探究可以追溯到休

---

① R. Fagin, J. Halpern, M. Vardi. *A Non-Standard Approach to the Logical Omniscience Problem*, *Research Report RJ7234*. IBM Research Division, Almaden Research Center, December, 1990.

② 本小节来源于笔者已发表的成果：陈晓华，尹凡凡．不可能世界的逻辑辨析．广西民族师范学院学报，2013（1）：64－67。

谟，他反对不可能世界是不能够相信的，即使是想象一下都不行。而后来石里克（M. Schlick）认为除了逻辑不可能（即逻辑矛盾），并非所有的不可能都不可以想象。然而，普里斯特（G. Priest）认为有些逻辑不可能不仅可以想象，而且还可以相信。这种观点也称为“双重真”（dialetheia）。“不可能世界”是个什么样的世界？这可能是我们面对这个概念首先需要回答的问题。对于这个概念，人们通常从认知、物理、形而上学以及逻辑等角度来理解。虽然不可能世界可以从多个角度予以讨论，但是本书主要是从逻辑的角度来分析。不可能世界是一个逻辑不可能世界，直觉上就是一个矛盾语句形如（$\alpha \wedge \neg \alpha$）能够在不可能世界中为真。矛盾语句（$\alpha \wedge \neg \alpha$）在经典的逻辑语义解释中是一个永假式，而要使得矛盾成立，只能需求非经典的语义解释，自然就需要某些世界来支撑这些非经典的语义。同时，语句 $\alpha \vee \neg \alpha$ 在经典的逻辑语义解释中是一个永真句，现在有可能在某些世界当中并不为真，大致可以说，支撑非经典的语义解释的某些世界就可以称为“不可能可能世界”。本节从不可能世界的理论需要出发，从逻辑的角度来阐释它的模型，同时对于这个理论可能产生的一些问题进行尝试性的辩护。

一、不可能可能世界何以可能?

可能世界概念对模态的哲学以及逻辑来说，是一个很方便的概念，非常具有直观性。这个概念至少可以追溯到莱布尼茨。虽然这个概念能够很方便地处理狭义模态逻辑，但是在处理广义模态时带来许多问题。例如，当把可能世界概念运用到命题态度时，它众多的不适显现出来，逻辑全能问题就是首要问题。这个问题是辛提卡在 1962 年出版的《知识和信念》一书中提出来的。辛提卡在该书中建立的关于“知道”和“相信”的认知逻辑系统，是仿照关于“必然”和“可能”的真势模态逻辑并采用等价于可能世界语义的模型解释而建立起来的。如模态逻辑 **K** 系统的必然算子解释为“知道”“相信”即可获得一个认知逻辑系统。在这种认知逻辑系统中，认知主体具有很强的理想化性质。因为 K 公理是说，如果认知主体知道（相信）p 蕴涵 q，且认知主体知道（相信）p，那么认知主体就知道（相信）q。即认知主体要求掌握主体自身已有知识的所有逻辑后承。而必然化规则是说，如果 p 在系统中可证，那么认知主体就知道（相信）p。即认知主体要求掌握系统内所有的逻辑真理。显然，这对于实际的认知主体来说，无疑要求过强。而且，辛提卡认为用可能世界来分析知识会产生矛盾。用可能世界来分析知识可以表述如下：

(1)“主体 a 知道 p”为真当且仅当 p 在所有的认知 a-可及的世界 W'中为真，即在与 a 所知道的世界 W 相容的所有认知可能世界中为真。

(2) 存在 a、p 与 q，使得 a 知道 p，p 逻辑蕴涵 q（即 $p \rightarrow q$ 是逻辑真)，但是 a 不知道 q。

(3) 一个语句为逻辑真，当且仅当它在所有的逻辑可能世界中为真。

(4) 每一个认知可能世界都是逻辑可能（即给定一个世界，它的每一个认知可及世界都是逻辑可能)。①

辛提卡表明，从(1)～(4)可以导出矛盾。因为假设存在 a、p 与 q，根据 (2) 有 a 不知道 q，那么根据 (1) 可得存在一个 a-可及的世界 W'，q 在其中为假。而根据 (2) 有 a 知道 p，且知道 $p \rightarrow q$，那么根据 (1) 可知对于 a-可及的世界 W'，特别是 q 在 W'中为真。同样，由 (4) 可得 W'是逻辑可能世界。而 $p \rightarrow q$ 是逻辑真，意味着在所有的逻辑可能世界中为真，p 在 W' 中为真，从而有 q 在 W' 中为真，这与前面的 q 在 W'中为假相矛盾。

从给定的前提结果推出了矛盾，那么在这些前提当中至少有一个是假的。辛提卡首先排除了 (2)，认为这是对逻辑全能的否定，即认知主体不可能知道自身知识的所有的逻辑后承或逻辑系统的所有定理，是符合直观的。如果否定 (2)，那么就承认了逻辑全能属性。(1) 是知识的语义解释，(3) 是通行的逻辑语义解释，所以 (1) (3) 也是可以接受的，现在就剩下 (4)。辛提卡认为，认知主体能够消除所有的仅仅是明显的可能性。因为，人们可能从他们无穷的知识中得不出逻辑后承，即他们无法用逻辑的眼光来排除所有包含了隐藏矛盾的可能世界。这就说明人们的认知世界中可能会隐含逻辑矛盾。所以辛提卡认为要解决逻辑全能问题，就必须放弃 (4)。这就意味着认知可能世界并不一定就是逻辑可能世界，也应该包括逻辑不可能世界。这样，不可能可能世界很自然就允许进入认知可能世界。

“不可能可能世界”是个什么样的世界？这是我们面对这个概念首先需要回答的问题。如前所述，对于这个概念，人们通常从认知、物理、形而上学以及逻辑等角度来理解，而在这里我们主要是从逻辑的角度来分

① J. Hintikka. Impossible Possible Worlds Vindicated. *Journal of Philosophical Logic*, 1975 (4): 475.

析。不可能可能世界就是一个逻辑不可能世界，大概源于一个矛盾语句形如（$\alpha \wedge \neg\alpha$）能够在不可能可能世界中为真。矛盾语句（$\alpha \wedge \neg\alpha$）在经典的逻辑语义解释中是一个永假式，而要使得矛盾成真，只能需求非经典的语义解释，自然就需要某些世界来支撑这些非经典的语义。这些支撑非经典的语义解释的世界就可以称为“不可能可能世界”。下图埃舍尔的上升与下降同时在同一路径上存在（见图 4-1），也许可以给我们视觉冲击。

图 4-1　埃舍尔的上升与下降

那么什么是不可能可能世界？从上面的初步分析，我们大致可以把不可能可能世界理解为一个逻辑不可能但是认知可能的世界。何谓逻辑不可能世界？这个世界能够容纳逻辑可能世界所不能够容纳的不明显的逻辑矛盾，或者说，甚至连逻辑学家也一时无法觉察到的逻辑矛盾。那能否用语形的方式给一个说法呢？辛提卡认为，这样的逻辑矛盾不可能直接从表层模型中得到，只能从更深的表层模型中得到。① 兰塔拉发展了辛提卡的思想，构造出瓮模型，为不明显的逻辑矛盾提供了合适的模型。在瓮模型中，不可能可能世界并不是一个至少不可能的世界，而是一个变化的世界。或者说，它们是一些不公平地（invidiously）变化的世界。何以说不公平？可以举个简单的例子来说，假如一个盒子中有许多不同的彩球，为了使某人不能幸运地抽到某一彩球，盒子会自动地将这一彩球拿出来或放

---

① J. Hintikka. Surface Semantics：Definition and Its Motivation//Hughes leblanc（ed.）. *Truth*，*Syntax*，*and Modality*. Amsterdam：North-Holland，1973：138.

进去。实际上这就是一个变化的世界。在瓮模型中，逻辑可能世界只是这些所有的世界中的一个子集，是一个恒定的（invariant）世界。认知世界，实际上就是一个瓮模型对一个恒定模型做了一个细微的改变而得到的敏锐度在逻辑层面上都无法分辨的模型，也就是允许不明显的逻辑矛盾进入模型，或者说是弱信念矛盾。

至此，我们对不可能可能世界有了一个明晰的概念。对于本节标题，可用辛提卡的话来作答[①]：

解决逻辑全能问题的唯一出路是世界是认知可能而不是逻辑可能。这些世界和瓮模型等同。从这一层面上的分析来看，这些模型变异巧妙而不可分辨。这些瓮模型描述的世界是不一致的但不是明显的不一致。

因此，我早期解决逻辑全能的句法方案有一个合适的语义（模型论）支持，因为(1)～(3)的结果仅仅是明显的重言式每一个人必须知道，这正是句法方案所说的。

二、不可能可能世界模型

不可能可能世界的典型代表就是兰塔拉的瓮模型。兰塔拉认为，不可能可能世界其实就是一种变化的世界。逻辑规则在这个世界中，不必然保持有效性。[②] 兰塔拉以在盒子中抽球为例来加以形象说明。一个盒子中有不同的彩球，人们可以从盒子中一个接一个地抽球，那么抽球这一系列的动作有着一定的概率。这就可以构成经典的可能世界。现在假如盒子会自动在某一抽取动作之后将某球拿走，那么这时的概率将发生变化。而概率变化之后的一系列动作就成为变化的世界。下面用形式语言来表述这个例子。

定义 4.2.2.1　瓮系列　令$\mathfrak{D}$是个体域。一个瓮系列C是一个可数系列$\langle \mathcal{D}_i \mid i \in w \rangle$，其中$\mathcal{D}_0=\mathfrak{D}$，且$\mathcal{D}_1$，$\mathcal{D}_2$，…分别是笛卡尔积$\mathfrak{D}$，$\mathfrak{D}^2$，…的非空子集，使得$\langle a_1, \cdots, a_i \rangle \in \mathcal{D}_i$ 当且仅当$\exists a_{i+1} \in \mathfrak{D}$：$\langle a_1, \cdots, a_i, a_{i+1} \rangle \in \mathcal{D}_{i+1}$。

定义 4.2.2.2　瓮模型　令L为一阶语言，M为一阶模型，其论域为D。瓮模型M=⟨M，C⟩，其中C为瓮系列$\langle \mathcal{D}_i \mid i \in w \rangle$。如果$\mathcal{D}_i=\mathfrak{D}^i$，那么

① J. Hintikka. Impossible Possible Worlds Vindicated. *Journal of Philosophical Logic*，1975 (4)：483.

② V. Rantala. Urn Models：A New Kind of Non-Standard Model for First-Order Logic. *Journal of Philosophical Logic*，1975 (4)：463.

$\mathfrak{M}$就是一个恒定模型（invariant model），否则称为变化模型（changing model）。

现在可以根据上述形式定义来分析一个例子。假如盒子中有 a、b 两种彩球，那么如果抽球的动作为 3 次的话，且盒子不做任何的动作，那么这个动作系列应该是：

$$C=\{a,b\}\begin{Bmatrix}\langle a,a\rangle & \langle a,b\rangle \\ \langle b,a\rangle & \langle b,b\rangle\end{Bmatrix}\begin{Bmatrix}\langle a,a,a\rangle & \langle a,b,a\rangle & \langle a,a,b\rangle & \langle a,b,b\rangle \\ \langle b,a,a\rangle & \langle b,a,b\rangle & \langle b,b,a\rangle & \langle b,b,b\rangle\end{Bmatrix}$$

假如这个盒子在第 2 次动作之后拿走 b 球，那么这个动作系列应该是：

$$C'=\{a,b\}\begin{Bmatrix}\langle a,a\rangle & \langle a,b\rangle \\ \langle b,a\rangle & \langle b,b\rangle\end{Bmatrix}\begin{Bmatrix}\langle a,a,a\rangle & \langle a,b,a\rangle \\ \langle b,a,a\rangle & \langle b,b,a\rangle\end{Bmatrix}$$

根据瓮模型定义可知，上述例子中瓮系列 C 中的$\mathcal{D}_i=\mathfrak{D}^i$，那么这个模型就是恒定模型。而在瓮系列 C′中的$\mathcal{D}_i\neq\mathfrak{D}^i$，那么这个模型就是变化的模型。为了便于理解这个瓮模型，适合认知逻辑系统，人们对其进行了等价的改写，下面给出这个等价模型。①

定义 4.2.2.3　兰塔拉认知模型　兰塔拉认知模型 M=⟨S，S*，R，v⟩，其中

（1）S 是一非空集，它的元素为可能世界和不可能可能世界；

（2）$S^*\subseteq S$，S^* 是不可能可能世界；

（3）$R\subseteq S\times S$；

（4）v 是赋值函数：$(S\backslash S^*\rightarrow(p\rightarrow\{T,F\}))\cup(S^*\rightarrow(L\rightarrow\{1,0\}))$，它对可能世界中的每一个原子公式 p 赋值，并且对不可能可能世界中的任意公式 L 赋值。

从这个模型定义中，我们可以清楚地看到在可能世界 $S\backslash S^*$ 中，公式的解释和克里普克可能世界语义学一样。但是，在不可能可能世界 $s^*\in S^*$ 中，每一个公式被看成一个原子公式，它们的真值不是通过公式的递归得到的，而是直接由赋值函数 v 给出：

$$M,\ s^*\vDash\alpha \text{ 当且仅当 } v(s^*)(\alpha)=1$$

上述模型中的可及关系 R，除了是持续关系外，还有兰塔拉模型式的传递和欧性可及关系。兰塔拉模型式的传递和欧性可及关系可以定义如下：

① J.-J. Ch. 梅尔．认知逻辑//罗·格勃尔．哲学逻辑．北京：中国人民大学出版社，2008：215.

(1) 任给 $s, t, u \in S \setminus S^*$，都有 $R(s,t)$ 且 $R(t,u)$ 蕴涵 $R(s,u)$，并且任给 $s \in S \setminus S^*$，都有 $R(s,t^*)$ 且 $\nu(t^*)(\neg B_i \neg\alpha)=1$ 蕴涵存在 $t' \in S$，如果 $R(s,t')$，则 $M, t' \models \alpha$。

(2) 任给 $s, t, u \in S \setminus S^*$，$t^* \in S^*$，都有 $R(s,t)$ 且 $R(s,u)$ 蕴涵 $R(t,u)$，并且任给 $s \in S \setminus S^*$，都有 $R(s,t^*)$ 且 $\nu(t^*)(B_i\alpha)=1$ 蕴涵任意 $t' \in S$，如果 $R(s,t')$，则 $M, t' \models \alpha$。

现在，我们可以看看这个模型如何来避免逻辑全能问题。一个非逻辑全能主体就不会知道逻辑系统的所有定理或自身知识的所有逻辑后承。这就意味着认知主体不能够排除所有的逻辑不可能，在他的知识系统中有可能蕴涵逻辑矛盾。我们曾把认知主体的矛盾信念分为弱矛盾信念 $K\alpha \wedge K\neg\alpha$ 和强矛盾信念 $K(\alpha \wedge \neg\alpha)$。① 兰塔拉认知模型为这些类型的矛盾信念提供了一个合适的语义模型。在这种语义解释之下，我们可以把矛盾信念公式置于不可能可能世界 s^* 中，从而获得任意赋值。现在我们可以用这个模型来解释克里普克信念之谜。在这里采用索萨对克里普克信念之谜改写的一个非形式化的论证：

(1) 佩尔是理性的。　前提

(2) 佩尔经过深思熟虑，断定“伦敦是美丽的 (Londres est jolie)”。　前提

(3) 佩尔经过深思熟虑，断定“伦敦是不美丽的 (London is not pretty)”。　前提

(4) 佩尔相信伦敦是美丽的 (Londres est jolie)。　(2)，去引号原则

(5) 佩尔相信伦敦是美丽的 (London is pretty)。　(4)，翻译原则

(6) 佩尔相信伦敦是不美丽的 (London is not pretty)。　(3)，去引号原则

(7) 佩尔相信伦敦是美丽的并且佩尔相信伦敦是不美丽的。　(5)(6)，合取规则

(8) 如果佩尔相信伦敦是美丽的并且佩尔相信伦敦是不美丽的，那么佩尔有矛盾信念。

(9) 佩尔有矛盾信念。　(7)(8)，分离规则

(10) 如果佩尔有矛盾信念，那么佩尔就是不理性的。　分析的

(11) 佩尔不是理性的。　(9)(10)，分离规则

---

① 陈晓华．解决逻辑全能基本制约性标准及哲学反思．湘潭大学学报（哲学社会科学版），2008 (6)：155.

其中第（8）条其实应该是，如果佩尔相信伦敦是美丽的并且佩尔相信伦敦是不美丽的，那么佩尔有弱矛盾信念。显然，佩尔有隐性的矛盾信念，而这在现实生活中是常有的事，所以这个隐性的矛盾信念并不会导致这个信念系统的崩溃。即存在“佩尔相信伦敦是美丽的”（$K\alpha$）与“佩尔相信伦敦是不美丽的”（$K\neg\alpha$）同时为真的情形。而在逻辑系统中，从 $K\alpha\wedge K\neg\alpha$ 可以得到 $K(\alpha\wedge\neg\alpha)$，即佩尔相信矛盾。这不是佩尔自己推导出来的，而是报道者对他的描述。所以更精确的形式表述应该为 $K_a(K_b\alpha\wedge K_b\neg\alpha)$，即报道者相信佩尔有弱矛盾信念。这的确是一个现实写照。可是在经典的可能世界模型解释下，$K\alpha\wedge K\neg\alpha$ 无法为真，同样 $K_a(K_b\alpha\wedge K_b\neg\alpha)$ 也无法为真。“报道者相信佩尔有弱矛盾信念”在经典的可能世界模型解释下是个假命题。一个事实经过形式化以及解释后却成为一个假命题，那么，不是公式的形式化有问题就是语义解释有问题。在此，我们更倾向于语义解释有问题。所以抛开经典语义，采用非经典语义。这时需要将 $K\alpha\wedge K\neg\alpha$ 和 $K_a(K_b\alpha\wedge K_b\neg\alpha)$ 置身于不可能世界中，即由于信息的变化，致使佩尔无法认识到自己有弱矛盾信念。从这个意义上来说，兰塔拉认知模型对于非逻辑全能主体的刻画提供了一个很好的途径。

在这种语义解释之下，我们可以把认知主体的弱矛盾信念和强矛盾信念置身于不可能可能世界中，从而获得任意赋值，显然，从弱矛盾信念推出强矛盾信念就是一种仅可满足式。从这个角度来看，不可能可能世界是一种可取的方案。但是，在哲学层面，“不可能可能世界”比起“可能世界”还要糟糕①，我们将在下面予以讨论。

三、不可能世界的一些理论困境

“不可能可能世界”这个概念，可能比“可能世界”的处境还要糟糕，人们争议颇多。对于不可能世界理论的争论主要集中在两个方面：不可能世界是否具有本体论地位以及不可能世界中的推理规则的有效性和逻辑算子否定的语义问题。② 支持的一方如辛提卡、巴威斯等。辛提卡认为，要解决逻辑全能问题首先一点就是能够容纳矛盾信念，即那种逻辑不可能的

① 对于不可能可能世界的讨论，可以参见 Graham Priest（Guest Editor）. Special Issue: On Impossible Worlds. *Notre Dame Journal of Formal Logic*，1997（4）。

② Francesco Berto，Mark Jago. Impossible Worlds//Edward N. Zalta（ed.）. *The Stanford Encyclopedia of Philosophy*（Fall 2018 Edition）. URL=〈https://plato.stanford.edu/archives/fall2018/entries/impossible-worlds/〉.

世界有可能是认知可能，因此，我们的认知状态包含了认知不可能世界。例如，弗雷格信念世界中的罗素悖论；巴威斯认为，不可能可能世界可以看成某一类情境。反对的一方如刘易斯和斯托内克尔等。刘易斯认为，断言“在山上有 p 并且有非 p”等价于一个明显的矛盾语句“在山上有 p 并且并非在山上有 p”。[①] 即如果承认矛盾存在于不可能世界中，那么矛盾就会自动走进现实世界中。八木沢（Takashi Yagisawa）把刘易斯这一归谬思想整理成一个形式证明。[②] 证明形式如下：

（1）存在一个世界 w 是逻辑不可能世界。

（2）逻辑矛盾在逻辑不可能世界 w 中为真，矛盾形式可表示为：p 并且非 p。即，

（3）在世界 w 中，p 并且非 p。因此，

（4）在世界 w 中有 p，并且在世界 w 中有非 p。但是，

（5）如果在世界 w 中有非 p，那么并非在世界 w 中有 p。因此有，

（6）在世界 w 中有 p，并且并非在世界 w 中有 p。因此有，

（7）在现实世界中有下列情形：在世界 w 中有 p，并且并非在世界 w 中有 p。因此有，

（8）现实世界是一个逻辑矛盾可以为真的世界。但是，

（9）现实世界并不是一个逻辑矛盾可以为真的世界。

（8）和（9）矛盾，因此有，

（10）并不存在一个逻辑不可能世界。

莱肯认为证明中的（5）是犯了丐题的逻辑错误[③]，即本来需要证明“不可能世界 w”而又诉之于“不可能世界 w”。八木沢认为如果是这样的话，那么论证中的从（3）得到（4）也是犯了丐题的逻辑错误。这也恰恰是论证的困境。我们论证“不可能世界”的时候就需要用到“不可能世界”。这是一个证明起点，类似于演绎归纳法的证明，在证明演绎归纳法的过程中不可避免要用到演绎归纳法。从这一点来说，不可能世界本体论的确证与否证都不可避免循环论证。而同时论证中的（9）首先预设了现实世界并不是一个逻辑矛盾可以为真的世界。当然，如果我们否认这一

① D. Lewis. *On the Plurality of Worlds*. Oxford: Blackwell, 1986: 7.

② Takashi Yagisawa. *Worlds and Individuals, Possible and Otherwise*. Oxford: Oxford University Press, 2010: 182-183.

③ William G. Lycan. *Modality and Meaning*. Dordrecht: Kluwer Academic, 1994: 40.

点，那么这个论证就不堪一击。

如果将上述证明形式改写为语义证明，会不会有上述问题？我们先看看经简化的语义形式证明：

（1）假设存在一个世界 w 是逻辑不可能世界。

（2）逻辑矛盾在逻辑不可能世界 w 中为真，形式可表示为：$\nu(\alpha\wedge\neg\alpha, w)=1$。

（3）$\nu(\alpha,w)=1,\nu(\neg\alpha,w)=1$。　　（2）$\wedge$的语义赋值

（4）$\nu(\alpha,w)=1,\nu(\alpha,w)=0$。　　（3）$\neg$的语义赋值

（5）（4）矛盾，故（1）不成立，即不存在逻辑不可能世界。

通过语义转换，似乎将丐题这样的逻辑错误撇开。其实在进行语义解释的时候还是要诉诸“不可能世界”，所以依然没有办法解决这个问题。但是这个论证依然很具有迷惑性。因为在经典可能世界语义解释中，这个论证是有效的。可是在不可能世界语义中公式的赋值不是通过递归复合得到的，而是把整个公式作为原子公式直接赋值而得到的。故（3）（4）步不成立。这里其实已经涉及不可能世界理论中逻辑算子（主要是指否定）的语义定义问题。

现在看来，对于形如 $\alpha\wedge\neg\alpha$ 的矛盾命题在不同的系统中，我们可以用不同的方式来理解，如辛提卡认为瓮模型就可以很好地提供语义解释。退一步来说承认不可能世界的语义解释，即矛盾为真。也就是说，一个命题和它的否定命题同时为真。这里需要注意的是，矛盾形式表示为 $\alpha\wedge\neg\alpha$。如果 $\neg\alpha$ 为真，那么根据经典语义的解释就是当且仅当 α 为假。显然这是经典否定的语义，而要使得矛盾为真，只能使用非经典的否定语义解释。那么从形式上来看，矛盾的定义取决于否定定义，而否定定义也是众多的。显然在正规可能世界中，否定采用经典的语义，而在不可能世界中采用非经典的语义。问题的关键是，否定算子是在可能世界中还是在不可能世界中的选择如何给出。

人们通常认为可以把不可能世界理论运用到反可能条件的推理中，而威廉姆森认为这会导致逻辑推理规则失效。[①] 例如，考虑下面例句：

（1）如果 2＝3 的话，那么 2＝1。

---

① Francesco Berto, Mark Jago. Impossible Worlds//Edward N. Zalta (ed.). *The Stanford Encyclopedia of Philosophy* (Fall 2018 Edition). URL = 〈https://plato.stanford.edu/archives/fall2018/entries/impossible-worlds/〉.

显然这句话是一个反可能条件推理，不管在经典语义解释下还是在非经典语义解释下都为真。现在的问题是，如果采用不可能世界语义解释，那么 2=3 与 2=1 都为真。这样有如下语句：

(2) 如果我给出的答案的数是 2 的话，那么我给出的答案的数是 1。

显然这句话不是真的。这样就从 (1) 的真推出了 (2) 的假，那么推理规则的保真性受到严重的挑战。不过 (2) 这句话在单独的语境下是可假的，但是 (2) 是在前提 2=1 为真的情况下获得的。那么 (2) 加上这个前提之后，即

(3) 如果 2=1 且我给出的答案的数是 2 的话，那么我给出的答案的数是 1。

这样 (3) 就是真的。逻辑系统中的推理规则依然具有保真性。

现在，我们回过头来看看为什么需要不可能可能世界，原因就在于不可能性的获得如弱矛盾信念和强矛盾信念需要一个支撑。这样不可能可能世界应运而生。不可能世界和可能世界一样都是基于世界概念的。在某世界中可能性如果能够获得，那么这个世界就可以称为可能世界。同样，在某世界中不可能性如果能够获得，那么这个世界就可以称为不可能世界。同时，不可能性又可以有多种多样，物理不可能，认知不可能，逻辑不可能，等等。这里主要从逻辑不可能角度来解析，同时使用逻辑方法来分析逻辑不可能世界。归谬法的否证遭遇了循环论证的困境，无法否证逻辑不可能世界，同时也揭示了我们也无法能够确证逻辑不可能世界的存在。我们目前只能够说是出于逻辑需要而采用逻辑不可能世界，正如可能世界一样。至于不可能世界中否定算子的语义解释问题，是一个如何在众多语义解释中做出合理选择的问题。我们知道否定语义解释有经典的布尔解释、邻域语义、劳特利奇星解释等等。而合理性选择一个作为合适的解释需要从技术上以及哲学上进行说明。

但是，我们忽视了一点，那就是弱矛盾信念和强矛盾信念何以产生。而澄清这一点对于是否需要不可能可能世界是至关重要的。在这里需要强调的是信念的属性与信念的产生是两个不同的概念。弱矛盾信念和强矛盾信念是认知主体在某一场合中使用某一推理规则而获得的。例如，罗素在对弗雷格的算术基础经过严密的推导之后确信自己证明了一个矛盾。这对于罗素来说，他相信这个矛盾命题，但是他不会接受这个命题。而对于弗雷格来说，在罗素悖论发现之后，才知道自己的系统有矛盾，可以肯定地说，弗雷格的信念系统当中是存在弱矛盾信念的。从弱矛盾信念到强矛盾

信念，恰恰就是一个认知主体的推导过程，这一过程可以使用情境演算来刻画，这将在后面的章节中讨论。至此，我们可以不需要不可能可能世界，而使用情境这一时尚而又合乎直觉的术语来替代可能世界。

第三节　信念的分层

一、莱维斯克的隐性和显性信念逻辑方案

如前所述，莱维斯克的隐性和显性信念逻辑是试图避免逻辑全能问题的一个非常有名的系统。莱维斯克使用两个算子：B 表示显性信念，L 表示隐性信念。

隐性和显性信念的模型 $M=\langle S,W\mathrm{T},\mathrm{F}\rangle$，其中 W 是一个情境集[①]，T 和 F 是从 Φ（原子命题集）到 S 的函数。直觉上来看，$\mathrm{T}(p)$是支持 p 为真所有的情境，而 $\mathrm{F}(p)$是支持 p 为假所有的情境。那么情境和公式之间有一个支持关系，真支持和假支持，分别记为$\vDash_T$、$\vDash_F$。因此，一个公式在给定的情境中就有四种可能值：真支持、假支持、既真又假的支持、既不真也不假的支持。相应于赋值，情境可以分成三种：完全情境（信息足够判定语句的真假）、不完全情境（信息不足，无法判定语句的真假，既不真也不假）、不一致的（信息过多）。现在用 L 和 B 分别代表隐性信念和显性信念，语义规则给定如下：

（1）$M,s\vDash_{\mathrm{T}}p$ 当且仅当 $s\in\mathrm{T}(p)$。

（2）$M,s\vDash_{\mathrm{F}}p$ 当且仅当 $s\in\mathrm{F}(p)$。

（3）$M,s\vDash_{\mathrm{T}}\neg\alpha$ 当且仅当 $M,s\vDash_{\mathrm{F}}\alpha$。

（4）$M,s\vDash_{\mathrm{F}}\neg\alpha$ 当且仅当 $M,s\vDash_{\mathrm{T}}\alpha$。

（5）$M,s\vDash_{\mathrm{T}}\alpha\wedge\beta$ 当且仅当 $M,s\vDash_{\mathrm{T}}\alpha$ 并且 $M,s\vDash_{\mathrm{T}}\beta$。

（6）$M,s\vDash_{\mathrm{F}}\alpha\wedge\beta$ 当且仅当 $M,s\vDash_{\mathrm{F}}\alpha$ 或者 $M,s\vDash_{\mathrm{F}}\beta$。

（7）$M,s\vDash_{\mathrm{T}}B\alpha$ 当且仅当 $M,t\vDash_{\mathrm{T}}\alpha$，对任意的 $t\in\Sigma$。

（8）$M,s\vDash_{\mathrm{F}}B\alpha$ 当且仅当 $M,t\nvDash_{\mathrm{T}}B\alpha$。

（9）$M,s\vDash_{\mathrm{T}}L\alpha$ 当且仅当 $M,t\vDash_{\mathrm{T}}\alpha$，对任意的 $t\in W(\Sigma)$。

（10）$M,s\vDash_{\mathrm{F}}L\alpha$ 当且仅当 $M,t\nvDash_{\mathrm{T}}L\alpha$。

---

① 也可以称为可能世界集，使用情境主要是免于可能世界哲学上的争论。

一个公式 α 在 s 状态中为真记为 $M,s\vDash_{T}\alpha$，如果公式 α 在所有的结构 $M=\langle S,T,F\rangle$ 以及在所有的完全情境 $s\in S$ 中为真，那么这个公式就是有效的。

在这种语义解释下可以得到隐性信念仍旧具有逻辑全能属性，但是显性信念就不再具有逻辑全能的某些属性，例如下列公式是可满足的：

(1) $Bp\wedge B(p\rightarrow q)\wedge\neg Bq$

(2) $Bp\wedge\neg B(p\wedge(q\vee\neg q))$

(3) $B(p\vee\neg p)$

(4) $Bp\wedge B\neg p\wedge\neg Bq$

(5) $Bp\wedge B\neg p$

(6) $B(p\wedge\neg p)$

从上面的公式来看，弱矛盾信念和强矛盾信念在显性信念系统中都是可满足的，也就说明从弱矛盾信念蕴涵强矛盾信念是可满足的。可见，这一方案也满足这一制约性标准，但是这一方案对信念进行了肢解，同时对可能世界采取了类似不可能可能世界的做法。这一做法是有争议的。费金等人正是在批评这一方案的基础上提出了觉识算子。

二、觉识逻辑方案

费金等人批评了莱维斯克的隐性和显性信念方案的不足。① 首先，真虽然是定义在所有的情境上，但是只有在完全情境中才考虑真，即在其他的非完全情境中真是不成立的。这一点和情境的哲学考察不一致。其次，原子命题公式与情境之间的支持关系 $\vDash$ 似乎很明白，但是对于命题联结词就不是这样清晰。如主体没有觉识到原子命题 p，即没有 M，$s\vDash_{T}p$ 和 M，$s\vDash_{F}p$，根据语义规则，M，$s\vDash_{T}p\leftrightarrow q$ 不成立。但是我们可以想象主体不知道 p 但是知道某些重言式如 $p\leftrightarrow p$。

为了避免隐性和显性信念逻辑的缺陷，费金等人在莱维斯克的隐性和显性信念之间增加一个过滤装置，即觉识算子 A。$A_{i}\alpha$ 可以读为"主体 i 觉识公式 α"。当然，还可以有其他的解读，正如费金等人所说②：

① Ronald Fagin, Joseph Y. Halpern. Belief, Awareness, and Limited Reasoning. *Artificial Intelligence*, 1988 (34): 48.

② R. Fagin, J. Y. Halpern, Y. Moses, and M. Y. Vardi. *Reasoning about Knowledge*. Combridge, MA and London, U. K.: The MIT Press, 2003: 363.

我们不希望把觉识这个概念视为固定的认知概念；$A_i\alpha$ 可以解释为"i 熟悉 α 中所有的命题"，"i 能够计算出 α 真值"，或者"i 能够在 T 时间内计算出 α 的真值"。这种方案的魅力来自觉识概念的灵活性。

正是由于这种灵活性，费金等人提出的"觉识"一般被称为"广义觉识"。黄智生和奎斯特（K. Kwast）在这个基础上对觉识概念进行分类：感知觉识、计算觉识、间接觉识和系统觉识。① 感知觉识是说觉识的是感知到的，这是一个简单的心理概念。计算觉识说的是觉识到的是通过计算得到的，这是从计算的角度来考察。在这一个层面上，觉识可以看成一个过滤装置或一个导出器。觉识作为过滤装置，使得主体能够计算出他自身信念的所有逻辑后承，而把不在信念集中的抛弃。间接觉识是这样一种情况，主体的信念需要依赖其他主体的信念或知识，如，主体 i 没有觉识到 α，但是他觉识到其他的主体觉识到 α。

定义 4.3.2.1　觉识克里普克模型 $M=\langle S,W,R_1,\cdots,R_n,A_1,\cdots,A_n,\nu\rangle$，其中 S 是一个状态集，R_i 是 S 上的可及关系，A_i 是一个只与原子命题相关的函数：$S\rightarrow\{1,0\}$，ν 是对于每一个 $s\in S$，对原子命题的赋值函数，$i=1, 2, \cdots, n$。

引进觉识函数，避免了对情境的不直观的划分，同时又可以保持情境与命题的真假支持关系。为了给出语义赋值，需要重新说明两个真概念，即在支持关系下的真以及经典的真。

（1）$M,s\models^{\Gamma}_{T}p$ 当且仅当 $\nu(s,p)=1$ 且 $p\in\Gamma$。

（2）$M,s\models^{\Gamma}_{F}p$ 当且仅当 $\nu(s,p)=0$ 且 $p\in\Gamma$。

（3）M，$s\models p$ 当且仅当 $\nu(s,p)=1$。

这样可以把经典语义以及莱维斯克的语义规则整合如下：

（1）$M,s\models^{\Gamma}_{T}p$，其中 p 为原子命题，当且仅当 $\nu(s,p)=1$ 且 $p\in\Gamma$。

（2）$M,s\models^{\Gamma}_{F}p$，其中 p 为原子命题，当且仅当 $\nu(s,p)=0$ 且 $p\in\Gamma$。

（3）$M,s\models p$，其中 p 为原子命题，当且仅当 $\nu(s,p)=1$。

（4）$M,s\models^{\Gamma}_{T}\neg\alpha$ 当且仅当 $M,s\models^{\Gamma}_{F}\alpha$。

（5）$M,s\models^{\Gamma}_{F}\neg\alpha$ 当且仅当 $M,s\models^{\Gamma}_{T}\alpha$。

① Zhisheng Huang，Karen Kwast，Awareness，Negation and Logical Omniscience//J. van Eijck (ed.). Logic in AI. *Proceedings of European Workshop on Logics in Artificial Intelligence* (JELIA 1990)，*Lecture Notes in Computer Science* 478. Berlin：Springer-Verlag，1990：282－300.

（6）$M,s\models\neg\alpha$ 当且仅当 $M,s\not\models\alpha$。

（7）$M,s\models^{\Gamma}_{T}\alpha\wedge\beta$ 当且仅当 $M,s\models^{\Gamma}_{T}\alpha$ 并且 $M,s\models^{\Gamma}_{T}\beta$。

（8）$M,s\models^{\Gamma}_{F}\alpha\wedge\beta$ 当且仅当 $M,s\models^{\Gamma}_{F}\alpha$ 或者 $M,s\models^{\Gamma}_{F}\beta$。

（9）$M,s\models\alpha\wedge\beta$ 当且仅当 $M,s\models\alpha$ 并且 $M,s\models\beta$。

（10）$M,s\models^{\Gamma\cap A_i(s)}_{T}B_i\alpha$ 当且仅当 $M,t\models^{\Gamma\cap A_i(s)}_{T}\alpha$，对任意的 t 使得 $(s,t)\in R_i$。

（11）$M,s\models^{\Gamma\cap A_i(s)}_{F}B_i\alpha$ 当且仅当 $M,t\not\models^{\Gamma\cap A_i(s)}_{T}B_i\alpha$，存在 t 使得 $(s,t)\in R_i$。

（12）$M,s\models B_i\alpha$ 当且仅当 $M,t\models^{\Phi}B_i\alpha$，对任意的 t 使得 $(s,t)\in R_i$，Φ 为原子命题集。

（13）$M,s\models^{\Gamma}_{T}L_i\alpha$ 当且仅当 $M,t\models^{\Gamma}_{T}\alpha$，对任意的 t 使得 $(s,t)\in R_i$。

（14）$M,s\models_{F}L\alpha$ 当且仅当 $M,t\not\models_{T}L\alpha$，存在 t 使得 $(s,t)\in R_i$。

（15）$M,s\models L_i\alpha$ 当且仅当 $M,t\models\alpha$，对任意的 t 使得 $(s,t)\in R_i$。

定义 4.3.2.2　广义觉识的克里普克模型 $M=\langle S,R_1,\cdots,R_n,A_1,\cdots,A_n,\nu\rangle$，其中 S 是一个状态集，R_i 是 S 上的可及关系，A_i 是一个函数：$S\rightarrow\{1,0\}$，ν 是对于每一个 $s\in S$，对原子命题的赋值函数，$i=1,2,\cdots,n$。

（1）$M,s\models p$，其中 p 为原子命题，当且仅当 $\nu(s,p)=1$。

（2）$M,s\models\neg\alpha$ 当且仅当 $M,s\not\models\alpha$。

（3）$M,s\models\alpha\wedge\beta$ 当且仅当 $M,s\models\alpha$ 并且 $M,s\models\beta$。

（4）$M,s\models A_i\alpha$ 当且仅当 $\alpha\in A_i(s)$。

（5）$M,s\models L_i\alpha$ 当且仅当 $M,t\models\alpha$，对任意的 t 使得 $(s,t)\in R_i$。

（6）$M,s\models B_i\alpha$ 当且仅当 $\alpha\in A_i(s)$，对任意的 t 使得 $(s,t)\in R_i,M,t\models\alpha$。

康诺利格对觉识逻辑评论道：根据这个语义，可及关系的属性和可满足知识的公理之间没有联系。① 例如，假定认知主体显性地相信 α，那么 $B_i\alpha$、$L_i\alpha$ 和 $A_i\alpha$ 为真。$B_iB_i\alpha$ 是否为真？根据定义可知，$B_iB_i\alpha=(L_iB_i\alpha\wedge A_iB_i\alpha)=(L_iL_i\alpha\wedge L_iA_i\alpha\wedge A_iB_i\alpha)$，而根据传递性，$L_iL_i\alpha$ 为真。要确定该公式是否为真，还需要以下条件：

（1）$A_i\alpha\rightarrow L_iA_i\alpha$；

（2）$B_i\alpha\rightarrow A_iB_i\alpha$。

广义觉识逻辑可以在句法上表征。显性信念定义为认知主体所知道的隐性

---

① K. Konolige. What Awareness Isn't: A Sentential View of Implicit and Explicit Belief. *Proceedings of the 1986 Conference on Theoretical Aspects of Reasoning about Knowledge*. Los Altos, California: Morgan Kaufmann Publishers, 1986: 241-250.

信念：

$$M,s\models B_i\alpha \text{ 当且仅当 } \alpha\in A_i(s)\text{，对任意的 } t \text{ 使得}(s,t)\in R_i, M,t\models\alpha\text{。}$$

显然，觉识算子只是起到一个过滤的作用，从隐性信念中过滤出显性信念，因而觉识系统的语义解释和莱维斯克的语义没有太大区别，自然具有一样的解全能力。觉识系统增加了觉识算子，这一过滤装置有着很强的特设性。对于这一点，我们将在后面讨论。

第四节　多值认知逻辑方案

一、双格理论：多值逻辑的一个分支

用多值逻辑来处理逻辑全能问题，起源于贝尔纳普（Belnap）用四值来处理不一致信念，虽然贝尔纳普当时并不是用四值来处理逻辑全能问题。① 他当时是要处理专家问答系统，例如，医疗系统，几个不同的专家对某一疾病有不同的看法，问答系统应该能够处理这些不一致的信息。贝尔纳普认为四值逻辑可以完成这一任务。在四值逻辑中，任何语句都可以从如下四值中获得赋值，即 $\{\{t\}, \{f\}, \{\}, \{t, f\}\}$，其中 $\{t\}$ 为真，$\{f\}$ 为假，空集 $\{\ \}$ 既不为真也不为假，$\{t, f\}$ 表示既为真又为假。如果用棱形图来表示可以有两种方式（见图 4－2），一种是既为真又为假在上，既不为真也不为假在下，在二者之间是真 $\{t\}$ 和假 $\{f\}$，构成一个逼近格（approximation lattice）。这种格是斯科特于 1970 年提出的。另一种是真在上，假在下，在二者之间是既不为真也不为假和既为真又为假，构成一个逻辑格（logical lattice）。这种格是贝尔纳普于 1975 年提出的。一个完全格由三部分组成：交（meet）、并（joint）和偏序关系（partial ordering）。两种格组成部分的符号有所差别，逼近格分别表示为：$\cap$、$\cup$和$\leqslant_i$；逻辑格表示为：$\wedge$、$\vee$和$\leqslant_i$。这两种格为后来金斯伯格的双格理论（bilattice theory）提供了一个基础，从而使得双格理论成为多值逻辑的一个分支。

在双格理论中，有两个偏序关系：$\leqslant_t$ 和$\leqslant_k$。$x\leqslant_t y$，意思是 y 至少

---

① N. D. Belnap. A Useful Four-Valued Logic//G. Epstein, M. Dunn (eds.). *Modern Uses of Multiple Valued Logic*. Dordrecht: D. Reidel Pubishing Company, 1977: 8－37.

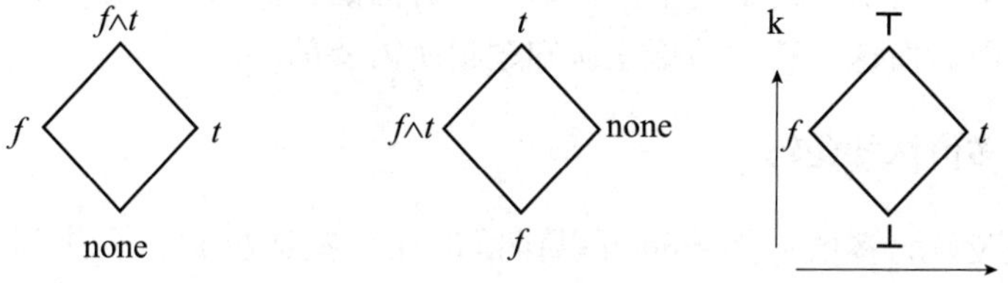

（逼近格）　　（逻辑格）　　（最小非平凡格）

图 4－2　双格

和 x 一样真，这就意味着有两个运算：最大的下限（the greatest lower bound）∧和最小的上限（the least upper bound）∨。$x \leqslant_k y$，意思是 x 所表示的知识至少被包含在 y 所表示的知识中，这也有两个运算：最大的下限⊗和最小的上限⊕。

定义 4.4.1.1　一个双格是一个六元组 $\{B, \wedge, \vee, \otimes, \oplus, \neg\}$ 使得：

（1）t－格 $\{B, \wedge, \vee\}$ 和 k－格 $\{B, \otimes, \oplus\}$ 都是完全格。

（2）$\neg$：$B \to B$ 是具有这样的一个映射：

（a）$\neg^2 = 1$，且

（b）$\neg$ 是一个从 $\{B, \wedge, \vee\}$ 到 $\{B, \vee, \wedge\}$ 以及从 $\{B, \otimes, \oplus\}$ 到自身的格同态。

双格理论可以用来解释可能世界，称为基于世界的双格（world-based bilattice）。基于世界的双格由可能世界集 W 及其子集的有序对 $\langle U, V\rangle$ 构成。那么，真值赋值 $\nu(\alpha) = \langle U, V\rangle$，意思是 α 在 U 的世界中为真且在 V 的世界中为假。

世界 U 和 V 的交不是空集，它们的并不需要等于 W。这样，基于世界双格的四个最大（最小）元素可以改写为：$\bot = \langle \varnothing, \varnothing\rangle$，$t = \langle W, \varnothing\rangle$，$f = \langle \varnothing, W\rangle$，$\top = \langle W, W\rangle$。相应地，两个偏序关系可以改写为：

（1）$(\leqslant_t B_W)(U_1, V_1) \leqslant_t (U_2, V_2)$ 当且仅当 $U_2 \supseteq U_1$ 且 $V_1 \supseteq V_2$。

（2）$(\leqslant_k B_W)(U_1, V_1) \leqslant_k (U_2, V_2)$ 当且仅当 $U_2 \supseteq U_1$ 且 $V_2 \supseteq V_1$。

同时相对应于两个偏序关系的四个运算可以改写如下：

（1）$(\wedge B_W)(U_1, V_1) \wedge (U_2, V_2) = (U_1 \cap U_2, V_1 \cup V_2)$

（2）$(\vee B_W)(U_1, V_1) \vee (U_2, V_2) = (U_1 \cup U_2, V_1 \cap V_2)$

（3）$(\otimes B_W)(U_1, V_1) \otimes (U_2, V_2) = (U_1 \cap U_2, V_1 \cap V_2)$

（4）$(\oplus B_W)(U_1, V_1) \oplus (U_2, V_2) = (U_1 \cup U_2, V_1 \cup V_2)$

（5）$(\neg B_W)\neg(U_1, V_1) = (V_1, U_1)$

从双格理论来看，真值其实是一个空间类，能够提供不完全的、不一致的乃至某一情形下的缺省信息。语句是有向的：真（假）度和确定（不确定）层面。而这一特性恰恰是认知逻辑所需要的。

二、多值认知逻辑

沈观茂认为多值认知逻辑可以保留以往一些解决逻辑全能问题的优点，如莱维斯克的显性和隐性信念逻辑的非全能属性，同时还可以表达信念度。他的多值认知逻辑模型依然以克里普克模型为基础，不同的是赋值是从四值中取值，同时保留莱维斯克的显性和隐性信念逻辑的两个赋值关系，即真支持（$\models_t$）和假支持（$\models_f$）。多值认知逻辑模型可以定义如下：

定义 4.4.2.1 多值认知逻辑模型 $M=\left\langle S,R,\nu,(^{-})\right\rangle$，其中：

（1）S 是情境集。

（2）$R_i\subseteq S\times S$。

（3）ν：$S\times P\rightarrow B$，P 是原子命题集。

（4）$(^{-})$：$S\rightarrow S$，使得对于所有的 $s\in S$：

(a) $\binom{=}{s}=s$；

(b) $\nu\begin{bmatrix}-\\ s\end{bmatrix}(p)=(^{-})\nu(s)(p)$，对于所有的 $p\in P$。

其中（4）主要是阐释一个赋值的混合（conflation of valuation），这个赋值能够表达多种情境，如完全情境、不完全情境等。一般这个赋值函数表示为：$\nu=\langle\nu^{+},v^{-}\rangle:P\rightarrow\{0,1\}^2$，其中$\langle 0,0\rangle,\langle 0,1\rangle,\langle 1,0\rangle$和$\langle 1,1\rangle$相对于$\langle\bot,f,t,\top\rangle$，且$^{-}\langle^{-}\nu^{-},^{-}\nu^{+}\rangle$，其中$^{-}\nu^{-}$和$^{-}\nu^{+}$分别是 ν^{-} 和 ν^{+} 的补。在这个赋值之下可以刻画完全情境、不完全情境以及不一致情境。

定义 4.4.2.2 在 ν 赋值下，情境 s

（1）s 是完全情境，如果对于所有的 $p\in P,\nu(s)(p)={}^{-}\nu(s)(p)$当且仅当 $\nu^{+}(s)(p)={}^{-}\nu(s)(p)$当且仅当 $\nu^{-}(s)(p)={}^{-}\nu(s)^{+}(p)$。

（2）s 是不完全情境，如果对于所有的 $p\in P,\nu(s)(p)\leqslant_k^{-}\nu(s)(p)$当且仅当 $\nu^{+}(s)(p)\leqslant{}^{-}\nu(s)(p)$当且仅当 $\nu^{-}(s)(p)\leqslant{}^{-}\nu(s)^{+}(p)$。

（3）s 是不一致情境，如果对于所有的 $p\in P$，$\nu(s)(p)\geqslant_k^{-}\nu(s)(p)$当且仅当 $\nu^{+}(s)(p)\geqslant{}^{-}\nu(s)(p)$当且仅当 $\nu^{-}(s)(p)\geqslant{}^{-}\nu(s)^{+}(p)$。

其实（1）（2）（3）中的赋值函数分别是从情境中的命题映射到$\{\langle 1,0\rangle,\langle 0,1\rangle\}$、$\{\langle 1,0\rangle,\langle 0,1\rangle,\langle 0,0\rangle\}$和$\{\langle 1,0\rangle,\langle 0,1\rangle,\langle 1,1\rangle\}$。

在命题逻辑的基础上增加认知算子 L 和 B，那么多值认知逻辑的语义可以定义如下：

(1) $M,s\models_T p$ 当且仅当 $\nu(s)(p)=1$。

(2) $M,s\models_F p$ 当且仅当 $\nu(s)(p)=0$。

(3) M，$s\models_T\neg\alpha$ 当且仅当 $M,s\models_F\alpha$。

(4) M，$s\models_F\neg\alpha$ 当且仅当 $M,s\models_T\alpha$。

(5) $M,s\models_T\alpha\wedge\beta$ 当且仅当 $M,s\models_T\alpha$ 并且 $M,s\models_T\beta$。

(6) $M,s\models_F\alpha\wedge\beta$ 当且仅当 $M,s\models_F\alpha$ 或者 M，$s\models_F\beta$。

(7) $M,s\models_T B_i\alpha$ 当且仅当 $\forall t\in S, sR_it\Rightarrow M,t\models_T\alpha$。

(8) $M,s\models_F B_i\alpha$ 当且仅当 $\exists t\in S, sR_it\wedge M,t\models_F\alpha$ 使得 $sR_it\Leftrightarrow\bar{s}R_i\bar{t}$

(9) $M,s\models_T L_i\alpha$ 当且仅当 $\forall t\in W, sR_it\Rightarrow M,t\models_T\alpha$。

(10) $M,s\models_F L_i\alpha$ 当且仅当 $\exists t\in W, sR_it\wedge M,t\models_F\alpha$。

显然，在这种语义解释之下，莱维斯克的显性和隐性信念逻辑的非全能属性保持下来。由于莱维斯克没有考虑算子的叠置，所以莱克梅尔修改允许算子的叠置。在这系统中 $B_i(\alpha\vee\neg\alpha)$ 不是有效式，同时 $B_i(B_i\alpha\vee\neg B_i\alpha)$ 也不是有效式。自然这两个公式在多值认知逻辑中也不是有效式。

三、多值认知逻辑方案与其他方案的比较分析

沈观茂把多值认知逻辑与莱维斯克-莱克梅尔的显性和隐性信念逻辑、觉识逻辑及卡多利-谢弗的认知模型进行了比较，得出能够在后面三种系统中可证的公式在多值认知逻辑中都可证，同时保持了这些系统的非全能属性。即莱维斯克-莱克梅尔的显性和隐性信念逻辑、觉识逻辑及卡多利-谢弗的认知模型系统中的每一个模型都可以在多值认知逻辑中找到相对应的模型。他给出了如下三个命题①：

命题 4.4.3.1　莱维斯克-莱克梅尔的显性和隐性信念逻辑的每一个模型 $M_L=\langle S,R_1^+,\cdots,R_n^+,R_1^-,\cdots,R_n^-,T,F\rangle$，在多值认知逻辑中对应于一个模型 $M=\left\langle S\cup\bar{S},R_1,\cdots,R_n,\nu,(\bar{\ })\right\rangle$，对于所有的公式 $\alpha\in PL$ 都保持真支持或假支持。

命题 4.4.3.2　觉识逻辑中的每一个模型 $M_L=\langle S, R_1, \cdots, R_n, A_1, \cdots, A_n, \nu\rangle$，在多值认知逻辑中对应于一个模型 $M=\langle S'\cup W, R_1, \cdots, R_n, \nu,$

① K. M. Sim. Epistemic Logic and Logical Omniscience Ⅱ: A Unifying Framework. *International Journal of Intelligent Systems*, 2000 (15): 129-152.

$\left(\overline{}\right)\rangle$，对于所有的公式 $\alpha \in PL$ 都保持真支持或假支持。

命题 4.4.3.3　卡多利-谢弗的认知模型中的每一个 S_3 结构 $M_{CS}=\langle S_3(Sit), R, I_s^3\rangle$，在多值认知逻辑中对应于一个模型 $M=\langle S''\cup W, R_1, \cdots, R_n, \nu, \left(\overline{}\right)\rangle$，对于所有的公式 $\alpha \in PL$ 都保持真支持或假支持。

沈观茂给出模型之间的相互定义来证明上述三个命题，如在证明命题 4.4.3.1 中给出了下面的定义[①]：

$(S)\bar{S}=\{\bar{s} \mid s \in S\}$

$(W)\mathbf{W}=W(\Sigma)$，其中 $W(\Sigma)$ 是在 S 中的可能世界集，$\mathbf{W}$ 是在 $S\cup\bar{S}$ 中的完全情境集。

$(\mathbf{AR1})\ \forall s, t \in S \quad sR_it \Leftrightarrow sR_i^+t$

$(\mathbf{AR2})\ \forall s, t \in S \quad \bar{s}R_i\bar{t} \Leftrightarrow sR_i^-t$

$(\mathbf{AR3})\ \forall w, w_1 \in \mathbf{W} \quad wR_iw_1 \Leftrightarrow wR_i^+w_1$

$(\mathbf{VT})\nu^+(s)(p)=1 \Leftrightarrow s \in \mathrm{T}(p)$

$(\mathbf{VF})\nu^-(s)(p)=1 \Leftrightarrow s \in \mathrm{F}(p)$

有了上面的定义，只需要证明下列两个命题成立就行[②]：

(1) $(\mathbf{T})M_L, s \models_{\mathrm{T}} \alpha \Leftrightarrow M, s \models_{\mathrm{T}} \alpha$

(2) $(\mathbf{F})M_L, s \models_{\mathrm{F}} \alpha \Leftrightarrow M, s \models_{\mathrm{F}} \alpha$

同时从上面的定义可以看出两个模型之间的差别。在莱维斯克-莱克梅尔的显性和隐性信念逻辑中有两种可及关系 R_i^+ 和 R_i^-，即真支持关系和假支持关系，在多值认知逻辑中可以分别表示为 sR_it 和 $\bar{s}R_i\bar{t}$。由此我们可以看出，莱维斯克-莱克梅尔的显性和隐性信念逻辑是用可及关系来划分情境，即支持公式为真的情境和支持公式为假的情境，两种情境的交不必是空集，同时它们的并也不一定是全集；而在多值认知逻辑中是直接将情境划分为 $S\cup\bar{S}$。沈观茂用了两个图形来比较说明这一点。[③]

莱维斯克-莱克梅尔的显性和隐性信念逻辑模型图中有两种可及关系，分别用虚箭头和实箭头表示，真支持和假支持的情境的交有 S_2 和 S_3，它们之间的并不一定就是一个全集（或者说是所有可能的情境集）。而在多

① K. M. Sim. Epistemic Logic and Logical Omniscience Ⅱ: A Unifying Framework. *International Journal of Intelligent Systems*, 2000 (15): 142.

② 证明过程请参见①42－143。

③ 同①44－145.

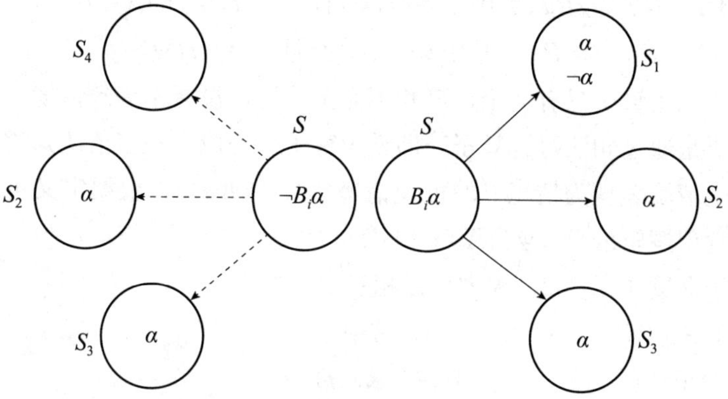

图 4-3　显性和隐性信念逻辑模型

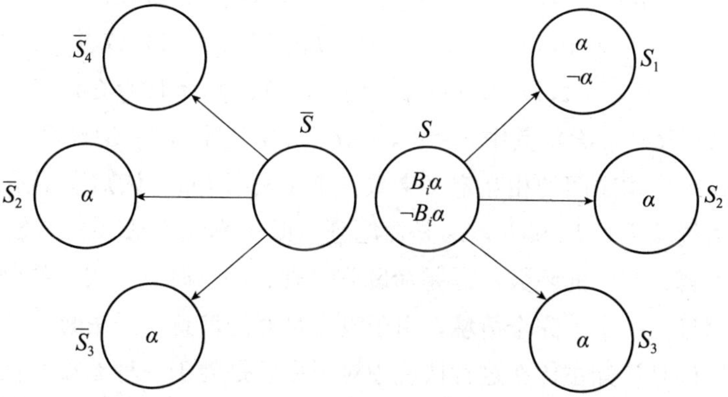

图 4-4　多值认知逻辑模型

值认知逻辑中是直接将世界划分为两部分。S_1 是一个不协调的情境，S_4 是一个不完全的情境，S_2 和 S_3 是一个完全的情境。这两个图所表示的模型是等价的。

与此类似，在证明命题 4.4.3.2 中也可做出如下的定义①：

(S) $S'\cup W=_{def}S\times\mathcal{P}(p)$，其中

$S'=\{s'\mid s'=\langle s,\Psi\cap A_i(s)\rangle$ 且 $s\in S\}$

$W=\{w\mid w=\langle s,\Psi\rangle$ 且 $s\in S\}$

(ν) $\nu(s')(p)=\langle 1,0\rangle\Leftrightarrow\pi(s)(p)=1$ 且 $p\in\Psi$，或者

$\langle 0,1\rangle\Leftrightarrow\pi(s)(p)=0$ 且 $p\in\Psi$，否则

$\langle 0,0\rangle$

① K. M. Sim. Epistemic Logic and Logical Omniscience Ⅱ: A Unifying Framework. *International Journal of Intelligent Systems*，2000（15）：45.

(**AR1**) $s'R_it' \Leftrightarrow sR_it$，其中 $s'=\langle s,\Psi\rangle$ 且 $t'=\langle t,\Psi\cap A_i(s)\rangle$

(**AR2**) $wR_iw' \Leftrightarrow sR_it$，其中 $w=\langle s,\Psi\rangle$ 且 $w'=\langle t,\Psi\rangle$

在觉识逻辑中只有完全情境和不完全情境，没有不一致情境。不完全情境主要是通过句法过滤算子，即觉识算子来完成。在多值认知逻辑模型中不完全情境表现为情境 s' 的可及情境集 $\{t' \mid s'R_it'\}$，根据定义可知，这对应于觉识逻辑的 $\{\langle t,\Psi\cap A_i(s)\rangle \mid sR_it\}$。

对于命题 4.4.3.3，模型可以相互定义为①：

(S) $S''\cup W=_{def}S_3(Sit)\times S$，其中

$S''=\{s'' \mid s''=\langle s,S\rangle$ 且 $s\in S_3(Sit)\}$

$W=\{w \mid w=\langle s,P\rangle$ 且 $s\in S\}$

(ν) $\nu(s'')(p)=\langle 1,0\rangle \Leftrightarrow I_S^3(s)(p)=1, I_S^3(s)(\neg p)=0$，或者

$\langle 0,1\rangle \Leftrightarrow I_S^3(s)(p)=0, I_S^3(s)(\neg p)=1$，或者

$\langle 1,1\rangle \Leftrightarrow I_S^3(s)(p)=1, I_S^3(s)(\neg p)=1 \Leftrightarrow p\in P/S$

(**AR**) $s''R_it'' \Leftrightarrow sR_it$，其中 $s''=\langle s,S\rangle, t''=\langle t,S\rangle$ 且 $s,t\in S_3(Sit)$

从这个模型之间的相互定义来看，卡多利-谢弗的认知模型系统中的三个真值指派 I_1、I_2 和 I_3，I_1 是命题到｛既不真又不假｝的函数，I_2 是命题到｛真、假｝的函数，I_3 是命题到｛真、假、既真又假｝的函数。I_1 刻画的明显是一个不完全情境，由于没有足够的信息，无法断定命题的真值，可以说是认知主体在这种情境中对于命题是处于一种无知的状态。而 I_2 是经典赋值，对于一个命题的赋值完全确定，是处于信息完全的状态。I_3 刻画的就是一种不一致情境，从赋值定义中的第三点可以清楚地明白这一点。

从上面的分析来看，莱维斯克-莱克梅尔的显性和隐性信念逻辑、觉识逻辑与卡多利-谢弗的认知模型系统中的每一个模型都可以在多值认知逻辑中找到相对应的等价模型。同样我们可以给出，对于多值认知逻辑中的每一个模型总可以在莱维斯克-莱克梅尔的显性和隐性信念逻辑、觉识逻辑与卡多利-谢弗的认知模型系统中找到相对应的等价模型。这就说明这些语义解释在解释能力上是一样的，在其中的一种解释下可以避免逻辑全能问题，那么在另外一种语义解释之下同样可以避免相应的逻辑全能问题。

---

① K. M. Sim. Epistemic Logic and Logical Omniscience Ⅱ：A Unifying Framework. *International Journal of Intelligent Systems*，2000（15）：48.

命题 4.4.3.4　多值认知逻辑模型 $M=\langle S\cup\bar{S},R_1,\cdots R_n,\nu,(^{-})\rangle$，在莱维斯克-莱克梅尔的显性和隐性信念逻辑中对应于一个模型 $M_L=\langle S, R_1^+, \cdots, R_n^+, R_1^-, \cdots, R_n^-, T, F\rangle$，对于所有的公式 $\alpha\in PL$ 都保持真支持或假支持。

命题 4.4.3.5　多值认知逻辑模型 $M=\langle S\cup\bar{S},R_1,\cdots R_n,\nu,(^{-})\rangle$，在觉识逻辑中对应于一个模型 $M_L=\langle S,R_1,\cdots,R_n,A_1,\cdots,A_n,\nu\rangle$，对于所有的公式 $\alpha\in PL$ 都保持真支持或假支持。

命题 4.4.3.6　多值认知逻辑模型 $M=\langle S\cup\bar{S},R_1,\cdots R_n,\nu,(^{-})\rangle$，在卡多利-谢弗的认知模型中对应于一个 S_3 结构 $M_{CS}=\langle S_3(Sit),R,I_s^3\rangle$，对于所有的公式 $\alpha\in PL$ 都保持真支持或假支持。

类似地，上面三个命题的证明只需要在模型之间的相互定义上对公式的结构进行归纳证明即可，证明省略。

在这一章节中，我们主要对避免逻辑全能的语义方案做了一番分析，主要讨论了可能世界的修改以及认知算子的重新定义。特别惹人注目的是沈观茂使用多值来避免逻辑全能问题，他的方案具有多种方案的优点，特别是显性和隐性信念逻辑、觉识逻辑及卡多利-谢弗的认知模型，都可以在多值认知逻辑中找到一个对应的等价模型。虽然沈观茂没有把他的多值认知逻辑与不可能世界模型相比，但是不可能世界模型其实在多值认知逻辑模型中也可以找到一个对应的等价模型。因为达克已经证明了不可能可能世界方案和觉识方案之间总可以找到一个相对应的等价模型。①

定理 4.4.3.1　令 $M_L=\langle S,W,R_1,\cdots,R_n,\nu\rangle$ 是一个不可能世界模型，对于任意的公式 α 以及任意的 $s\in W$，存在一个觉识模型 $M'=\langle S,R'_1,\cdots,R'_n,A'_1,\cdots,A'_n,\nu'\rangle$ 使得 $M,s\models\alpha\Leftrightarrow M',s\models\alpha$。

定理 4.4.3.2　令 $M_L=\langle S,R_1,\cdots,R_n,A_1,\cdots,A_n,\nu\rangle$ 是一个觉识模型，那么存在一个不可能世界模型 $M'=\langle S',S,R'_1,\cdots,R'_n,\nu'\rangle$ 使得对于任意的公式 α 以及 $s\in W$，有 $M, s\models\alpha\Leftrightarrow M', s\models\alpha$。

上述定理的证明，只需要对公式的结构进行归纳证明即可，证明

① H. N. Duc. Resource-Bounded Reasoning about Knowledge. PhD. thesis, The University of Leipzig, 2001: 23.

省略。

在这些语义方案中增加了一些概念，而哲学上有个标准：如无必要，勿增实体，人们自然要问：这些概念何以合理？在这里主要讨论觉识概念以及不可能可能世界。

在费金等人看来，显性信念和隐性信念之间存在一个过滤装置，这个过滤装置他们称之为觉识。如果隐性信念中的公式被觉识到了，那么这个公式就成了显性信念。这正如一个主体没有觉识到命题 p，那么这个主体肯定不是显性相信命题 p。显然，这一切看起来非常符合直觉，但是我们仔细思量，觉识是如何运作的？

如果觉识公式是由原子命题产生的，那么这会产生一个不合直觉的麻烦。正如前面的例子，一个主体没有觉识到命题 p，那么这个主体肯定不显性相信命题 p。这个非常合直觉。但是一个主体没有觉识到命题 p 或者也没有觉识到 $\neg p$，而主体完全有可能显性相信 $p \vee \neg p$，这从觉识过滤装置来说是不可能的，因为根据联结词的复合原则，主体肯定没有觉识到 $p \vee \neg p$，更不用说显性相信。显然，这非常不合直觉。

如果觉识是对隐性信念中的公式过滤，这好像可以避免上面的疑难。不过，麻烦依然不邀而至。例如当弗雷格知道了罗素悖论时，我们可以说弗雷格的隐性信念之中有弱矛盾信念。现在弗雷格知道了罗素悖论，但是我们可以断定在此之前，弗雷格的觉识公式集中没有罗素悖论。这样的话，按照显性信念的定义，我们如何能够说弗雷格显性相信了罗素悖论。因为显性信念 B 可以定义为觉识的隐性信念，即，$B_i\alpha \leftrightarrow A_i\alpha \wedge L_i\alpha$。上述命题可以形式化为 $B_i(\alpha \wedge \neg\alpha) \leftrightarrow A_i(\alpha \wedge \neg\alpha) \wedge L_i(\alpha \wedge \neg\alpha)$。

其实上面的疑难就是计算复杂度的一种表现形式。我们可以从认知主体的觉识公式集选取几个公式来说明。如常见的命题演算，假如命题演算的初始公理都在认知主体的觉识公式集中。认知主体经过一定复杂度的计算，得出某一公式，而这一公式不在觉识公式集中。那么，我们可以说这一主体并不显性相信这一公式。显然，这有悖情理。现在，我们可以看出问题的所在，觉识算子已经预设了主体所显性相信的上限和下限，这是一种静态的设定，和我们的显性信念是随不同信息的获得而增加、减少以及改变不相吻合。这样，觉识算子远远没能达到预期的目标。那么隐性信念和显性信念之间的过渡是由什么来激发呢？我想，推理行动可以给出一个合理的解释，这将在下一章中进行阐述。

第五节　语形方案和语义方案的比较

我们在第三、四两章中从语形和语义两个路径来讨论解决逻辑全能问题。上述的各个方案都各有长处，各有缺点。这似乎提示我们应该在这些方案中找到相应的调和点。然而，事实上这个调和点是很难找到的。既然难以找到，我们还是先从方案的优劣下手，找出最优，再在最优的方案中取长补短。

第一个标准是解全方案的实现问题。人们容易看到句法方案的实现更加直接一些。例如康诺利格的推理模型。康诺利格实现了一个演绎结构，是一个不完全推理规则的自然的演绎。动态认知逻辑，大家更是觉得可行性更强，结合了模态逻辑和动态逻辑的长处，具有很强的操作性，因而很容易实现。但是，我们很难看到一个可以基于语义实现定理验证的方法。尽管莱维斯克确实为他的逻辑提供了证明理论，原则上可以用作定理证明，但是该证明理论设定了大量的公理和少量的推理规则，只能作为一种特别的推理范式。

第二个标准是自然，即非特设性。在语义方案中，很多语义解释依靠直觉上不清楚的概念。例如，莱维斯克用不融贯情形来说明不一致的信念，但是不融贯情形本身也是不清楚的。一般来说，语义方法试图使用一些模型论中的实体来解释信念，表达在世界中可能的状态。但是即使是在同一时间同一地点有 α 和 $\neg\alpha$ 同时为真，这个世界也永远不可能不融贯。还有，“不可能的可能世界”这样的语义实体，在直觉上更是问题多多。因此，是否可能存在一个直观上满意的语义解决逻辑全能问题的办法，我们深表疑虑。

当然，各种语法解全方案也有问题。例如，费金和哈尔彭的觉识逻辑系统能够间接避免后承封闭的问题，但是系统认知主体觉识到 $\alpha\rightarrow\beta$ 而没有觉识到 α 或 β。而康诺利格信念的推理模型，认知主体仍生活在某种形式的演绎封闭中，即使它是一种弱演绎封闭。然而，康诺利格认为这个问题是有可能避免的，并且提出了修改的方案。因此，我们可以初步认为句法方案比语义方案更可取。

第五章　语用解全方案研究

第一节　语用解全方案概述

一、情境语义学的发端

情境语义学是由美国逻辑学家巴威斯和语言学家佩里（J. Perry）创建的一种新型的逻辑语义理论，理论的核心部分主要出现在1983年出版的《情境与态度》（*Situation and Attitudes*）一书中。情境语义学的提出打破了由弗雷格提出的句子的所指就是真值这一真值条件语义学，认为自然语言中的语句的真值并非一成不变，其真值依赖于语言使用的场景。而蒙太古所开创的自然语言逻辑研究沿袭了真值条件语义学这一思想，虽然构造了一个PTQ系统，但不能令人满意。一个很大的困境就是，蒙太古逻辑语法所发展的语义学包含了可能世界，即把句子的内涵看成从可能世界到句子外延的一个函数。这样的一个做法，在命题态度类似的语境中就会直接导致逻辑全能问题。事实上，理解自然语言的句子，无须完全考察全部的世界，只需要某些相关的世界就可以确定语句的真值。这样，情境语义学主张把句子的内涵（即意义）看作说出句子的陈述情境与句子所描述的外部情境之间的某种关系，并且还引入心理情境的概念去刻画命题态度句的语义特征。① 显然，情境语义学可以看成可能世界语义学的一个替代。因为巴威斯认为可能世界语义学的基础遭受到形而上学以及认识论的质疑，更为重要的是可能世界语义学解释的认知逻辑系统有一个致命的缺陷——逻辑全能问题，这迫使他寻找更加合适的语义学，提出了情境语义

---

① 邹崇理．逻辑、语言和信息．北京：人民出版社，2002：41.

学。下面这段话充分体现了这一缘由。

> 以前有关感知动词（sees、hears 等）的工作是把它们置于命题态度动词（knows、doubts、believes 等）中，并在传统“可能世界”语义学内努力大胆地阐明这些语义事实。但是，尽管“可能世界”方法对很多知识与信念的语义难题的处理合理而有效，它却遭受着几个明显缺陷（如逻辑全能）的折磨，并且在我们有些人看来，它依赖的形而上学和认识论的假定是可疑的。①

为了充分说明情境语义学更加适合自然语言的分析，巴威斯提出涉及感知的逻辑等值疑难。这个疑难表明可能世界语义学因为逻辑全能问题不适用于信念、知识，同样也不适用于感知逻辑。感知逻辑等值疑难是这样阐述的：

一个人的死亡能够归因于模态逻辑法则的失效吗？布朗（Brown）被控告谋杀了他的死敌弗雷德·史密斯（Fred Smith）。在审判布朗时，史密斯的妻子玛丽作证如下：“布朗和我从不同的房门恰巧同时进入那个房间。弗雷德面对着我那扇门，看到了我进去。我看到了布朗进门，但是弗雷德没有看到布朗进去。”布朗请求自我申辩，驳斥弗雷德没有看到他进入那个房间的说法。因而，他聘请一位专家，一位著名的模态逻辑学家K，根据模态逻辑的那些法则，K“证明”情境不可能像玛丽·史密斯描述的那样！怎么证明呢？②

如果使用 m、f 和 b 来分别代表玛丽·史密斯、弗雷德·史密斯和布朗，用 $F(x)$ 代表 x 从弗雷德面前的房门进入房间的性质，$D(x)$ 代表从别的房门进入。这个模态逻辑学家的证明过程③可以分析如下：

玛丽的证词可以转换成如下形式：

（1）m 看到 $D(b)$

（2）f 看到 $F(m)$

（3）$\neg(f$ 看到 $D(b))$

证明需要下面一些感知逻辑原则(A)～(E)：

（A）如果 i 看到 α，那么 α。

（B）如果 α，那么$\neg$(i 看到$\neg$ 6α)。

① J. Barwise. *The Situation in Logic*. Stanford：CSLI，1989：6 - 7.

② 同①18.

③ 完整的分析过程可以参见①23 - 25。

(C) 如果 i 看到 $\alpha \vee \beta$，那么 i 看到 α 或者 i 看到 β。

(D) 如果 i 看到 $\alpha \wedge \beta$，那么 i 看到 α 并且 i 看到 β。

(E) 如果 α 与 β 是逻辑等值的，那么如果 i 看到 α，那么 i 看到 β。

模态逻辑学家的论证如下：

(1)	m 看到 $D(b)$	前提
(2)	f 看到 $F(m)$	前提
(3)	$\neg(f$ 看到 $D(b))$	前提
(4)	$D(b)$	(1)(A)
(5)	$\neg(f$ 看到 $\neg D(b))$	(4)(B)
(6)	$F(m)$ 逻辑等值于 $(F(m)\wedge D(b))\vee(F(m)\wedge\neg D(b))$	命题定理
(7)	f 看到 $F(m)\wedge D(b)$ 或者 f 看到 $F(m)\wedge\neg D(b)$	(2)(C)
(8)	f 看到 $F(m)\wedge D(b)$	(5)(7)
(9)	f 看到 $D(b)$	(8)(D)

从玛丽的证词推出（3）和（9）相矛盾。但是从这个推理我们可以看到，逻辑等值替换是错误步骤。仅仅因为弗雷德看到玛丽进入房间，并不能得出：

> 弗雷德或者看到玛丽和布朗分别从他们的房门进入，或者看到玛丽从她的房门进入而布朗没有从他的房门进入。

巴威斯把这个疑难称为“逻辑全能的老问题”。因为模态逻辑学家承诺，如果你知道或相信或怀疑，那么你就必须知道或相信或怀疑任何与 α 逻辑等值的 β。而这在巴威斯看来是非常不可接受的。

那么巴威斯是怎么解决这个疑难的呢？即怎么来说明这个逻辑等值替换是错误的呢？巴威斯认为这里面包含两个情形，二者都是该故事的实际世界的部分：情形 S_m，即玛丽 · 史密斯看到的情形；弗雷德 · 史密斯看到的情形 S_f。如果玛丽说的是真的，那么弗雷德看到的情形 S_f 就包含从他面前的房门进入房间，但不包括布朗从其他的房门进入房间，后者是 S_m 的一部分。这样，S_f 支持 $F(m)$ 的真，但不能支持 $D(b)$，且 S_m 确实支持 $D(b)$。弗雷德看到的情形 S_f 根本不包含布朗，因而不可能有 $(F(m)\wedge D(b))\vee(F(m)\wedge\neg D(b))$ 的情形。

从这里看来，情境语义可以很好地解释命题态度中的逻辑等值疑难问题。关键是逻辑全能问题有着丰富的表现形式，系统是否会以另外一种逻辑全能形式表现出来呢？我们将在下一节展开详细的讨论。

二、情境演算的发端

情境演算起源于人工智能研究，这一开创性的工作是麦卡锡于 1963 年的文章《情境、行动和因果律》（"Situations，Actions and Causal Laws"）提出来的，而标志性的文章就是麦卡锡和海耶斯（Patrick J. Hayes）于 1969 年合写的《从人工智能的观点看某些哲学问题》（"Some Philosophical Problems from the Standpoint of Artificial Intelligence"）。后一篇文章已经有了情境演算的雏形。在人工智能科学中，认知主体需要表达世界，那么就需要考虑知识是什么以及如何获得。而这一问题需要从形而上学以及认识论层面来加以考虑。而对于计算机科学家来说，在澄清哲学概念的基础上，同时还要知道如何用形式系统来准确地建模。麦卡锡和海耶斯认为："从人工智能的观点来看，对于世界的表达，我们能够定义三种适当性（adequacy）。"① 这三种适当性就是形而上学适当（metaphysically adequate）、认识论适当（epistemologically adequate）以及启发式适当（heuristically adequate）：

（1）一个表达是形而上学适当，如果表达的世界与我们关心的现实事实不矛盾。

（2）一个表达是认识论适当，对于一个人或机器来说，如果在实践上能够表达人或机器事实上有关世界某方面的事实。

（3）一个表达是启发式适当，如果解决问题中的推理过程能够在语言中得到表达。

这三点从哲学层面考虑了一个表达世界的形式系统应该具有的属性。在形而上学层面上，系统所刻画的世界与我们所关注的世界是一致的，即在本体上是现实的，而不是理想的。在认识论层面，这个形式系统的确表达了认知主体的认知能力，即其关注世界的能力，能够知道、相信等。在启发式层面上，主要是刻画系统的推理能力或表达能力。

在计算机科学中，表达世界通常使用有穷自动机来描述。一个有穷自动机只是表示单个的行为的话，比较简单。但是如果一个有穷自动机包含多个行动的话②，这个有穷自动机的状态会以乘积的方式增长。而麦卡锡

① John McCarthy，Patrick J. Hayes. Some Philosophical Problems from the Standpoint of Artificial Intelligence. *Machine Intelligence*，1969（4）：9.

② 如果把一个系统看成一个有穷自动机的话，那它包含了多个有穷子自动机，即有穷子自动机的交互。

认为："更为糟糕的是，自动机的表述是认识论不适当的。即我们很难知道一个人从而充分列出他的内状态。有关某人的信息，我们需要用另外一种方式来表示。"[①] 有穷自动机虽然不能令人非常满意，但是它在我们今天的生活中得到广泛的应用，如网络银行。而麦卡锡认为，希望有更加合理的形式系统来更上一层楼。他不把信念直接表示成 $B_i(s,\alpha)$[②]，而是与之相关。他认为，一个系统应该能够回答与谓词 B 相关的以下问题[③]：

（1）i 的信念一致吗？那些信念是否正确？

（2）i 会推理吗？即新信念的产生是旧信念的逻辑后承吗？

（3）i 会观察吗？即 i 是否相信那些与 i 关联的自动机的真命题？

（4）i 的行为是理性的吗？即当 i 相信一个句子断定 i 应该做某事，i 是否会照做？

（5）i 会用 L 语言来交流吗？即考虑在文本中用 L 语言输入、输出的信号，这些信号 i 是否会转换成信念？

（6）i 是自我反省的吗？即 i 是否对自己的信念以及信念变化的过程有一个多样的正确的信念？

上面的六个问题充分体现了一个系统应有的本体可能以及认识论上的适当性。也就是说，系统刻画的主体（agent）是一个物理可能，而非一个理想化的主体；是一个具有认知能力的、现实的而非超现实的主体。从这一点上来说，也是在考虑如何避免全能以及无能问题，虽然他没有直接提出是要解决这个问题。麦卡锡认为一个系统能够肯定回答前四个问题，那么这个系统就有资格刻画合理的信念。

第二节 情境语义学解全方案

一、情境语义学概述

如前所述，情境语义学的一个直观思想是把句子的内涵看成说出句子的陈述情境与句子所描述的外部情境之间的某种关系，这样就可以方便地

① John McCarthy，Patrick J. Hayes. Some Philosophical Problems from the Standpoint of Artificial Intelligence. *Machine Intelligence*，1969 (4)：12.

② S 是有穷自动机 Θ 的状态，B_i（s，α）为真当且仅当 α 在 S 状态中为真，否则为假。

③ 同①17.

引入心理情境来刻画命题态度语句的语义。从而，语义学刻画真句子以及衍推概念的基本目标就限制在对说出语句制约的刻画。为此，巴威斯和佩里构造了一个自然语句系统 Aliass（Artificial Language for Illustrating Aspects of Situation Semantics）。有意思的是 Aliass 系统在生成语形表达式的同时还生成语形表达式附带的语义特征。Aliass 系统分成两类系统：带冠词的系统和不带冠词的系统。为了方便讨论，我们在这里采用恩·库尼亚（J. F. e Cunha）修改的不带冠词的系统 DFA（Determiner-Free Aliass）。① 所以下面先简单介绍这个系统，然后分析情境语义学对逻辑全能问题是否完全具有免疫力。

DFA 系统虽然取材于巴威斯和佩里的 Aliass 系统，但是在句法上采用的是蒙太古的 PTQ 系统的句法构造。DFA 系统的基本表达式是由语言的词汇构成，而在巴威斯和佩里的 Aliass 系统中，存在不是由语言中的词汇构成的基本表达式。非基本表达式如短语、句子由递归定义得到。DFA 系统的基本句法范畴、基本表达式和非基本表达式定义如下。

DFA 的句法范畴集 CAT 定义如下：

（1）基本句法范畴是$\{V,N,W,I,R^1,R^2,NAM\}$。

（2）句法范畴集 CAT$=\{RS,IT,TM,LRP,PP,NP,S\}$。

其中 V 是变元，N 是现在时，W 是过去时，I 是不定词，R^1 是一元关系符号，R^2 是二元关系符号，NAM 是名称，RS 是关系符号，IT 是个体词项，TM 是时态，LRP 是空间关系短语，PP 是性质短语（普遍名词短语和动词短语），NP 是名词短语，S 是语句。

给定范畴 a 的基本表达式 b_a 的集合 B_a。例如，集合 B_V 就是变元句法范畴基本表达式的集合。

下面可以给出一些范畴基本表达式的集合：

（1）$B_V=\{x_1,x_2,x_3,\cdots\}$

（2）$B_N=\{n_1,n_2,n_3,\cdots\}$

（3）$B_W=\{w_1,w_2,w_3,\cdots\}$

（4）$B_I=\{sbj,obj,loc,bol\}$

（5）$B_{R^1}=\{runing,walking,barking,r^1,s^1,\cdots\}$

---

① J. F. e Cunha. Compositionality and Omniscience in Situation Semantics. *Proceedings of the 2nd Advanced School in Artifical Intelligence on Natural Language Processing*. New York: Springer-Verlag, 1991: 206－224.

(6) $B_{R^2}=\{eating, touching, biting, r^2, s^2, \cdots\}$

(7) $B_{NAM}=\{John, Molly, Bill, Jackie, \cdots\}$

(8) $B_{RS}=B_{R^1}+B_{R^2}$

(9) $B_{IT}=\{I\}$

(10) $B_{TM}=B_N+B_W$

其中 B_{RS}、B_{IT} 和 B_{TM} 集合中的元素称为 DFA 语言的词汇。

范畴的短语 P_a 的集合 $\mathbf{P}_a$ 由以下规则引入：

A. 基本规则：

对于任何的句法范畴 a，B_a 的元素都属于 $\mathbf{P}_a$。

B. 语句规则：

(1) 如果 $\alpha \in P_{NP}$ 且 $\beta \in P_{PP}$，那么 $F_1(\alpha, \beta) \in P_S$，其中 $F_1(\alpha\beta)=(\alpha\beta)$。

(2) 如果 ϕ，$\Psi \in P_S$，那么 $F_2(\phi, \Psi) \in P_S$，其中 $F_2(\phi, \Psi)=(\phi$ 和 $\Psi)$。

(3) 如果 ϕ，$\Psi \in P_S$，那么 $F_3(\phi, \Psi) \in P_S$，其中 $F_3(\phi, \Psi)=(\phi$ 或 $\Psi)$。

C. 性质短语规则：

(1) 如果 $\alpha \in P_{LRP}$，那么 $F_4(\alpha) \in P_{PP}$，其中 $F_4(\alpha)=(\alpha)$。

(2) 如果 $\alpha \in P_{LRP}$ 且 $\beta \in P_{NP}$，那么 $F_1(\alpha, \beta) \in P_{PP}$。

(3) 如果 $\alpha \in P_{PP}$ 且 $\beta \in P_{PP}$，那么 $F_2(\alpha, \beta) \in P_{PP}$。

D. 名词短语规则：

(1) 如果 $\alpha \in P_{IT}$，那么 $F_4(\alpha) \in P_{NP}$。

(2) 如果 $\alpha \in P_{NP}$ 且 $\beta_i \in P_V$，那么 $F_5(\alpha, \beta_i) \in P_{PP}$，其中 $F_5(\alpha, \beta_i)=(\alpha_i)$。

E. 空间关系短语规则：

(1) 如果 $\alpha \in P_{RS}$ 且 $\beta \in P_{TM}$，那么 $F_6(\alpha, \beta) \in P_{LRP}$ 且 $F_7(\alpha, \beta) \in P_{LRP}$，其中 $F_6(\alpha, \beta)=(\alpha_\beta)$，$F_7(\alpha, \beta)=($并非 $\alpha_\beta)$。

DFA 系统中合式的或有意义的表达式都属于集合 $\mathbf{P}_a$。例如，自然语言语句：

(1) Jackie was biting Molly and she was excited.

在 DFA 系统中可以表示如下：

(2) $(Jackie\ was_w\ biting\ Molly) \wedge (x_1\ excited_w)$

根据情境语义学，如果 $\alpha \in P_S$，即 α 是 DFA 系统中的语句，那么有：

$$u\alpha: SIT \rightarrow SIT \rightarrow B$$

$$u\alpha ue: B$$

其中 SIT 是情境域，u 是说出一个语句的情境（话语情境加上关联情境），e 是语句的说出所指向的情境。在情境语义学中，一个语句的意义可以看成是对说出一个语句的制约。

上面简要介绍了 DFA 系统，那么这个系统是否可以恰到好处地处理逻辑全能问题，使得逻辑全能问题不会以其他的这样或那样形式出现呢？库尼亚认为："它（逻辑全能问题）能否在巴威斯和佩里的某一特定的情境理论中得到表达，取决于语义解释函数的属性。如果它不是显然被排除，或我们没有证明系统免于逻辑全能问题，那么我们就不能够确定。"①为了检验情境语义学的免疫能力，库尼亚以命题态度语句中的逻辑等值问题作为测试剂，对蒙太古的语义学以及巴威斯的语义学做了一个简单的比较。他认为，在蒙太古的语义解释中直接可以得到逻辑全能属性，而在巴威斯的情境语义学中需要做一番探讨才知道逻辑全能问题是否出现。在这里以命题态度语句"John believes that Natassia was kissing Peter."为例，把整个的分析过程整理如下。

$SENT_{1.1}=$ John believes that Natassia was kissing Peter.

$SENT_1=$ Natassia was kissing Peter.

$SENT_2=$ *Natassia was kissing Peter and John was walking or John was not walking*

$STAT_{1.1}=$(*John believes that Natassia was kissing Peter*, $u_{1.1}$)

根据句法规则 n1：

如果 $\alpha\in P_{TPV}$ 且 $\beta\in P_S$，那么 $F_{n1}(\alpha,\beta)\in P_S$，其中 $F_{n1}(\alpha,\beta)=\alpha\beta$。"John believes that Natassia was kissing Peter."表示为：

$SENT_{1.1}=F_{n1}$(*John believes that*, $SENT_1$)

同时根据语义规则 n1：

$u\gamma=S_{n1}(u\alpha,u\beta)$

可以得到：

$uSENT_{1.1}=S_{n1}$(*u John believes that*, $uSENT_1$)

在前面我们已经提到，DFA 系统是使用了类似蒙太古的 PTQ 系统的句法和语义规则，但是语义解释不同：

蒙太古：$uSENT=I\rightarrow B$

巴威斯：$uSENT=SIT\rightarrow SIT\rightarrow B$

在蒙太古的 PTQ 系统中，如果用 $SENT_2$ 替代 $SENT_1$，因为二者是逻

① J. F. e Cunha. Compositionality and Omniscience in Situation Semantics. *Proceedings of the 2nd Advanced School in Artifical Intelligence on Natural Language Processing*. New York: Springer-Verlag, 1991: 214.

辑等价陈述，具有相同的解释，因此John也相信$SENT_2$。与之类似，在巴威斯的情境语义学中，也会产生同样的结果，除非对解释函数S_{n1}进行限制，即解释的对象不是语句而是陈述。一个陈述可以定义为：$STAT = P_S \times SIT$。这样，“John believes that Natassia was kissing Peter”可以表示为：

$$STAT_{1.1} = (John\ believes\ that\ Natassia\ was\ kissing\ Peter, u_{1.1})$$

其中$u_{1.1}$是一个情境描述$SENT_{1.1}$的说出。

根据语义规则可以得到：

$$uSTAT_{1.1} = uSENT_{1.1}u_{1.1}$$

现在依然用$SENT_2$替代$SENT_1$，根据语法语义规则可以得到：

(1) $uSENT_{1.1} = John\ believes\ that\ SENT_2$

(2) $STAT_{1.2} = (SENT_2 u_{1.1})$

(3) $uSENT_{1.1} = S_{n1}(u\ John\ believes\ that,\ uSENT_1)$

(4) $uSENT_{1.1} = S_{n1}(u\ John\ believes\ that,\ uSENT_2)$

(5) $uSTAT_{1.1} = uSTAT_{1.1}u_{1.1} = S_{n1}(u\ John\ believes\ that,\ uSENT_1)u_{1.1}$

(6) $uSTAT_{1.2} = uSTAT_{1.2}u_{1.1} = S_{n1}(u\ John\ believes\ that,\ uSENT_2)u_{1.1}$

显然，要使得$uSTAT_{1.1}$和$uSTAT_{1.2}$不等值，需要证明的是$uSENT_1$和$uSENT_2$两个不同的函数使得所嵌入的语句的意义不同。而要做到这一点似乎很容易。$uSENT_1$和$uSENT_2$应该是两个不同的情境。然而库尼亚认为：“陈述的意义等值概念使用陈述之间的强等值概念来刻画。我们已经证明了这样一种语义会遭遇逻辑全能问题。不过，如果我们限制现实的和可计算的解释，这样就避免了严格同义以及在等值定义上的解释量化问题，我们就可以避免逻辑全能问题。”①

可见，在情境语义学中，逻辑全能问题也可能以某种形式出现，因而我们需要更加谨慎地来处理这些问题。

二、主观情境理论

1. 理论出发点

主观情境理论是由莫雷诺、科特斯（U. Cortés）和萨莱斯（T. Sales）于1999年提出的，主要是基于修改可能世界语义学方案的反思。他们认

① J. F. e Cunha. Compositionality and Omniscience in Situation Semantics. *Proceedings of the 2nd Advanced School in Artifical Intelligence on Natural Language Processing*. New York: Springer-Verlag, 1991: 224.

为："可能世界概念无论怎么修改，有个核心没有改变：可能世界的形式表示在任何方面都与认知主体没有关系。"① 也就是说，可能世界独立于认知主体。这可以从标准的可能世界语义学中的可及关系清楚地显现出来，虽然辛提卡把"知道"定义为命题在与认知主体相关联的所有认知可及的可能世界中为真，但是认知可及关系只是可能世界之间的关系，与认知主体实际上没有任何的关联。退一步来说，即使是认知可及世界与主体有关联，然而，如果两个世界之间有可及关系，那么认知主体对于这两个可能世界却是无法分辨出来的。莫雷诺等人认为这是非常不符合直观的。例如，a 和 b 两个主体看一场足球比赛，有一个犯规被裁判判为点球。a 认为裁判是对的，因为犯规是在罚球区（可以表示为 P）；同时，b 认为裁判是错的，因为犯规是在罚球区外。根据标准的可能世界语义学，a 相信 P 解释为 P 在与 a 相容的所有的可能世界中为真，b 相信 $\neg P$ 解释为 P 在与 a 相容的所有的可能世界中为假。莫雷诺等认为这种解释是非常不能令人满意的，主要出于下面两点理由②：

（1）没有告诉我们每一个主体所感知的情境如何影响他们自己的信念。认知主体被假定为能够立即把与主体当前信念不匹配的信念消除。

（2）假定犯规的确是在罚球区内，大多数哲学家会认为 a 不仅相信 P 而且知道 P（P 在现实世界中为真），而 b 相信 $\neg P$ 但是不可能知道 $\neg P$，因为 $\neg P$ 是假的。因此，以某种不可思议的方式，一个主体具有某些知识而另外一些主体却没有这些知识。

对于第一点，认知主体被假定为能够立即把与主体当前信念不匹配的信念消除，这是逻辑全能的一种表现形式。重要的是认知主体的信念是和当时的场景密切相关的，可能世界语义学无法对这一特征进行表征。认知主体的一信念在某一场景中为真，而无须考虑所有相关的场景。认知主体的信念所表征的世界可能和现实世界不一致，或与其他主体的信念所表征的世界不一致。第二点是说可能世界语义学的可及关系造成这一奇异的性质。为了改变这一奇异的特性，需要对可及关系进行必要的修改。基于这

---

① A. Moreno，U. Cortés，T. Sales，Subjective Situations//F. J. Garijo，M. Boman（eds.）. *Multi-Agent System Engineering*，*Lecture Notes in Artificial Intelligence* 1647，1999：211.

② A. Moreno，U. Cortés，T. Sales. Avoiding Logical Omniscience by Using Subjective Situations//M. Ojeda-Aciego et al（eds.）. *Logics in Artificial Intelligence*（JELIA 2000）. Berlin：Springer-Verlag，2000：285－286.

些理由，莫雷诺认为，情境和可及关系应该具有下面一些属性①：

（1）情境可以不被看成客观描述的实体，而被看成不同认知主体以不同的方式来感知现实的片段。因此，用主观的方式来表达每一个情境是必然的，从而考虑了每一个认知主体的观点。

（2）在每一个情境中，认知主体的信念取决于他自身的观点。

（3）每一个认知主体的可及关系的意义解释和平常的解释有所不同。

（4）每一个可及关系 R_i 将保持往常的意义，即相对于主体所在的情境，它将表示主体的不确定性。然而，直观上主体的不确定性是有关其他主体所感知的状态，而不是主体自身所感知的不确定性。

2. 形式框架

从上面的分析来看，主观情境理论显然也是对可能世界语义学的修改。那么，我们不需要过多地考虑知识信念系统的句法，可把焦点放在语义模型上。一个认知主体的信念系统依赖的不仅仅是客观的情境，更多的是主观情境。因此，在标准的语义模型上，可能世界集替换成可能情境集，赋值也发生相应的修改。下面我们介绍莫雷诺，科特斯和萨莱斯所提出的主观情境模型。

n 个主体的主观情境模型是一个多元组 $\langle S, R_1, \cdots, R_n, \mathcal{T}_1, \cdots, \mathcal{T}_n, \mathcal{F}_1, \cdots, \mathcal{F}_n \rangle$，其中

（1）S 是一个可能情境集；

（2）R_i 是主体的情境之间的可及关系；

（3）$\mathcal{T}$ 是一个函数，对于每一个情境 s，主体 i 所察觉为真的命题公式集；

（4）$\mathcal{F}$ 是一个函数，对于每一个情境 s，主体 i 所察觉为假的命题公式集。

（5）ε 是主观情境的所有模型集。

这个主观情境模型不仅考虑了多主体，而且赋值函数 $\mathcal{T}_i$ 和 $\mathcal{F}_i$，类似于莱维斯克的隐性显性逻辑以及泰瑟（Thijsse）的混合筛系统（hybrid sieve systems），都允许认知主体考虑部分情境以及不一致情境。当然，它们之间是存在差别的，正如莫雷诺、科特斯和萨莱斯所说："我们的方案与前人的工作最显著的不同点是考察了主观情境，不同的主体可以用不同的方式感

① A. Moreno. *Modelling Rational Inquiry in Non-Ideal Agents*. PhD. thesis. Universitat Politecnica De Catalunya，2000：61 - 62.

知这些情境。”① 这就意味着每一个情境对于一个认知主体来说可以用两种不同的方式来描述，即 $\mathcal{T}_i$ 和 $\mathcal{F}_i$，从而情境与公式之间的关系在主体看来可以有两种关系：可满足和不可满足。

可及关系的限制：

$$\forall s,t\in S,(sR_it)\Leftrightarrow(\mathcal{T}_i(s)=\mathcal{T}_i(t))\text{且}(\mathcal{F}_i(s)=\mathcal{F}_i(t))$$

显然，这个条件把可及关系限制在等价关系中。

关系 $\models_i$，$=\!\mid_i$，$\forall E\in\varepsilon$，$\forall s\in S$，$\forall i$，$\forall\phi\in\mathcal{L}PC$

$$E,s\models_i\phi\Leftrightarrow\phi\in\mathcal{T}_i(s)$$

$$E,s=\!\mid_i\phi\Leftrightarrow\phi\in\mathcal{F}_i(s)$$

$$\forall E\in\varepsilon,\forall s\in S,\forall i,j,\forall\phi\in\mathcal{L}$$

$$E,s\models_iB_j\phi\Leftrightarrow\forall t\in S((sR_it)\Rightarrow E,t\models_j\phi)$$

$$E,s=\!\mid_iB_j\phi\Leftrightarrow\exists t\in S((sR_it)\wedge E,t=\!\mid_i\phi)$$

$$\forall E\in\varepsilon,\forall s\in S,\forall i,\forall\phi\in\mathcal{L}$$

$$E,s\models_i\neg B_j\phi\Leftrightarrow E,s=\!\mid_iE,s\models_i\neg B_j\phi\Leftrightarrow E,s$$

$$B_j\phi=\!\mid_i$$

在一个主观情境中，认知主体对某一命题可以肯定或否定，即 $\mathcal{T}_i$ 和 $\mathcal{F}_i$，从而情境与公式之间的关系在主体看来可以有两种关系：可满足（$\models_i$）和不可满足（$=\!\mid_i$）。莫雷诺、科特斯和萨莱斯特别强调了：“$E,s\models_i\phi$ 不蕴涵 $E,s\models_i\phi$（即主体没有理由支持 ϕ 不意味着一定有理由反对它）。同样，E，$s\models_i\phi$ 不蕴涵 $E,s\models_i\phi$（即主体可能有理由既支持又反对某一公式在某一特定的情境中。）”② 显然这一点充分体现了主观情境可以刻画部分和不一致情境的功能。同时和莱维斯克的满足关系（$\models$）和不满足关系（$=\!\mid$）可以相互定义有所不同，而更加直观。

3. 主观情境的意义及局限

莫雷诺、科特斯和萨莱斯宣称：在主观情境模型中，下列逻辑全能的形式不成立③：完全逻辑全能、有效公式的相信、逻辑蕴涵的封闭、逻辑等值的封闭、实质蕴涵的封闭、有效蕴涵的封闭、合取封闭、信念的弱化

① A. Moreno，U. Cortés，T. Sales. Avoiding Logical Omniscience by Using Subjective Situations//M. Ojeda-Aciego et al（eds.）. *Logics in Artificial Intelligence*（JELIA 2000）. Berlin：Springer-Verlag，2000：295.

② 同①289.

③ 同①290.

以及不一致信念的平凡。

这些逻辑全能属性不成立的原因，他们认为主要有两个①：

（1）$\mathcal{T}_i$ 和 $\mathcal{F}_i$ 是定义在任意的公式集上（而不是基本命题上）。

（2）$\mathcal{T}_i$ 和 $\mathcal{F}_i$ 不相干。因此，给定的公式可以同时属于两个集合，或仅属于其中的一个，或不属于任何一个。

主观情境的语义模型解释对于信念可以说是比较直观的，而且对于逻辑全能问题有着良好的免疫能力。它不需要像莱维斯克那样把情境划分为部分情境（命题在该情境中既不真也不假）、不一致情境（命题在该情境中既真又假）和完全情境（命题在该情境中或真或假，二者必居其一），但是完全可以刻画这些情境。由于 $\mathcal{T}_i$ 和 $\mathcal{F}_i$ 赋值是随主体而变的，任意性太大，且不相干，这就会导致一个可能，那就是认知主体相信所有的不一致信念，逻辑无能问题随之而来。同时主观情境的解释似乎不适合知识解释，知识都是在客观的情境之上，如果使用主观情境语义模型，导致的后果就是知识的不确定性，这和我们的直觉有相悖之处。

第三节　情境演算解全方案

情境演算发端于麦卡锡 1963 年的文章，于 1969 年有了雏形。之后又有多种版本，目前主要的版本是来自赖特（R. Reiter）1991 年的文章②，并于 2001 年形成了一个比较成熟的体系，即赖特的《行动中的知识：阐释和实现动态系统的逻辑基础》（*Knowledge in Action: Logical Foundations for Specifying and Implementing Dynamical Systems*）一书的出版。下面的陈述基本来自此书，从情境演算的语言、公理、行动基本理论和元理论几个方面来做一个简单的评述，为情境演算和认知逻辑的比较分析以及对全能问题的解决提供一个技术上必备的理论背景。

---

① A. Moreno，U. Cortés，T. Sales. Avoiding Logical Omniscience by Using Subjective Situations//M. Ojeda-Aciego et al（eds.）. *Logics in Artificial Intelligence*（JELIA 2000）. Berlin：Springer-Verlag，2000：290.

② R. Reiter. The Frame Problem in the Situation Calculus：A Simple Solution (Sometimes) and a Completeness Result for Goal Regression//V. Lifshitz（ed.）. *Artificial Intelligence and Mathematical Theory of Computation*：*Papers in Honour of John McCarthy*. San Diego：Academic Press Professional Inc.，1991：359－380.

一、情境演算概述

情境演算可以说是用二阶逻辑①来刻画变化的世界。世界的变化可以看成行动的结果。一系列行动所产生的世界的变化就是一个可能世界史，可以称之为情境。或者说情境是行动的有穷系列。初始情境就可以看成空行动的结果。如果用符号来表示的话，a 表示一个行动，s 表示一个情境，初始情境使用 S_0 表示。情境和行动之间的关系可以用一个二元函数来表示，如 $do(a,s)$。情境与情境之间的转换使用流（fluents）来表示，如在机器人移动环境中可能有关系流 $closeto(r,x,s)$，意思是在 s 情境中，机器人 r 靠近物体 x。

1. 情境演算的语言

前面我们说过情境演算是一个二阶逻辑，在这里介绍的是一个带有等词的二阶逻辑，用 $L_{sitcalc}$ 来表示二阶语言。它含有不相交的三个类：行动(a)、情境（s）和对象。除了二阶逻辑常用的字母表外，$L_{sitcalc}$ 需要增加以下字符：

（1）每一类的个体变量符号是可数无穷的。用 a 和 s 来分别表示行动和情境。

（2）各种情境的两个函数符号：

（a）常量符号 S_0，表示初始情境。

（b）二元函数符号 $do:a\times s\rightarrow s$，$do(a,s)$表示一个后继情境，在情境 s 中执行行动 a 得到的。

（3）二元谓词符号$\sqsubset$：$s\times s$，在情境上定义了一个序关系。情境是行动的历史，这样，$s\sqsubset s'$的意思是 s 是 s'的真子历史（proper subhistory）。

（4）二元谓词符号 $Poss:a\times s$，$Poss(a,s)$ 意思是在情境 s 中执行行动 a 是可能的。

（5）对于 $n\geqslant 0$，n-元的谓词符号以及类（sorts）$(a\cup object)^n$ 是可数无穷的。

（6）对于 $n\geqslant 0$，函数符号类$(a\cup object)^n\rightarrow object$ 是可数无穷的。通常用来表示情境独立的函数，例如 $sqrt$（x），$height$（$MtEverest$）等。

（7）对于 $n\geqslant 0$，函数符号类$(a\cup object)^n\rightarrow a$ 是可数无穷的。通常用

① 关于二阶逻辑的介绍，可以参见 Dov M. Gabbay，F. Guenthner（eds.）. *Handbook of Philosophical Logic*. Vol. 1. Dordrecht：Springer，2001：131－187。

来表示行动函数，例如 *pichup*（x），*move*（A，B）等。

（8）$n\geqslant 0$，$n+1$-元的谓词符号以及类$(a\cup object)^n\times s$是可数无穷的。这些谓词符号称为关系流。这些关系流中只有一个论元是情境类，且永远在最后一个位置，例如 *ontable*（x，s），*husband*（*Mary*，*John*，s）等。

（9）对于$n\geqslant 0$，函数符号类$(a\cup object)^n\times s\rightarrow a\cup object$是可数的或有穷的。这些函数符号称为函数流。通常用来表示情境依赖的函数，例如$age(Mary,s)$，$PrimeMinister(Italy,s)$等。

公式的生成如常，公式的项是情境和行动，谓词表示行动和情境的属性。

2. 情境的基础公理

情境演算公理和皮亚诺的一阶算术系统有着惊人的类似之处。下面四个公理刻画了情境的基本属性，同时也体现了与数论之间的相似之处。

公理（5.3.1.1）$do(a_1,s_1)=do(a_2,s_2)\rightarrow a_1=a_2\wedge s_1=s_2$

公理（5.3.1.2）$(\forall P)P(S_0)\wedge(\forall a,s)[P(s)\rightarrow P(do(a,s))]\rightarrow(\forall s)P(s)$

公理（5.3.1.1）是表明情境名称的唯一性。两个情境相同当且仅当它们是同一行动系列。

公理（5.3.1.2）是情境的二阶归纳公理，如果初始情境S_0有P属性，且对于任何的情境s，若s有P属性，则在s情境中执行了动作a的后继情境也有P属性，那么所有的情境s有P属性。

公理（5.3.1.3）$\neg s\sqsubset s_0$

公理（5.3.1.4）$s\sqsubset do(a,s')\equiv s\sqsubseteq s'$

公理（5.3.1.3）是说任何情境都不是初始情境的真子集。公理（5.3.1.4）中的$s\sqsubseteq s'$是$s\sqsubset s'\vee s=s'$的缩写。这两个公理都使用了一个函数符号$\sqsubset$，是情境上的一个偏序关系。我们从公理（5.3.1.4）知道情境的产生是某一情境上行动的结果，也就是说情境s'是在s情境中行动的结果。这一点类似于数论中的后继数。

3. 行动基本理论

情境演算的基本行动理论由初始情境公理、行动前提公理、后续状态公理、唯一名称公理以及领域无关的基础公理等公理集组成。

统一公式（The Uniform Formulas）

令σ是情境类的项。$L_{sitcalc}$的项在σ中是统一的，是最小的项集，使得：

（1）任何没有包含情境类的项在σ中是统一的。

（2）σ在σ中是统一的。

(3) 如果 g 是一个不是 do 和 S_0 的 n-元函数，且 $t_1,\cdots,t_n$ 在 σ 中是统一的项，σ 的情境适合 g，那么项 $g(t_1,\cdots,t_n)$ 在 σ 中是统一的。

$L_{sitcalc}$ 的公式在 σ 中是统一的，是最小公式集，使得：

(1) 如果 t_1 和 t_2 是同一类对象或行动的项，且都在 σ 中是统一的，那么公式 $t_1=t_2$ 在 σ 中是统一的。

(2) 当 P 是一个不是 $Poss$ 和 $\sqsubset$ 的 $L_{sitcalc}$ 的 n-元谓词符号，且 t_1，$\cdots$，t_n 在 σ 中是统一的项，σ 的情境适合 P，那么公式 $P(t_1,\cdots,t_n)$ 在 σ 中是统一的。

(3) 只要公式 U_1，U_2 在 σ 中是统一的，那么公式 $\neg U_1, U_1 \wedge U_2$ 和 $(\exists \nu)U_1$ 也在 σ 中是统一的，倘若 ν 是一个个体变元且不是情境类。

显然，统一性把公式限制在一阶公式中。

行动前提公理

$L_{sitcalc}$ 的一个行动前提公理具有以下形式：

> $Poss(A(x_1,\cdots,x_n),s)\equiv\Pi_A(x_1,\cdots,x_n,s)$，其中 A 是一个 n-元行动函数符号，$\Pi_A(x_1,\cdots,x_n,s)$ 是一个在 s 中统一的公式，且自由变元在 $x_1,\cdots,x_n,s$ 中。

此处的统一性要求 Π_A 确保可执行动作 $A(x_1,\cdots,x_n)$ 的前提条件是由当前的情境 s 确定的，而不是其他的情境。

后继状态公理

(1) 对于一个 $(n+1)$-元关系流 F 的后继状态公理是具有以下形式的 $L_{sitcalc}$ 语句：

$$F(x_1,\cdots,x_n,do(a,s))\equiv\Phi_F(x_1,\cdots,x_n,a,s)$$

其中 $\Phi_F(x_1,\cdots,x_n,a,s)$ 是在 s 中统一的公式，自由变元在 $x_1,\cdots,x_n,a,s$ 中。

(2) 对于一个 $(n+1)$-元函数流 f 的后继状态公理是具有以下形式的 $L_{sitcalc}$ 语句：

$$f(x_1,\cdots,x_n,do(a,s))=y\equiv\Phi_f(x_1,\cdots,x_n,y,a,s)$$

其中 $\Phi_f(x_1,\cdots,x_n,a,s)$ 是在 s 中统一的公式，自由变元在 $x_1,\cdots,x_n,y,a,s$ 中。

类似地，$\Phi_F(\Phi_f)$ 的统一性确保 F (f) 在后继状态 $do(a,s)$ 中的真值是由 s 情境决定的。

基本行动理论

$L_{sitcalc}$ 的基本行动理论 $\mathcal{D}$ 具有以下形式的公式集，且具有函数流一致属性（functional fluent consistency property）：

$$\mathcal{D}=\Sigma\cup\mathcal{D}_{ss}\cup\mathcal{D}_{ap}\cup\mathcal{D}_{una}\cup\mathcal{D}_{S_0}$$

如果 $\mathcal{D}_{ss}$ 中的后继状态公理的函数流 f 是

$$f(\vec{x},do(a,s))=y\equiv\phi_f(\vec{x},y,a,s)$$

那么

$$\mathcal{D}_{una}\cup\mathcal{D}_{S_0}(\forall\vec{x})(\exists y)\phi_f(\vec{x},y,a,s)\wedge[(\forall y,y')\phi_f(\vec{x},y,a,s)\wedge\phi_f(\vec{x},y',a,s)\rightarrow y=y']$$

其中：

Σ是情境的基础公理。

$\mathcal{D}_{ss}$是 $L_{sitcalc}$ 语言的函数流以及关系流的后继公理集。

$\mathcal{D}_{ap}$是 $L_{sitcalc}$ 语言的行动函数符号的行动前提公理集。

$\mathcal{D}_{una}$是 $L_{sitcalc}$ 语言的所有行动函数的唯一名称公理集。

$\mathcal{D}_{S_0}$是在 σ 中统一的一阶语句集。

4. 情境演算的元理论

相对可满足性

基本行动理论 $\mathcal{D}$ 是可满足的当且仅当 $\mathcal{D}_{una}\cup\mathcal{D}_{S_0}$ 是可满足的。

可回归公式

$L_{sitcalc}$ 的公式 α 是可回归的（regressable）当且仅当

（1）对于 $n\geqslant 0$，α 所提及的类情境的项具有这样的句法形式 $do([a_1,\cdots,a_n])$，其中 a_1，…，a_n 是类情境的项。

（2）对于某些 $L_{sitcalc}$ 中的 n-元行动函数符号 A，α 所提及的形如 $Poss$（a，σ)的每一个原子，a 的形式为 $A(t_1,\cdots,t_n)$。

（3）α 不是情境上的量化。

（4）α 没有提及谓词符号$\sqsubset$，也没有提及任何等值原子 $\sigma=\sigma'$，σ，σ'是类情境的项。

α 是 $L_{sitcalc}$ 中的一个可回归语句，不含函数流，$\mathcal{D}$ 是基本行动理论，那么

$$\mathcal{D}\models\alpha\Leftrightarrow\mathcal{D}_{una}\cup\mathcal{D}_{S_0}\models R[\alpha]$$

二、情境演算与认知逻辑的比较分析

情境演算与认知逻辑之间有着紧密的联系，特别是动态认知逻辑的发展，二者殊途同归。范丙申特意写了一篇文章对它们进行了一番大致的比较，对情境演算与模态逻辑之间的联系和差别给出了一个整体的把握。①

① J. van Benthem. Situation Calculus Meets Modal Logic（second draft). https：//eprints. illc. uva. nl/id/eprint/238/1/PP-2007-04. text. pdf.

这部分就是在范丙申的基础上做进一步的细化工作，主要从可能世界与情境、可及关系和流之间做一个比较分析。

动态认知逻辑的一个目的就是要克服经典认知逻辑的局限性，经典认知逻辑刻画的是永真，没有偶然性，没有例外，无法更新信息，等等。① 换句话说，动态认知逻辑需要刻画的是一个变化的而不是静态的（知识、信念）世界，认知主体在其中可以增加新的信息，删除不一致的信息。这一点和情境演算的目的是一样的。为了刻画变化的世界，二者都同时使用了动作。在动态认知逻辑看来，实施某一动作之后该命题为真，而在情境演算看来，实施某一动作之后产生了新的情境。那么在形式上，二者有所区别。在动态认知逻辑中，公开宣告行动表示为：

$$M,s\models[!P]\phi\Leftrightarrow M|P,s\models\phi$$

而在情境演算中则表示为 $do(a,s)$。显然，动作在前者中是一个算子，而在后者中是一个公式中的项。

为了避免第一代认知逻辑的局限性，自然就需要多样的逻辑后承，以前经典的逻辑后承不足以完成这一使命。经典的逻辑后承，即从前提集 P 到结论 C 的经典后承（*classical consequence*）是说 P 的所有模型都是 C 的模型。② 这也就是我们常说的演绎后承，所有的结论都包含在前提集中。

正因为这一点，人们通常认为演绎产生不了新知识，但是有助于阐明知识。经典后承在问题求解和规划中有些力不从心，因此麦卡锡提出限定后承。从前提集 P 到结论 C 的限定后承（circumscriptive consequence）是说在 P 的所有极小模型中 C 为真。③ 这一思想发源于 1977 年的一篇文章④，之后，1980 年的《限定：非单调推理的一种形式》，以及 1986 年的《常识形式化中的限定应用》（“Applications of Circumscription to Formalizing Common Sense Knowledge”）对之有详细阐释。⑤ 限定后承不同于缺省推理，可以在经典逻辑的语言中直接形式化。限定就是一种极小化的形式，通过对谓词常元、个体域等进行限制，使得它们的外延最小而不使

① 在辛提卡看来，动态认知逻辑是第二代系统，经典认知逻辑是第一代系统。

② J. van Benthem. Situation Calculus Meets Modal Logic (second draft). https: //eprints. illc. uva. nl/id/eprint/238/1/PP - 2007 - 04. text. pdf.

③ 同②.

④ J. McCarthy. Epistemological Problems of Artificial Intelligence. *Proceedings of the 5th International Joint Conference on Artificial Intelligence*. Cambridge, Mass., 1977: 1038 - 1044.

⑤ 限定逻辑的概述，可以参见张清宇．逻辑哲学九章．南京：江苏人民出版社，2004：450 -471。

系统产生矛盾。显然，动态认知逻辑也是类似的。动态认知逻辑的公式 $[!P]\ B_i\phi$ 就是类似于从前提 P 到结论 ϕ 的限定推理，即：

$$[!P]B_i\phi \leftrightarrow P \rightarrow B_i([!P]\phi \mid P)$$

这二者之间的相似性意味着有可能一个系统在另一个系统中得到表达。而这一工作由范·迪特马希（H. van Ditmarsch）、赫齐格（A. Herzig）和德·利马（T. de Lima）完成。他们认为赖特型的行动理论可以在动态认知逻辑中得以刻画。① 为了情境演算能够在动态认知逻辑中得到刻画，就需要一个翻译函数，他们给出了下面这个定义②：

如果行动描述 $D=\langle Poss, Eff^+, Eff^-, \gamma^+, \gamma^-\rangle$ 使得：

$Poss: A \rightarrow \mathcal{L}_{EL_N^C}$ 给每一个行动指派一个公式，这个公式描述了行动的可执行前提；

$Eff^+: A \rightarrow \wp(P)$ 给每一个行动指派一个可能正效应的有穷集；

$Eff^-: A \rightarrow \wp(P)$ 给每一个行动指派一个可能负效应的有穷集；

γ^+ 是一函数族 $\gamma^+(a): Eff^+(a) \rightarrow \mathcal{L}_{EL_N^C}$。因此，它给每一个有序对（$a$，$p$）指派一个公式，该公式描述了行动 a 使得 p 为真的前提；且 γ^- 是一函数族 $\gamma^-(a): Eff^-(a) \rightarrow \mathcal{L}_{EL_N^C}$。因此，它给每一个有序对（$a$，$p$）指派一个公式，该公式描述了行动 a 使得 p 为假的前提。

那么从 $\mathcal{L}_D$ 到 $\mathcal{L}_{DEL_N^C}$ 的公式翻译 δ_D 定义如下：

$$\delta_D(p)=p$$

$$\delta_D(\neg\varphi)=\neg\delta_D(\varphi)$$

$$\delta_D(\varphi\wedge\psi)=\delta_D(\varphi)\wedge\delta_D(\Psi)$$

$$\delta_D(K_i\varphi)=K_i(\delta_D(\varphi))$$

$$\delta_D([a]\varphi)=[!Poss(a)][\sigma_a]\delta_D(\varphi)$$

其中 σ_a 是一个复杂赋值：

$$\{p:=\gamma^+(a,p)\vee p \mid p\in Eff^+(a) \text{且} p\notin Eff^-(a)\}\cup$$

$$\{p:=\neg\gamma^-(a,p)\wedge p \mid p\notin Eff^+(a) \text{且} p\in Eff^-(a)\}\cup$$

$$\{p:=\gamma^+(a,p)\vee(\neg\gamma^-(a,p)\wedge p) \mid p\in Eff^+(a)\cap p\in Eff^-(a)\}$$

① H. van Ditmarsch，A. Herzig，T. de Lima. *Optimal Regression for Reasoning about Knowledge and Actions* (long version). Available at：http：//www. irit. fr/～ Tiago. Santosdelima/publications/optimal. html.

② 同①.

有了翻译函数，范·迪特马希、赫齐格和德·利马给出了下面这个命题：

令 D 是赖特型的行动描述，且 $\varphi \in \mathcal{L}_D$，那么有 φ 是 D 可满足的当且仅当 $\delta_D(\varphi)$ 是 DEL_N^C 可满足的。①

从这个命题可以看出动态认知逻辑和情境演算之间的表达力是一致的。但这并不意味着二者完全相同，它们在表现手段上还是有一些差别的。这主要表现在二者对世界刻画的方式不同。动态认知逻辑考察的是命题，而关键的语义工具还是可能世界；情境演算考察的是事件，事件具有主体和对象。情境和可能世界之间的考察更多的是基于哲学层面上的思考。②

可贾国恒认为可能世界具有以下四个特点：第一，穷尽可能性。它要求考虑世界可能呈现的所有状态，穷尽一切可能性。第二，排斥性。这是指不同可能世界在时空上不相交。第三，层次性。第四，绝对良构性。③

其实这是从两个层面来考虑的：一个是从认识论层面，即穷尽所有的逻辑可能性；另一个是从数学角度，即集合论这个层面来考虑的。重要的是第一个层面，我们已经知道逻辑可能和认知可能有很大的区别，即是否含有主体问题。很明显，一个主体的认知不可能涉及所有的逻辑可能世界，而只能涉及认知可能世界。而模态逻辑对于逻辑可能世界和认知可能世界却无法区分，“情境”的提出恰好可以弥补这一缺陷。麦卡锡提出情境演算的时候恰恰就是考虑了现实主体对于世界的相关性，认知主体所能涉及的世界其实是非常有限的。他认为变化的世界其实就是认知主体行动的结果，这个结果可以用情境来表示，这时世界就是一个行动的系列，或者说情境就是一个子历史。④ 后来巴威斯提出情境语义学的理由之一也是可能世界不能很好地刻画人们的认知世界。

---

① H. van Ditmarsch, A. Herzig, T. de Lima. *Optimal Regression for Reasoning about Knowledge and Actions* (long version). Available at: http://www.irit.fr/~Tiago.Santosdelima/ publications/optimal.html.

② 对于情境和可能世界之间的详细讨论，可以参见贾国恒．模态逻辑可能世界与情境．学术研究，2007 (2)：40－44，159；贾国恒．情境语义学与可能世界语义学比较研究探析．自然辩证法研究，2006 (10)：27－30。

③ 贾国恒．模态逻辑可能世界与情境．学术研究，2007 (2)：40－41.

④ John McCarthy, Patrick J. Hayes. Some Philosophical Problems from the Standpoint of Artificial Intelligence. *Machine Intelligence*, 1969 (4).

情境和可能世界比较起来，显然有着不同的特点。贾国恒总结为五点：第一，时空性。情境都有特定的时空因素，即使时空因素有时没有明确表述出来，我们也不能从根本上忽视它的存在。第二，主体性。情境都是主体所处的或感知到的现实世界的部分。第三，排斥性。这是指相对于同一主体的不同情境在时空上不相交。第四，部分性。情境都是用来命名主体感到他们自己处于其中的那些现实世界的部分，主体获得信息或者主体之间的信息交换与现实世界的那些部分有关。第五，非绝对良构性。从上面总结的特点来看，情境概念一个最大的特点就是突出了认知主体在世界当中的主体支配地位，同时显现主体的受限性，即主体的认知能力要受时空等方面的约束。所以情境只是部分的、当下的世界。从这一层面来说，情境理论更符合人们的直觉。①

为什么情境理论更符合人们的直觉？这需要进一步地对如下关系做出说明，这就是世界与世界、情境与情境之间的关系。我们知道可能世界之间的可及关系纯粹就是一种代数关系，如自返关系：$\forall w, w'(wRw' \rightarrow w'Rw)$。在这个代数关系中，认知主体与世界没有任何的关系，这就导致如果两个世界有可及关系，那么认知主体对于这两个世界无法分辨。例如，两个世界是一个时间系列相邻的世界的话，那么主体对于这两个世界是无法分辨的，这是高度有悖于我们的直觉的。情境与情境之间的关系表现为从一个状态转向另一个状态的流关系。而流关系的值由后继状态公理决定，这事实上就是认知主体的选择动作执行之后的结果。例如：

$$broken(x, do(a, s)) \equiv (\exists r)\{a = drop(r, x) \wedge fragile(x, s)\} \vee$$
$$(\exists b)\{a = explode(b) \wedge nexto(b, x, s)\} \vee broken(x, s) \wedge \neg(\exists r) a = repair(r, x)$$

流关系 $broken$ 的值由情境 $do(a, s)$ 的后继状态公理所决定，也就是说，在 $do(a, s)$ 的后继情境中 x 将被打破，当且仅当存在一个认知主体 r 摔了 x 且 x 碎了；或者存在一个爆炸物 b 爆炸了，并且在这个情境中爆炸物 b 靠近 x；或者 x 在这个情境中已经是碎的且不存在一个认知主体 r 修复了 x。显然，这个流关系刻画了认知主体的主体性、部分性和时空性等。

可能世界之间的可及关系可以用流关系在情境演算中得到表达。如果我们使用流 K 来表示知识的属性，实际上表示的是知识所在情境之间的可及关系，如果流 K 表示的可及关系是自返、对称、传递、欧性等关系，

① 贾国恒．模态逻辑可能世界与情境．学术研究，2007（2）：42.

这就直接对应于相应的知识公理。

自返：$(\forall s)\mathcal{K}(s,s)$对应于$(\forall s)K(\phi,s)\rightarrow\phi[s]$

对称：$(\forall s,s')\mathcal{K}(s,s')\rightarrow\mathcal{K}(s',s)$对应于$(\forall s)\neg K(\phi,s)\rightarrow K(\neg K(\phi),s)$

传递：$(\forall s,s',s'')\mathcal{K}(s,s')\wedge\mathcal{K}(s',s'')\rightarrow\mathcal{K}(s,s'')$对应于$(\forall s)K(\phi,s)\rightarrow K(K(\phi),s)$

模态逻辑是在模型检测的表达力和计算复杂度之间寻找一个平衡，形式化越弱，计算能力越强。模态逻辑为情境演算提供一个精细的结构。

三、情境演算与逻辑全能

赖特使用情境演算来表示知识，这和辛提卡使用可能世界来表示知识不同，情境直接是作为系统中的词项，而可能世界在系统中是作为语义解释而出现的。使用情境来表示知识可以追溯到摩尔，但他认为情境可以看成模态逻辑的可能世界。赖特认为情境与可能世界是不同的，情境在情境演算中是一个项，可以直接通过引入一种合适的新的流 $\mathcal{K}$[①] 类似模态逻辑中的可及关系。[②] 在这里的流 $\mathcal{K}$ 表示的是认知主体知识状态之间的变化，表示为$\mathcal{K}(s,S_0)$，意思是主体在 S_0 情境中可能考虑情境集中的 s 情境。那么主体在 S_0 情境中知道 ϕ 可以表示为：$(\forall s)\mathcal{K}(s,S_0)\rightarrow\phi[s]$。[③] 也就是说，使用流 $\mathcal{K}$ 可以刻画知道，即主体在情境 s 中知道 ϕ 定义为[④]：

$$\mathrm{K}(\phi,s)=_{def}(\forall s)\mathcal{K}(s',s)\rightarrow\phi[s']。$$

例如，认知主体的知识正内省可以表示为：

$$(\forall s')[\mathcal{K}(s',S_0)\rightarrow\phi[s']]\rightarrow(\forall s')\mathcal{K}(s',S_0)\rightarrow(\forall s^*)\mathcal{K}(s^*,s')\rightarrow\phi[s^*]$$

显然，使用流 $\mathcal{K}$ 来表示知识的属性，实际上表示的是知识所在情境之间的可及关系。例如，情境 s 可及 s'，如果主体在 s 中相信（知道）某命题，那么他在 s 可及的 s' 中都相信（知道）这一命题。如前所述，如果流 $\mathcal{K}$ 表示的可及关系是自返、对称、传递、欧性等关系，这就直接对应于相应的知识公理。在这种对应关系下，认知逻辑以某种形式嵌入情境演算中，自然逻辑全能问题也同样产生。赖特已经知道这一问题，但是没有提出解决方案。他这样写道：

---

① 赖特使用的是 K，为了便于阅读且不与模态逻辑中的 K 相混淆，这里使用花体的 $\mathcal{K}$。

② R. Reiter. *Knowledge in Action: Logical Foundations for Specifying and Implementing Dynamical Systems*. Cambridge: The MIT Press, 2001: 284.

③ 同②286.

④ 原公式使用 Knows 来表示知道，这里改用 K，参见②290。

> 逻辑全能：认知主体知道她所知的全部逻辑后承。如果她知道 ϕ 且 ψ 是 ϕ 的逻辑后承，那么她知道 ψ。更准确地说，如果 $(\forall s)\phi(s)\rightarrow\psi(s)$ 是有效式，那么如果主体知道 ϕ，即 $(\forall s,s')(s',s)\rightarrow\phi[s']$，那么主体也知道 ψ，即 $(\forall s,s')\mathcal{K}(s',s)\rightarrow\psi[s']$。①

逻辑全能是认知主体知识的一个不现实的属性：谁能够知道皮亚诺算术的所有的逻辑后承？尽管这样，知识和信念几乎所有的形式化都有这一属性，我们只好忍受它。

四、情境演算的应用

1. 重述

赖特使用情境演算来表述知识信念时，把认知逻辑使用可及关系刻画知识信念的方式融入情境演算中来。这样做的好处就是能够维持人们对知识和信念属性公理的良好直觉，但同时把烦人的逻辑全能问题也一同捎上了。也就是说，赖特在情境演算中增加一个关系流来表示情境之间的关系，可以直接刻画知识信念属性公理。

那么是什么原因使得情境演算需要增加这个关系流？有一段话值得我们注意：

> 到目前为止，我们（隐含地）假定主体执行的动作仅仅影响主体的外在世界的状态。我们忽视了许多动态系统的根本的处理能力，特别是机器人和其他主体，能够主动感知到他们世界的各种属性，这样，就从他们的环境中获得新的信息。不像“普通的”行动如捡积木，感知动作对主体的外在世界没有效果。相反，他们影响的是观察着的精神状态；通过感知到墙的距离，机器人知道他离墙有多远。出于这个理由，这些常称为知识生产行动（knowledge-producing actions）。②

从这段话中，我们可以得知赖特有一个很强的本体论预设，那就是物理世界和精神世界的严格区分。如果我们把这两个世界看成平权的世界，抛开本体论预设，那么知识就可以看成知识生产行动得到的情境。如果这

---

① R. Reiter. *Knowledge in Action: Logical Foundations for Specifying and Implementing Dynamical Systems*. Cambridge: The MIT Press, 2001: 289.

② 同①.

是允许的话，那么我们就无须额外地增加关系流。知识是通过知识生产行动而获得的，而知识生产行动在形式系统中可以限定为推理规则，而初始知识可以限定为初始公理或前提集。

现在，我们可以保持情境演算，在系统中增加谓词符号 $K(B)$，以及相应的推理动作。例如分离规则的使用可以表示为 $do(mp, s(p, p\rightarrow q))$，其中 do 依然是二元函数，mp 是分离规则，$s(p, p\rightarrow q)$ 表示 s 情境的知识状态是 $(p, p\rightarrow q)$。mp 的行动前提公式为：

$$Poss(do(mp, s(p, p\rightarrow q))) \equiv \Pi_{do}(mp, s(p, p\rightarrow q))$$

很明显要执行 mp 分离规则，只有在 s 情境是 $(p, p\rightarrow q)$ 下才行。mp 的后继状态公式为 $F(q, do(mp, s(p, p\rightarrow q))) \equiv \Phi_F(q, mp, s(p, p\rightarrow q))$。

我们可以把经典命题逻辑系统融入情境演算中来，把初始公理作为初始情境，把推理规则看成推理动作。以证明 $A\rightarrow A$ 为例，我们来说明情境演算是如何运作的。在证明 $A\rightarrow A$ 时，需要用到两个公理和一个规则：

$$Axiom_1: A\rightarrow(B\rightarrow A)$$

$$Axiom_2: (A\rightarrow(B\rightarrow C))\rightarrow((A\rightarrow B)\rightarrow(A\rightarrow C))$$

$$mp: A, A\rightarrow B \Rightarrow B$$

证明：

(1) $A\rightarrow(A\rightarrow A)$

(2) $(A\rightarrow(A\rightarrow A))\rightarrow((A\rightarrow(A\rightarrow A))\rightarrow(A\rightarrow A))$

(3) $(A\rightarrow(A\rightarrow A))\rightarrow(A\rightarrow A)$

(4) $A\rightarrow A$

如果把公理模式的代入不看成规则，而是看成初始情境的话，那么，在情境演算中，这个公式的证明过程可以看成在初始情境上连续使用两次分离规则 mp 而得到的结果。可以用下面的形式来表示：

$$do(mp, do(mp, S_0(Axiom_1, Axiom_2)))$$

那么这个动作的后继公式应为：

$$F(A\rightarrow A, do(mp, do(mp, S_0(Axiom_1, Axiom_2)))) \equiv \Phi_{do}(A\rightarrow A, mp, do(mp, S_0(Axiom_1, Axiom_2)))$$

如果在推理过程中加入认知主体参数，那么这个认知主体具有一定程度的理想化，即在推理过程中，认知主体能够记住初始情境以及由初始情境使用推理规则而获得的情境，同时预设了认知主体在使用推理规则时能够正确使用。这个理想化是合理的，因为现实生活中存在这样的群体，如科学家共同体。

2. 一个示例

从上面的分析可知，认知逻辑系统的初始公理以及推理规则可以转化到情境演算中。

本书采用信念 KD45 系统。

公理

K：$K_i(\alpha\rightarrow\beta)\rightarrow(K_i\alpha\rightarrow K_i\beta)$

D：$K_i\alpha\rightarrow\neg K_i\neg\alpha$

4：$K_i\alpha\rightarrow K_iK_i\alpha$

5：$\neg K_i\alpha\rightarrow K_i\neg K_i\alpha$

推理规则

$mp: p, p\rightarrow q\Rightarrow q$

$nec: p\Rightarrow\ \vdash B_ip$

我们约定，公理和获得的新信息（无须使用推理规则）直接看成初始情境，记为 $S_0(\ )$，推理规则看成动作。

mp 和 nec 动作的前提公式以及后继公式分别如下：

（1）$Poss(do(mp, s(p, p\rightarrow q)))\equiv\Pi_{do}(mp, s(p, p\rightarrow q))$

（2）$F(q, do(mp, s(p, p\rightarrow q)))\equiv\Phi_{do}(mp, s(p, p\rightarrow q))$

（3）$Poss(do(nec, s(p)))\equiv\Pi_{do}(nec, s(p))$

（4）$F(B_ip, do(nec, s(p)))\equiv\Phi_{do}(nec, s(p))$

为了便于讨论，我们干脆把自然演绎系统的初始规则都拿来使用。

（1）（ref）$A\vdash A$

（2）（+）如果$\Sigma\vdash A$，则Σ，$\Sigma'\vdash A$。

（3）（$\neg_-$）如果Σ，$\neg A\vdash B$，Σ，$\neg A\vdash\neg B$，则$\Sigma\vdash A$。

（4）（$\rightarrow_-$）如果$\Sigma\vdash A$，$\Sigma\vdash A\rightarrow B$，则$\Sigma\vdash B$。

（5）（$\rightarrow_+$）如果Σ，$A\vdash B$，则$\Sigma\vdash A\rightarrow B$。

其他的规则如：$\wedge_-$，$\wedge_+$，$\vee_-$，$\vee_+$，在这里就不一一表述，同时也不把这些推理动作的前提条件公式以及后继公式一一列出。

现在以范·迪特马希的一个例子来说明认知逻辑嵌入情境演算是如何运作的。①

安妮从梅花、红心和黑桃三张牌中抽取一张。假设她抽取的是梅

① H. van Ditmarsch，W. van der Hoek，B. Kooi. Playing Cards with Hintikka：An Introduction to Dynamic Epistemic Logic Austral. *Journal of Logic*，2005（3）：108－134.

花——但是没有看牌；然后从剩下的牌中抽取一张放回到扑克牌中，假设是红心；且剩下的牌放在桌上（面朝下）。这一定是黑桃。现在安妮看她的牌。

试问：如果安妮是一个理性主体，那么她会相信什么？我们可以分析如下：在初始阶段，她相信这儿有梅花、红心和黑桃三张牌。在她抽取一张牌而没有看牌时，她可以相信她抽取的牌或者是梅花，或者是红心，或者是黑桃。在从剩下的牌中抽取一张放回到扑克牌中且剩下的牌放在桌上（面朝下）时，她可能相信下面的组合：

$$\clubsuit_a\heartsuit_p\spadesuit_t, \clubsuit_a\spadesuit_p\heartsuit_t, \heartsuit_a\spadesuit_p\clubsuit_t, \heartsuit_a\clubsuit_p\spadesuit_t, \spadesuit_a\heartsuit_p\clubsuit_t, \spadesuit_a\clubsuit_p\heartsuit_t$$

现在，她知道自己的牌是梅花。那么，放回扑克中的以及桌上的牌可能是：

$$\heartsuit_p\spadesuit_t, \spadesuit_p\heartsuit_t$$

这个认知分析可以用认知逻辑表示如下：

(1) $B_a((\clubsuit_a \rightarrow \neg(\heartsuit_a \vee \spadesuit_a)) \wedge (\heartsuit_a \rightarrow \neg(\clubsuit_a \vee \spadesuit_a)) \wedge (\spadesuit_a \rightarrow \neg(\clubsuit_a \vee \heartsuit_a)))$

(2) $B_a(\clubsuit_a)$

(3) $B_a(\clubsuit_a \rightarrow \neg(\heartsuit_a \vee \spadesuit_a))$

(4) $B_a \neg(\heartsuit_a \vee \spadesuit_a)$

(5) $B_a(\clubsuit_a) \wedge B_a \neg(\heartsuit_a \vee \spadesuit_a)$

这个认知逻辑形式表述，如果把前面两条看成初始情境，可以用下面的情境演算来表述：$do(\wedge_+, do(mp, do(\wedge_-, S_0)))$。

从这个示例，我们可以看出情境演算对于认知主体的信念及其推理模式能够很好地刻画。这里设定了认知主体的信念是从初始情境中的信念有穷使用推理规则之后获得的。如果信息是直接从外在世界获得的，而不是认知主体使用推理规则而得到的，那么这些信息可视为初始。新信息如果与认知主体的信念集中的某一信念相冲突，那就需要依次从两方面来考虑：新信息在信念系统中如果会推出矛盾，那么把新信息排除；否则，新信息与信念集中的相矛盾的信念需要寻找新的证据来支持或反对。从这一角度来看，情境演算的确充分表述了信念的动态化。

单独把情境作为一章来考察，主要是基于情境比可能世界更符合事实，更符合人们的直觉。情境给我们提供了一个很好的工具。我们可以把公理和推理规则的组合看成认知主体对公理和推理规则的选择，也就是说，这时认知主体对公理和规则进行选择使用。这样每个认知主体的推理能力随着情境的变化而变化，而不是所有的认知主体的推理能力都是一样。由此逻辑全能问题在情境中就避免了。当然从一种非常弱的意义上，每一个情境集对认知主体来说也是一个逻辑全能。但从这一个角度来看，这恰恰就避免了逻辑无能，每一个认知主体在他的有限资源内是可以得到他所能够得到的东西的。

第六章　逻辑全能问题的哲学和方法论反思

我们对形式系统中的逻辑全能问题有了一个比较全面的阐述。而在非形式哲学讨论中，逻辑全能问题的哲学表现形式——认知封闭原则，不时地困扰着人们。本章拟在全能问题研究背景下来分析一些相关哲学问题，例如，克里普克的信念之谜，认知悖论，卡罗尔疑难，怀疑论疑难。这些问题的分析，有助于我们进一步理解逻辑全能研究的价值与发展方向。

第一节　认知封闭原则

封闭是集合论中的术语，说一个集合是封闭的，指的是在给定的某一运算或R关系下，对于任意的x，如果x是集合中的元素，且x通过给定的某一运算得到y，或x和y有R关系，那么y也是集合中的元素。例如：自然数集N对加法运算是封闭的，3+3=6，6依然是自然数集的元素；而自然数集N对减法不是封闭的，因为3－6=－3，但－3不属于自然数集N。我们知道我们的知识可以通过逻辑推理来扩充，那么我们的知识是不是在逻辑推理规则下封闭的？换句话说，知识集是不是一个封闭集，即认知封闭原则是否成立？

我们大多数人认为，如果接受根据我们所知道的通过（逻辑）推演出来的东西，那么就可以可靠地扩大知识库。大致说来，我们所知道的知识集是在（逻辑）蕴涵下封闭集，即如果我们所知道的是正确的认识，那么我们就能够接受遵循逻辑推演而得到的知识。当然，这并不是说扩充我们知识的方式仅仅是承认并接受从我们已经知道的通过逻辑推演而获得的知识。显然获得知识有更多的方式。例如，在适当的情况下我们可以向他人学习而获得知识。更重要的是，当我们认为我们知道一些命题是真的，那么我们遵循逻辑推演就能够知道推演出来的命题也是真的。这似乎是合理的，不过一些学者否认知识在蕴涵下的封闭。因而在认识论中一个最重要的争论话题就是认知封闭原则，而经常讨论的就是知识是不是在蕴涵下封闭的。可见我们在讨论认知封闭原则的时候，其实是在讨论知识这个概念。在这里我们遵循这一传统的方法。认知封闭原则通常有两个经典的范式：一个是蕴涵下的认知封闭原则，另一个是知道蕴涵下的认知封闭原则。后者是前者的强化，增加了知道蕴涵命题。我们以这两个范式为蓝本，同时讨论它们和认知逻辑中的逻辑全能问题的关联。

一、蕴涵下的认知封闭原则

封闭是集合的属性，如集合中的真命题在蕴涵关系下是封闭的，因为真命题蕴涵的真命题依然在集合中，而假命题有时候也会蕴涵真命题也可蕴涵假命题，但是假命题不会出现在集合中，因而假命题不是在蕴涵关系下封闭。而知识是定义为证成的真信念，所以知识就是真命题。一个类似的想法就是，知识是不是也是蕴涵下的封闭？

一个素朴的认知封闭原则认为知识是在蕴涵下封闭的。

ECP1：如果认知主体 i 知道 p，并且 p 蕴涵 q，那么认知主体 i 也知道 q。

显然，这个原则说的是认知主体如果知道一个命题 p，而该命题 p 蕴涵另一个命题 q，那么这个认知主体也就知道命题 q。逻辑蕴涵是演绎论证的一种形式，从前提的真可以确保结论的真：如果 p 是真的并且 p 蕴涵 q 是真的，那么 q 也是真的。如果从语形角度来说，就是系统中的初始规则——分离规则。这个原则显然是有别于分离规则，且不符合人们的直觉，现实中会遇到很多的反例。即人们可以知道命题 p，但是不一定知道 p 蕴涵 q，因而不一定知道命题 q，因而从前提的真却得到结论的假。例如数学知识，一个数学命题可能会蕴涵很多的数学命题，人们可以知道这个数学命题，但是不可能全部知道这个命题所蕴涵的全部命题，因而现实的认知主体是不可能完全知道这些所蕴涵的数学知识的。**ECP1** 虽然不为大家接受，但是人们对其进行修改，以便更符合人们的直觉。这样的修改通常有以下两个版本。

ECP2：如果认知主体 i 知道 p，并且相信 p 蕴涵 q，那么认知主体 i 也知道 q。

ECP3：如果认知主体 i 知道 p，并且 p 蕴涵 q 得到证成，那么认知主体 i 也知道 q。

上述两个原则依然无法逃脱既有的反例，同时还增加了一些概念，如相信、证成，而这些概念本身就存在不清楚的地方，用不清楚的概念来阐释另外一个概念肯定是有问题的。例如，我知道现在窗外是阳光明媚，而我相信在阳光明媚的环境中鸟儿叫得欢，但是现在的鸟儿并没有叫得欢，所以我知道现在窗外的鸟儿叫得欢并不为真。再如，我知道西塞罗是一个演讲家，而托利就是西塞罗得到证成，但是如果我不知道托利就是西塞罗，那么我就依然不会知道托利也是一个演讲家。这样的修改方案想从蕴涵命题的真来确保后承的真，但是蕴涵命题的真显然无法担保后承的真。因而这样的修改方案于事无补。因为蕴涵命题的真与认知主体没有关联起来，人们可以知道 p，但是不知道 p 蕴涵 q，即使 p 蕴涵 q 是一个逻辑真，人们依然可能不知道 q。这一点也暗示了认知主体是一定需要知道蕴涵命题，才有可能知道其后承。这正是下文知道蕴涵下所讨论的认知封闭原则。

二、知道蕴涵下的认知封闭原则

蕴涵下的认知封闭原则高度有悖于人们的认知直觉，除了上述的修改方案之外，人们更倾向于下述知道蕴涵下的认知封闭方案。

ECP4：如果认知主体 i 知道 p，并且知道 p 蕴涵 q，那么认知主体 i 也知道 q。

然而，这个知道蕴涵下的认知封闭原则似乎无法逃离上述的反例。例如，我知道 $x=10$，并且我知道 $x+y=5$，但是我可能不知道 y 等于多少。这个在数学知识当中比比皆是，而蕴涵下的认知封闭原则无法解释这个现象。也就是说，认知主体 i 知道 p，并且知道 p 蕴涵 q，但是认知主体并不能从这两个前提中推出 q，可见认知主体 i 并不知道 q。同时该原则在怀疑论证中有着重要的作用。有名的论证就是“缸中之脑”：

(1) 如果我知道我有一双手，并且我知道我有一双手蕴涵我不会是缸中之脑，那么我知道我不是缸中之脑。

(2) 我不知道我不是缸中之脑。

(3) 我不知道我有一双手。

这样根据认知封闭原则，“缸中之脑”的论证为怀疑论提供了一个有力的论证，因为如果我们真的不知道自己是否就是一个缸中之脑，那么就意味着我们知道某些东西就可能只是一些虚幻的东西，如黑客帝国中的虚幻世界。那么，我们的知识何以可能？

有反例，说明这样的认知封闭原则还不够精细，但并不一定需要彻底否定该原则，增加一些限制，使得原则更逼近人们的直觉。下面的修改原则就是其中的一个。

ECP5：如果认知主体 i 知道 p，知道 p 蕴涵 q 并且相信 q，那么认知主体 i 也知道 q。

显然，这个原则是在 **ECP4** 的基础上增加认知主体相信 q，但是依然会遇到严重的问题。如蒙提霍尔问题（Monty Hall problem）：假设你正在参加一个游戏节目，你被要求在三扇门中选择一扇：其中一扇门后面有一辆车；其余两扇门后面则是山羊。你选择了一扇门，假设是一号门，然后知道门后面有什么的主持人开启了另一扇后面有山羊的门，假设是三号门。他然后问你："你想选择二号门吗？"问题是：换另一扇门是否会增加参赛者赢得汽车的概率？或者说，转换你的选择对你来说是一种优势吗？如果严格按照上述的条件，同时你知道贝叶斯定理是为真的，那么答案是会换门的话，赢得汽车的概率是 2/3。也就是说，你知道贝叶斯定理，而根据贝叶斯定理可知道应该换门，你也相信换另一扇门会增加赢得汽车的概率，但是你依然会觉得自己不知道应不应该换门。因而，**ECP5** 原则依然没有办法确保知识的真。

ECP6：如果认知主体 i 知道 p，知道 p 蕴涵 q，相信 q 并且相信 q 是使用分离规则从 Bp 和 B（$p \rightarrow q$）得到的，那么认知主体 i 也知道 q。

这个认知封闭原则增加了更多的限制，认知主体相信 q 是使用分离规则从 Bp 和 B（$p \rightarrow q$）得到的，也就是说 q 是正确使用逻辑推理规则而得到的。这里可以看到知识定义的影子，证成的真信念。使用逻辑推理得到的结论一般说来是可靠的，因而在逻辑算子下的封闭得到的知识应该是可靠的。但是，现在的问题是光有逻辑还不足以解决这些问题，而事实上存在这样的例子如"伪装的骡子"：我在动物园看到的是斑马，那么我知道我看到的不是伪装的骡子。事实上，这匹斑马有可能就是伪装的骡子。那么，这个认知过程完全吻合 **ECP6**，我知道我看到的东西，我知道我看到的东西所蕴涵的东西，同时我相信我看到的东西所蕴涵的东西是正确使用逻辑推理规则得到的，但是我得到的知识依然有可能是假的。对于这样一些案例的辩护，已经超出本文的讨论，故不在此深入讨论。

三、认知封闭原则和逻辑全能

通过上述章节对认知封闭原则和逻辑全能的讨论，我们可以清楚地看到二者之间的关联与区别。认知逻辑系统中刻画的认知主体是一个理想的主体，能够知道系统中的所有定理以及自身知识的所有逻辑后承，即是一个逻辑全能的理想主体。而认知封闭原则则是表达知识何以可能，即认知主体的知识获得原则，何以确保获得的是知识。显然二者的侧重点不一样，逻辑全能说的是认知主体获取知识的能力，首先预设了知识的属性，是建立在知识属性的基础上；而认知封闭原则并没有预设知识的属性，而是试图通过这个原则来阐释知识是什么，可以说认知封闭原则和知识这两个概念是互为说明。虽然二者的侧重点不一样，但是它们可以相互阐释。为了更好地理解这一点，我们首先需要把认知封闭原则用形式化的方式表达出来。

ECP1：如果认知主体 i 知道 p，并且 p 蕴涵 q，那么认知主体 i 也知道 q。

ECP1′：$K_ip \wedge (p \rightarrow q) \rightarrow K_iq$

ECP2：如果认知主体 i 知道 p，并且相信 p 蕴涵 q，那么认知主体 i 也知道 q。

ECP2′：$K_ip \wedge B_i(p \rightarrow q) \rightarrow K_iq$

ECP3：如果认知主体 i 知道 p，并且 p 蕴涵 q 得到证成，那么认知主体 i 也知道 q。

ECP3′：$K_ip \wedge J(p \rightarrow q) \rightarrow K_iq$

ECP4：如果认知主体 i 知道 p，并且知道 p 蕴涵 q，那么认知主体 i 也知道 q。

ECP4′：$K_ip \wedge K_i(p \rightarrow q) \rightarrow K_iq$

ECP5：如果认知主体 i 知道 p，知道 p 蕴涵 q 并且相信 q，那么认知主体 i 也知道 q。

ECP5′：$K_ip \wedge K_i(p \rightarrow q) \wedge B_iq \rightarrow K_iq$

ECP6：如果认知主体 i 知道 p，知道 p 蕴涵 q，相信 q 并且相信 q 是使用分离规则从 Bp 和 B（$p \rightarrow q$）得到的，那么认知主体 i 也知道 q。

ECP6′：$K_ip \wedge K_i(p \rightarrow q) \wedge B_iq \wedge B_i(B_ip, B_i(p \rightarrow q) \vdash B_iq) \rightarrow K_iq$

ECP1 的形式化表述就是我们在前面提到过的完全逻辑全能形式，所以无论是从认知主体的认知能力角度还是从知识的属性这个角度来说，都是不合适的。因为，一个现实的认知主体不可能知道自身知识的所有逻辑后承，而知识的获得显然是一个渐进的过程，不可能一个知识的所有逻辑后承一下都可以显现出来。从认知封闭原则来看，知识是封闭在逻辑运算下。这一点与逻辑全能是一致的，都是逻辑运算下的封闭。逻辑全能是系统中算子运算封闭的结果，而认知封闭原则说的是算子运算封闭下才有知识的可能。二者都强调封闭，结果侧重不同。而 **ECP2** 和 **ECP3** 对 **ECP1** 进行了限制，是一种强化，但是对于现实的认知主体或知识的属性来说依然过强。

ECP4 的形式化表述恰好就是认知逻辑系统中的基础公理，表达了公理系统对于知识概念的刻画，或者说系统预设了知识概念的属性。而这个基础公理在系统中被认为是逻辑全能主体的根本原因之一，即认知主体知道自身有某一知识，同时知道这一知识蕴涵另一知识，那么认知主体就知道这一知识的后承。这个基础公理其实就是预设了知识的属性，即认知封闭原则，而在认知逻辑系统中，这一原则刻画的认知主体是一个理想化的认知主体，不是现实的认知主体。这也显示出现实的认知主体对于知识的真和求真之间的差距。从这一点来看认知封闭原则和逻辑全能是一致的。同时有意思的就是根据这一公理，上述缸中之脑的论证，可以重新表述为：

（1）$K_ip \wedge K_i(p \rightarrow q) \rightarrow K_iq$

（2）$\neg K_iq \wedge K_i(p \rightarrow q) \rightarrow \neg K_ip$

（3）$\neg K_iq$

（4）$\neg K_ip$

可以得出认知逻辑系统中会存在一个逻辑无能主体，即什么都不会知道，那么就会陷入两难境地——既是逻辑全能主体又是逻辑无能的主体。同时我们可以看出，认知逻辑系统中出现的这些问题就反映了认知封闭原则并不是完全正确地表达了知识这一概念，而克服或避免这些问题就是重新表述认知封闭原则，以便更好地表述知识的属性。而这一点在对 **ECP4** 修改而得到 **ECP5** 和 **ECP6** 这两个认知封闭原则中得到了体现。如 **ECP6** 充分体现了知识的标准定义，即柏拉图的三分定义。

S 知道 p，当且仅当：

（1）S 相信 p；

（2）p 是真的；

（3）p 是得到了证成的，即从 S 自己的角度来看，p 是根据逻辑推理规则而获得的。

从 **ECP6** 所表达知识来看，**ECP6** 更加接近标准的知识定义，但是我们知道盖梯尔问题困扰着知识概念的定义，因而从这个角度来说，**ECP6** 认知封闭原则也是会有类似的问题，所获得的知识有可能不是真的。显然，对于认知封闭原则的讨论还有待于知识定义的清晰化，这已经超出本文的范围，故不做进一步讨论。

第二节　逻辑全能与信念之谜

一、信念之谜的缘起

弗雷格在讨论同一陈述问题时引进了涵义和指称之间的区分，认为专名是既有指称又有涵义，从而颠覆了密尔的指称理论，占据了名称理论的统治地位。弗雷格问道：为什么 $a=b$ 比 $a=a$ 能够提供更多的信息？他的解释是：a 和 b 有共同的指称，但是有着不同的涵义，所以信息内容不一样。他认为，不同的名称可以指向同一个对象，其涵义可以不同，而名称的指称是由名称的涵义所决定。但是在晦暗语境中，同一替代并不必然保持整个句子的真值。同一替代原则是说：如果 $a=b$ 且 $F(a)$，那么 $F(b)$。在晦暗语境中，同一替代原则明显失效。

（1）晨星是昏星。

（2）弗雷格相信晨星是在早上升起。

（3）因此，弗雷格相信昏星是在早上升起。

如果把 a 看成晨星，b 是昏星，则把“弗雷格相信……是在早上升起”看成谓词 F。当然，直接处理成谓词是一种粗暴的方法，但是这里无害于同一替代原则的使用，所以无须刻意表述命题态度语句的形式刻画。显然，这是一个同一替代原则的示例。从真前提使用同一替代原则而得到假的结论。弗雷格认为在晦暗语境中，“晨星”这时指称的并不是金星这个天体，而指称的是“晨星”所表达的涵义；“昏星”也是类似的情况。自然二者指称的不是同一个东西，并没有违反同一替代原则，而是在晦暗语境中没有满足这一原则，从而维持了同一替代原则的普适性。

在《命名与必然性》一书中，克里普克使用模态、语义和认知三大论证极力反对弗雷格发展出来的描述理论，试图恢复并完善密尔的指称理论，提出专名的因果历史命名理论。这一理论的提出得到了大部分人的认同，然而描述理论的忠实拥护者认为直接指称理论不能够很好地解释弗雷格的等同疑难问题，以及否定存在和空专名等问题。面对第一个问题，克里普克于 1979 年发表《信念之谜》一文，构造了一个不用同一替代的疑难，认为等同疑难问题不仅是直接指称理论所面对的问题，同时也是描述理论所要面对的问题。克里普克的论证表明弗雷格主义理论比密尔的理论更具有解释力的说法是不成立的。文中专门讨论了专名在信念语境中的用法，但其意义远远超过了晦暗语境中的同一替代问题，正如克里普克本人在文章的开篇所说："这个问题实际超出了专名在信念语境中的用法，到了更宽广的信念类。"① 把晦暗语境的讨论，如命题态度，再一次提到议事程序上来。正如叶闯所说："克里普克的信念之谜提出了关于信念，关于翻译，关于意义的认知等等方面的一个哲学的难题。这个难题不是一个技术问题，而关乎知识、意义等基本问题。"②

这个著名的疑难是一个思想实验，建立在说话者是正常的、真诚的、经过深思熟虑和不会混淆概念的假设之上。克里普克宣称了两个自明的一般性原则，这两个原则就是去引号原则（**DP**）和翻译原则（**TP**）。③

（**DP**）如果一个正常的英语说话者经过深思熟虑，真诚地赞同"p"，那么，他就相信 p。

其中 p 为英语语句，且替换 p 的语句不包含索引或指代成分以及歧义性，以免破坏该原则的直观性。这一原则设定了我们的语言交流是按照一种标准的方式来使用该语句中所有的语词，完全符合正确的句法规则。此处"经过深思熟虑"的限制用来确保说话者不会对语词意义的不够谨慎以及其他瞬间概念或语言上的混淆，从而可能会断定某种他并不真正要断定的东西，或者赞同有语言错误的语句。而"真诚地"则意在排除不诚实、装腔作势、讽刺等等。克里普克在去引号原则的基础上提出了它的强化形式④：一个正常的、并非沉默寡言的英语说话者经过深思熟虑、真诚地赞同"p"，当且仅当他相信 p。

（**TP**）如果一种语言中的一个句子在这种语言中为真，那么把它翻译

---

① S. Kripke. A Puzzle about Belief//N. Salmon，S. Soames（eds.）. *Proposition and Attitudes*. Oxford：Oxford University Press，1988：102.

② 叶闯．信念之谜弗雷格式解决的有效性分析．西南民族大学学报（人文社科版），2007（11）：123.

③ 同①112－119.

④ 同①112.

成另外一种语言同样在这种语言中也为真。

基于上述原则，就可以构造“信念之谜”了。假设皮埃尔是一个很普通的法国人，除了法语之外，他不会说别的语言。尽管他从没有离开过法国，但是在巴黎听说过伦敦很美丽。因此他断定：

(1) Londres est jolie.（伦敦是美丽的。）

皮埃尔这个真诚的表述，根据去引号原则可以断定：

(1′) 皮埃尔相信，伦敦是美丽的。

后来皮埃尔迁居到英国，定居伦敦，他通过日常接触学习英语，在观察周边的环境后，断定：

(2) London is not pretty.（伦敦不美丽。）

皮埃尔这个真诚的表述，根据去引号原则可以断定：

(2′) 皮埃尔相信，伦敦是不美丽的。

皮埃尔没有意识到他所居住的城市就是他在巴黎时所赞美的城市，他没有改变他最初有关“伦敦是美丽的城市”的信念。那么，根据“Londres”和“London”有同一指称，或者同一语义值，使用翻译原则可以得到皮埃尔相信伦敦是美丽的和他相信伦敦不美丽。因此，皮埃尔似乎有着明显的矛盾信念。这里采用索萨（D. Sosa）改写的一个非形式化的论证[①]：

(1) 皮埃尔是理性的。	前提
(2) 皮埃尔经过深思熟虑，断定“伦敦是美丽的 (Londres est jolie)”。	前提
(3) 皮埃尔经过深思熟虑，断定“伦敦是不美丽的 (London is not pretty)”。	前提
(4) 皮埃尔相信伦敦是美丽的 (Londres est jolie)。	(2)，DP
(5) 皮埃尔相信伦敦是美丽的 (London is pretty)。	(4)，TP
(6) 皮埃尔相信伦敦是不美丽的 (London is not pretty)。	(3)，DP
(7) 皮埃尔相信伦敦是美丽的并且皮埃尔相信伦敦是不美丽的。	(5)(6)，Conj.
(8) 如果皮埃尔相信伦敦是美丽的并且皮埃尔相信伦敦是不美丽的，那么皮埃尔有矛盾信念。	?

① D. Sosa. The Import of the Puzzle about Belief. *The Philosophical Review*，1996（3）：377 - 378.

(9) 皮埃尔有矛盾信念。 (7)(8)，M. P.

(10) 如果皮埃尔有矛盾信念，那么皮埃尔就是不理性的。 Analytic

(11) 皮埃尔不是理性的。 (9)(10)，M. P.

欧伟（D. E. Over）认为克里普克在这里误用了翻译原则。① 塔西科（W. Taschek）认为翻译原则可以看成同一替代原则的变形。② 这样以弗雷格的描述观点看来，恰恰就是回到了晦暗语境中的等同疑难，这不是一个真正疑难。但是，克里普克的第二个例子没有使用翻译原则，同样的疑难可以产生在同名的情况下。这就说明了，同一替换原则和翻译原则不是产生疑难的必要条件。当皮埃尔两次偶然遇到帕岱莱夫斯基，一次是在音乐大厅，另一次是在政治协商会上。他没有意识到他遇到的是同一个人，因此，他断定了两个不同的句子：

(1) 帕岱莱夫斯基有音乐天赋。

皮埃尔这个真诚的表述，根据去引号原则可以断定：

(1′) 皮埃尔相信，帕岱莱夫斯基有音乐天赋。

(2) 帕岱莱夫斯基没有音乐天赋。

皮埃尔这个真诚的表述，根据去引号原则可以断定：

(2′) 皮埃尔相信，帕岱莱夫斯基没有音乐天赋。

在两种情况中，我们被迫允许这个理性人有矛盾信念，因此，这个人不是理性人，疑难由此形成。

二、信念之谜的解答

克里普克认为这是一个真正的疑难，他认为没有一个合适的答案，他自己也没有提供一个解答。他首先分析了描述主义的一种解答方案。描述主义者会认为皮埃尔给“Londres”和“London”两个词不同的涵义，因此皮埃尔并没有相信矛盾的信念。然而克里普克说，即使两个词的涵义完全相同，也有可能产生信念之谜。可是涵义中又可能有专名，这就需要进一步给出专名的涵义，直到完全没有了专名，即“纯描述”，才可能停止信念之谜的产生。

索萨等学者认为信念之谜不是一个真正的谜，而只是错误地使用了一

① D. E. Over. On Kripke's Puzzle. *Mind*，1983 (92)：253.

② W. Taschek. Would a Fregean be Puzzled by Pierre?. *Mind*，1988 (97)：99-104.

些原则或前提的结果。[①] 过去，包括克里普克在内，人们一般认为去引号原则对于产生信念之谜是关键的，索萨的看法与此相反，他认为没有去引号原则在其中起作用，信念之谜也能产生。洛克是一个只说英语的正常人，从来没有离开过他居住的小镇——得克萨斯州的巴黎，他断定巴黎是不美丽的。同时他听说法国的巴黎是美丽的，他断定巴黎是美丽的。那么，洛克是相信巴黎是美丽的还是不相信呢？论证形式如下[②]：

(1)	洛克是理性的。	前提
(2)	洛克相信巴黎是美丽的。	前提
(3)	洛克相信巴黎是不美丽的。	前提
(4)	洛克相信巴黎是美丽的并且洛克相信巴黎是不美丽的。	(2)(3)，Conj.
(5)	如果洛克相信巴黎是美丽的并且洛克相信巴黎是不美丽的，那么洛克有矛盾信念。	?
(6)	洛克有矛盾信念。	(4)(5)，M. P.
(7)	如果洛克有矛盾信念，那么洛克就是不理性的。	Analytic
(8)	洛克不是理性的。	(6)(7)，M. P.

索萨本人就称之为“不成功的模拟”，因为在这里“巴黎”显然是有歧义的。为了避免这个疑难，我们需要新的原则。索萨给出了“H 原则”：

如果自然语言的一个名字有单一的指称，它才可以在逻辑上被单一的常项正确地表达。

H 原则是密尔主义者可接受的原则，与去引号原则、可代换原则都不直接相关。而信念之谜的产生都满足 H 原则，即在 H 原则下，认知主体有矛盾信念当且仅当认知主体的信念内容可以形式化地表述为“Fa”和“$\neg Fa$”。所以，克里普克的信念之谜最终是预设了密尔主义。对 H 原则的归谬实际上是对密尔主义的反驳。因为在弗雷格主义的观点来看，名称除了指称之外还有涵义，H 原则限制了指称的歧义，但是没有限制涵义的歧义，所以对 H 原则的归谬不会造成对弗雷格主义的归谬。而涵义

---

① D. Sosa. The Import of the Puzzle about Belief. *The Philosophical Review*，1996 (3)：373 - 402.

② 同①386.

的歧义恰恰可以解释信念之谜为何不成立。至此，索萨用迂回的策略重新使密尔主义的名称理论陷入困境。索萨在前面的论证中给（5）打了一个问号，也就是理性人的评定问题。换句话说，是对信念和信念属性的考察。

布兰顿（R. Brandom）从语言学的语用角度来区分去引号原则，从两个方面做出区分：

（1）信念的语言学的申明与信念的属性。

（2）相信者的表达式与报告者的表达式。

在这个区分的基础上，我们要区分断定、相信和声称相信：

（1）断言是"语言使用者和语言的说出方式之间的一种关系"。

（2）相信是"认知主体和状态或事态之间的一种关系"。

（3）声称相信是"比相信更弱的一种关系且以某种方式在断言中消失"。

因此，皮埃尔可以且必须断言"London 不同于 Londres"，这是从他前面的申明中得到的。但是他不相信这句话，他仅仅是声称相信这句话，因为他不知道这就是一个矛盾。一旦矛盾已经揭示（例如"London 不同于 Londres"），说话者认识到他自身仅仅是"声称相信 London 不同于 Londres"，对于同一座城市，他应该相信一个对象不可能不等同于自身。

与之相反，达米特（M. Dummett）认为人们可以拥有矛盾信念，当然不是没有条件的。如果矛盾是和不同的认知情景紧密相连而使得矛盾没有充满我们的整个信念系统，那么我们就可以拥有矛盾信念。在法语的认知语境中，伦敦是美丽的。在英语的认知语境中，伦敦是不美丽的。但是，我们讨论的是什么？我们仍然在讨论同一座城市。我们需要找到皮埃尔矛盾信念的属性，使得他没有直接的矛盾属性。这样必须避免皮埃尔相信 p 并且非 p 或者皮埃尔知道自己相信 p 并且不相信 p。我们要知道矛盾的关键：我们知道说话者知道自己说的是同一座城市，因此他卷入了矛盾之中。如果要解决这个疑难，我们必须让皮埃尔更新他的信念和改变他对伦敦的看法。然而，如果我们保持我们的信念封闭在某些认知语境中，我们可能会忽略矛盾在不同的语境中。克里普克疑难也是信念逻辑刻画信念属性和我们对信念的直观理解的疑难，很好地检验了逻辑对我们的直觉的合适性。换句话说，在信念逻辑中，矛盾信念的刻画如何恰当地表达了认知主体的矛盾信念。本书前面提到过两种形式，一种是强矛盾信念：$B_i(p \wedge \neg p)$；另一种形式是：$B_i p \wedge B_i \neg p$。后一种形式正是达米特所说的人们可以拥有矛盾信念的一种表述。其实第一种是非常强的，说的是认知主体相信的就是一对矛盾。而后一种，从旁观者的角度来说，认知主体拥有两个相互矛盾的信念，而认知主体可能没有发觉自己有矛盾的信念。从这一个层次上来看，克里普克疑难并没有构成一个真正的疑难，因为种种迹象表明皮埃尔并没有意识到或者知道自己有矛盾信念，只有当他知道自己既相信 p 又不相信 p（相信非 p）时，疑难才真正形成。

综上所述，克里普克的信念之谜仅仅从弗雷格的涵义上来理解是远远不够的，还需要更多地考虑信念本身的属性问题。下面我们将集中在认知角度来探讨克里普克信念之谜。

三、认知逻辑路径的解答

弗雷格疑难乃至克里普克的信念之谜可以成为检测名称理论的一个测试剂，但是仅仅依靠名称理论是不能够解决这些疑难的，还需要其他的条件，如充分考察晦暗语境本身的属性。我们在这里把晦暗语境局限在命题态度，如知道、相信等等。下面，我们先简单地考察一下内涵同一，之后重点分析命题态度。

对于内涵同一概念的形式化考察可以追溯到卡尔纳普，他在《意义和必然》一书中对弗雷格式的意义理论做出了形式化的最早尝试。弗雷格认为专名的涵义就是名称的涵义，而外延就是其所指称的对象；谓词的涵义是该谓词表达式所表达的意义，外延是概念；句子的涵义是命题，外延是真值。卡尔纳普使用外延内涵方法定义了表达式的内涵概念，是一个从索引的集合到表达式外延的函数。卡尔纳普把这些索引看成事态的集合，而克里普克把这些索引看成可能世界。显然，卡尔纳普的方法已经引入了可能世界语义学。弗雷格的意义理论可以相应地改写为卡尔纳普的内涵概念。专名的外延是个体，而内涵是一个从可能世界到个体的函项；谓词的外延是个体类，内涵是一个从可能世界到个体类的函项；句子的外延是真值，内涵是一个从可能世界到真值的函项。自然，专名的内涵就成为一个函数，从事态到个体的函数。函数不同，那么意义就不同。同一表达式在不同的语境中总是以相同的函数出现，不同表达式如有相同的函数则有相同的内涵，即使是在晦暗语境中如有相同内涵的就可以等值替换。

在描述主义者看来，克里普克的信念之谜可以用名称的意义理论得到解决。而这肯定不是充分条件，即使在名称不同而涵义同一的情况下，依然可以产生不一致的信念。例如：

(1) 洛克是理性的。 前提

(2) 洛克相信本瑟姆是荷兰人(Dutchman)。 前提

(3) 洛克相信本瑟姆不是荷兰人(Hollander)。 前提

(4) 洛克相信本瑟姆是荷兰人(Dutchman)并且洛克相信本瑟姆不是荷兰人(Hollander)。 (2)(3),Conj.

(5) 如果洛克相信本瑟姆不是荷兰人(Hollander)并且洛克相信本瑟姆是荷兰人(Dutchman),那么洛克有矛盾信念。 ?

(6) 洛克有矛盾信念。 (4)(5),M. P.

(7) 如果洛克有矛盾信念,那么洛克就是不理性的。 Analytic

(8) 洛克不是理性的。 (6)(7),M. P.

在这里我们改用通名“荷兰人”,免于名称理论的立场问题,因为二者都承认通名有意义。这主要是从密尔的理论来说,而克里普克是反对这一点的。同时这里和索萨一样没有采用去引号原则、翻译原则,这里可以视为以英语为单一语,便于阅读而转化成为中文,故不存在翻译原则的问题。疑难依然成立。从卡尔纳普的内涵概念来看,“荷兰人”是一个谓词,外延是一个个体类,内涵是从可能世界到个体类的函项。自然,可能世界可以界定在某一特定的时间点的现实世界,从而使得“Dutchman”和“Hollander”在这一特定的时间点的情景下是内涵同一的。从这个例子来看,涵义同一不是充分条件,还需要考虑其他的条件,如第 5 步的问号,这在索萨的例子中已经清楚地表示出来,但是没有展开讨论。实际上第 5 步涉及的信念自身的属性问题,在这里表现为两个信念的合取问题,由两个不一致信念是否可以推出一个矛盾信念。这个问题一推广就成了逻辑全能问题。从这里看来弗雷格疑难(晦暗语境)以及克里普克疑难都预设了全能主体。根据卡尔纳普的内涵概念,我们可以视“Dutchman”和“Hollander”为涵义同一的概念。洛克相信本瑟姆是荷兰人(Dutchman)是事实,同时洛克相信本瑟姆不是荷兰人(Hollander)也是事实。大家会一致认为洛克并不清楚“Dutchman”和“Hollander”是涵义同一的概念,这正是问题的关键。内涵同一不足以解决该疑难,需要更多地考虑信念本身的属性问题。这是一个很重要的问题。正如博伊尔勒和克雷斯韦尔

所说："命题态度问题在哲学上满意的解答必须考虑知识自身的本质问题。"①

命题态度通常被看成认知主体与命题态度的对象之间的关系。命题态度的对象在弗雷格看来就是 that 从句所表达的命题，而蒯因坚决反对这一点，而把 that 从句看成语句。在这里不打算对他们的争论做一番考察，同时这个差别不会影响下面的讨论。我在这里倾向于把 that 从句看成一个事态，是认知主体对于这个事态的一个心灵状态。命题态度语句如"弗雷格相信晨星是在早上升起"，一般具有形如"a Fs that P"这样一种形式，其中"a"是认知主体，"Fs"是命题态度词，"P"是 that 从句。显然，这只是从句子的语法结构，而不是逻辑形式上来说的。如果转换到逻辑形式，这就需要考虑命题态度的对象是什么。在绪论部分，我们已经提到"相信"形式化有命题、句法和语句三种方案。这些方案是基于晦暗语境中的同一替代问题，即同一替代原则是否普遍有效。蒯因认为，同一替代原则在晦暗语境中失效，其原因是 that 从句（晦暗语境句）缺乏指称透明性。而这和弗雷格不同，弗雷格认为在晦暗语境中，指称产生了变换，即指称的是涵义。对于指称透明性，蒯因这样写道：

> 指称透明性与句子结构有关；更确切地说，同单独词项或句子在单独词项或句子中的包含方式有关。我把一个包含方式 ϕ 称为指称透明的，倘若每当一个单独词项 t 在一个词或句子 $\phi(t)$ 中的出现是纯指称性的，蒯因认为，作为指称性位置的一个标准，同一性的可替换性对句子中的位置和单独词项都是有效的。则它在那个包含它的词或句子 $\phi(t)$ 中也总是纯指称性的。②

很明显，蒯因把同一替代原则看成指称透明的一个标准。信念语句可以处理成指称透明的或晦暗的，如果处理成为晦暗的，那么洛克和巴黎之间没有任何的关系；如果是透明的，那么洛克和巴黎之间有着直接的关系，即洛克认为巴黎是美丽的（不美丽的）。然而处理成透明性，"相信"的透明意义的奇特性在于，据此可以说洛克相信巴黎是美丽的并且洛克相信巴黎是不美丽的。蒯因强调说："这并不是我们这方面的自相矛盾，甚

---

① R. Bäuerle, M. J. Cresswell. Propositional Attitudes//D. M. Gabbay (ed.). *Handbook of Philosophical Logic*. Vol. 10. Dordrecht: Kluwer Academic Publishers, 2003: 137.

② 蒯因．语词和对象．北京：中国人民大学出版社，2005：160－161.

至也不是认知主体方面的自相矛盾”①。因为（a）洛克相信巴黎是美丽的并且洛克相信巴黎是不美丽的，与（b）洛克相信巴黎是美丽的并且巴黎是不美丽的，二者是有区别的。在这里我们已经看到逻辑全能问题的出现，或者说是对于认知封闭原则的考虑。蒯因进一步明确这一点，说道：

> 即使在“相信”的透明意义方面可以容许如此之多的奇特之处，但还有更多其他的地方是不能容许这种奇特性的。设“p”代表一个句子，用 δp 代表下面这个摹状词的缩略语：
>
> The number x such that((x=1)and p)or ((x=0)and not p)(使得((x=1)和 p)或((x=0)和非 p)的那个数 x)
>
> 我们可以假定，不论其拉丁文知识和乡土博爱心如何狭隘有限，渺小的汤姆的逻辑知识，仍足以使其相信一个具有“$\delta p=1$”形式的句子，当且仅当他相信“p”所代表的那个句子。但是如果是这样的话，我们就可以从“相信”的透明性证明他相信所有的东西。②

显然，蒯因在这里要说明一点，即使是同一替代原则保持有效，在命题态度语句中，重要的是主体的认知。可见，命题态度的对象是什么，对于一个命题态度语句来说，显得不太重要，更需要考虑的是命题态度本身的属性。对于这一点，我们可以用理查德疑难③来佐证。1983 年，理查德（M. Richard）在《直接指称和信念归属》（“Direct Reference and Ascriptions of Belief”）一文中提出，同一替代原则不在命题态度词的辖域中也会失效。假设莎莉正在和比尔打电话时看到窗外有台压路机正朝电话亭压过来。莎莉没有意识到电话亭中的人就是比尔。现在考虑莎莉的信念：

（1）我相信他（指向窗外的电话亭中的人）正处于危险之中。

（2）我相信你（电话中的比尔）正处于危险之中。

显然，莎莉将接受（1）而不接受（2）。莎莉试图引起电话亭中的那个人的注意，警告他正处于危险之中。她把头伸出窗外向他挥手，并且大声地叫喊。比尔看到有人向他挥手并且叫喊，相信那个向他挥手并且叫喊的人相信他正处于危险之中，但是没有认识到就是莎莉向他挥手叫喊。比尔在电话中向莎莉说：“那个向我挥手的人相信我正处于危险之中。”因

① 蒯因．语词和对象．北京：中国人民大学出版社，2005：165.

② 同①.

③ M. Richard. Direct Reference and Ascriptions of Belief. *Journal of Philosophical Logic*, 1983 (12): 425 - 452.

此，莎莉相信他所说的话，从而接受下面的语句：

(3) 朝你（在电话中对比尔说）挥手的那个人相信你（在电话中对比尔说）正处于危险之中。

现在的问题是，莎莉就是那个向比尔挥手的人，因此（2）和（3）似乎是把同一个信念归属到同一个人。这里（2）中的“我”与（3）中“朝你挥手的那个人”都是在相信的辖域之外，因而不存在指称的透明性问题，焦点自然就落在命题态度语句的本身属性的考察上。实际上，命题态度是刻画心智行动的，信念是行动的产品，指称、意义等都是在行动产品中得以存在。

现在，我们重新回到克里普克的信念之谜的疑难上来。如果皮埃尔是个全能主体，那么矛盾信念就产生了，即从“皮埃尔相信伦敦是美丽的并且皮埃尔相信伦敦是不美丽的”可以推出“皮埃尔相信伦敦是美丽的并且不是美丽的”。如果皮埃尔不是个全能主体，那么矛盾信念就没有产生，即从“皮埃尔相信伦敦是美丽的并且皮埃尔相信伦敦是不美丽的”没有推出“皮埃尔相信伦敦是美丽的并且不是美丽的”。在这里，我们把前者，即皮埃尔相信伦敦是美丽的并且皮埃尔相信伦敦是不美丽的，称为弱矛盾信念；把后者，即皮埃尔相信伦敦是美丽的并且不是美丽的，称为强矛盾信念，简称矛盾信念。对于全能主体，人们通常是不承认的。那么信念之谜只能算是个弱矛盾信念，而这是我们日常生活中所常见的，为人们所接受。可见，信念之谜不仅仅是关联名称理论，更多的是关注认知主体与认知对象之间的关系。这也正是信念之谜的价值所在。

我们可以用尼尔森（Michale Nelson）的一段话来作为本节的一个总结：

> 像弗雷格疑难一样，皮埃尔和帕岱莱夫斯基的克里普克疑难以及理查德疑难提供了更加丰富的数据，态度归属语句所有适当的解释都必须考虑。最终，这个解释必须适合人类互动的更为普遍的理论。人们交流他们的信念，当分享一个信念时达成一致，且信念在激发和解释行动中起到重要的作用。信念归属的任何解释都必须解释这些归属证明正确地反映这些作用。①

① Michael Nelson. Propositional Attitude Reports//Edward N. Zalta (ed.). *The Stanford Encyclopedia of Philosophy* (Spring 2019 Edition). URL = 〈https://plato.stanford.edu/archives/spr2019/entries/prop-attitude-reports/〉.

第三节　逻辑全能与认知悖论

一、认知悖论

认知悖论不同于我们常提到的语义悖论，它总是相对于一定的认知主体或某个认知系统而言的。语义悖论是和语义相关联，不涉及认知算子如知道、相信等概念。自然，认知悖论有着和其他悖论应有的共同点：其由以导出的背景知识都是日常进行合理思维的理性主体所能够普遍承认的公共知识或预设，而且均可通过现代语形学、语义学和语用学的研究，得到严格的塑述与刻画，其推导可达到无懈可击的逻辑严格性。①

认知悖论研究最早的文章通常认为是1948年奥康纳（D. O'Connor）的《语用悖论》（"Pragmatic Paradoxes"）一文。他在该文中提出了一个"突然演习问题"。经过多年的研究，这个问题以一种同构的方式出现了多种变体，其中比较有名的就是"意外考试疑难"和"绞刑疑难"。

一个老师宣布下一个星期将有一次意外考试。一个学生认为这是不可能的。因为课程在星期一、星期二和星期三。如果考试在星期三举行，那么在星期二我们就已经知道考试在星期三举行，这就不可能是一个意外考试。那么这样的考试能够在星期二举行吗？同样，这也是不可能的。因为我们已经知道了考试不会在星期三举行且知道星期一也没有考试，那么我们在星期一就知道考试在星期二举行，而这样的考试并不是意外考试。同样的分析可以得到意外考试在星期一也是不可能的。而结果是，老师在下周一就举行了考试，这大大出乎了学生的意料，从而又真正实现了意外考试。

"意外考试疑难"的出现，引起了许多学者的研究兴趣。蒯因、蒙太古、卡普兰和托马森等学者做了大量的建设性工作。② 索伦森对这个悖论有一段总结性的话，他说："这个疑难的解决依赖于更基本的认知悖论的

① 张建军．逻辑悖论研究引论．南京：南京大学出版社，2002：21.

② 详细讨论参见①193－221。

解决。例如，意外考试疑难有时被描述为俄罗斯套娃[①]；意外考试中的谜就是序言悖论；序言悖论中的谜就是摩尔悖论。……且这个疑难和一些非认知悖论相关联，如说谎者悖论和伪斯科特的有效性悖论。”[②]

卡普兰和蒙太古认为“意外考试疑难”可以改写成类似于说谎者悖论的形式，从而构造出说谎者的认知版本。

首先，可以把它改造成一个自指句：

或者考试在星期一举行，但是你在星期天不知道；或者考试在星期二举行，但是你在星期一不知道；或者考试在星期三举行，但是你在星期二不知道；或者这个宣告知道为假。

如果一个星期的天数归为零，那么“意外考试疑难”就等价于下面这个语句：

KC：本语句被知道为假语句。

显然，如果 KC 为真的话，那么它就被知道为假，即 KC 语句为假。如果 KC 为假的话，那么这正是 KC 所说的，那么它就是真的。这个语句可以用一种更加简洁的方式表达出来：

K：没有人知道本语句。

如果 K 语句为真，那么没有人知道这个语句。这个推理本身就构成了 K 的一个证明，从而一定有人知道这个语句，这正说明了 K 语句为假。如果 K 语句为假，那么没有人知道这个假语句，因为假命题是不知道的，即 K 语句是不被知道的，这正是 K 语句所说的，从而得出 K 语句是真。这个语句被称为知道者悖论。显然，“知道者悖论”可以看成“意外考试悖论”的一种特定形式，那么在解悖的方法上自然所有能处理知道者悖论的方案均可处理意外考试悖论，但反之不然。

认知悖论的另一个典型可知性悖论，起源于 1963 年费奇（F. Fitch）的一个定理证明。[③] 然而这个定理完全被人们忽视，直到哈特

---

① 俄罗斯套娃是俄罗斯特产木制玩具，圆柱形，底部平坦可以直立，由多个同样图案的空心木娃娃一个套一个组成。

② Rasmus Rendsvig, John Symons. Epistemic Logic//Edward N. Zalta (ed.). *The Stanford Encyclopedia of Philosophy* (Summer 2019 Edition). URL = 〈https://plato.stanford.edu/archives/sum2019/entries/logic-epistemic/〉.

③ F. Fitch. A Logical Analysis of Some Value Concepts. *Journal of Symbolic Logic*, 1963 (28): 135 - 142.

(H. D. Hart）和麦吉恩（C. McGinn）于 1976 年使用费奇的定理时才被重新发现。费奇的定理 5 是这样一种形式：$\vdash \neg\alpha(p\wedge\neg\alpha p)$，其中 p 为形式语言中的语句，α 为符合某些限制的算子。如果我们把 α 解释为“知道”，那么这个定理是说“p 并且不知道 p 这句话是不可知的”。这样费奇的定理宣称有些真命题是不可知的。这和我们日常接受的所有的真命题都是可知的可知性原则之间产生了不一致。或者换一种说法，就是如果真是可以知道的，那么这些真已经知道了。

可知性悖论：下面用形式化的语言来详细说明这一悖论。

初始原则：

A：$\forall p(p\rightarrow\Diamond Kp)$（可知性原则）

B：$\exists p(p\wedge\neg Kp)$（非全能原则）

推理规则：

R_1：$p\rightarrow q$，$p\vdash q$

R_2：$Kp\vdash p$

R_3：$p\wedge p\vdash p$

R_4：如果 $p\vdash q$，$p\vdash\neg q$，那么$\vdash\neg p$

R_5：$K(p\wedge p)\vdash Kp\wedge Kq$

R_6：如果 p，那么$\vdash\Box p$

R_7：$\Box\neg p\vdash\neg\Diamond p$

证明：

1. $p\wedge\neg Kp$	B 公理
2. $(p\wedge\neg Kp)\rightarrow\Diamond K(p\wedge\neg Kp)$	A 公理
3. $\Diamond K(p\wedge\neg Kp)$	1,2,R_1
4. $K(p\wedge\neg Kp)$	假设
5. $Kp\wedge K\neg Kp$	4,R_5
6. Kp	5,R_3
7. $\neg Kp$	5,R_3,R_2
8. $\neg K(p\wedge\neg Kp)$	4,6,7,R_4
9. $\Box\neg K(p\wedge\neg Kp)$	8,R_6
10. $\neg\Diamond K(p\wedge\neg Kp)$	9,R_7

这样 10 和 3 相矛盾，而这矛盾是从两个公理以及相应的推理规则出发，可见这也是严格的悖论。

可知性悖论的出现，引起许多学者的关注，纷纷对这个问题给出了解答。[①] 上面描述的悖论都是一种静态的，认知主体没有更新他的知识信念系统。而下面要描述的就是认知主体在更新他的知识信念系统时所出现的一些疑难，也称之为动态认知悖论。其实，这种疑难在柏拉图时代就已经在讨论。在柏拉图的《美诺篇》中，美诺向苏格拉底提出“研究何以可能”的诘难，其推论包含了一个认知悖论。苏格拉底对这个悖论做了明确的表述：“一个人既不能研究他所知道的东西，也不能研究他所不知道的东西，因为如果他所研究的是他所已经知道了的东西，他就没有必要去研究；而如果他所研究的是他所不知道的东西，他就不能去研究，因为他根本不知道他所要研究的是什么。”

睡美人问题是由德雷尔（Jamie Dreier）在 1999 年发表在 newsgrou-prec. puzzles 论坛上。睡美人是一个理想的推理者，她知道自己会吃一颗药丸导致有限的失忆，她知道她睡着后人们会随机地抛硬币。如果硬币正面朝上，她将在星期一被唤醒并且问：“硬币正面朝上的概率是多少?”并且不会告知是哪一天。如果硬币反面朝上，她将在星期一和星期二被唤醒，问同样的问题。失忆保证如果在星期二被唤醒她不记得星期一被唤醒过。那么她将回答是 1/2 还是 1/3?

索伦森把睡美人悖论改写成了意外考试悖论。[②] 睡美人得到通知：在星期天早上她将见证抛硬币。如果硬币正面朝上，她将在星期五考试。如果硬币反面朝上，没有考试发生，且她将在星期天晚上得到一片安眠药，使得她产生一个硬币正面朝上的伪记忆，这个伪记忆与真实的记忆无法分辨。

二、认知封闭原则与认知悖论

认知悖论的出现，许多人认为是由于在证明过程中使用了具有争议的认知封闭原则。那么问题就在于认知封闭原则是不是认知悖论的必要条件？我们将通过对知道者悖论的分析来回答这一问题。如前所述，蒙太古

① 详细讨论参见 J. L. Kvanvig. *The Knowability Paradox*. New York：Oxford University Press，2006；Berit Brogaard，Joe Salerno. Fitch's Paradox of Knowability//Edward N. Zalta (ed.). *The Stanford Encyclopedia of Philosophy* (Fall 2019 Edition). URL = 〈https：//plato. stanford. edu/archives/fall2019/entries/fitch-paradox/〉.

② Roy Sorensen. Epistemic Paradoxes//Edward N. Zalta (ed.). *The Stanford Encyclopedia of Philosophy* (Fall 2020 Edition). URL = 〈https：//plato. stanford. edu/archives/fall2020/entries/epistemic-paradoxes/〉.

和卡普兰于1960年构造了“知道者悖论”。[1] 在第三章中，“知道”处理成认知主体和语句之间的关系，如果忽视认知主体，那么“知道”就成为语句的一个属性，或者说，“知道”就是一个谓词。“知道 p”可以形式化表述为 K（$\ulcorner p \urcorner$），其中$\ulcorner p \urcorner$是语句 p 的名称。我们直观上需要“知道”的一些属性，并且我们能够接受这些属性，例如：

（1）知道 p 那么 p 成立。

（2）语句（1）是知道的。

（3）如果知道 p 并且 p 蕴涵 q，那么也知道 q。

第一条属性是没有争议的，这是知识的属性，即知道的东西是为真的。第二条是建立在第一条的基础上，知道知识的属性，即知道的东西是为真的，这一点是知道的。这两条都没有争议。关键是在第三条，这条就是蕴涵下的认知封闭原则，是最强的，而这常常为人们所拒斥。如果将上述三条属性形式化，知道者悖论就可以构造出来。

知道者悖论是建立在下面三条认知公理上[2]：

$S_1\ K_s(\ulcorner p \urcorner) \rightarrow p$

$S_2\ K_s(\ulcorner K_s(\ulcorner p \urcorner) \rightarrow p \urcorner)$

$S_3 [I(\ulcorner p \urcorner, \ulcorner p \urcorner) \wedge K_s(\ulcorner p \urcorner)] \rightarrow K_s(\ulcorner p \urcorner)$

其中的 I 是 $p \vdash q \Rightarrow I$（$\ulcorner p \urcorner$，$\ulcorner p \urcorner$）。这三个公理可以解读为：

（1）如果认知主体 s 知道 p，那么 p 成立。

（2）认知主体 s 知道（1）。

（3）如果 q 可以从 p 导出，且认知主体 s 知道 p，那么也知道 q。

公理（1）其实就是知识的真性公理，所知的公式都为真。对于公理（1）认知主体是知道的，这反映认知主体的自省能力，也是可以接受的。公理（3）就是认知封闭原则，是逻辑全能的表现形式。在上面三条公理的基础上，加上知道者语句 S_4：

$K_s(\ulcorner \neg p \urcorner) \leftrightarrow p$

为了证明的需要，上面的三个公理可以示例为：

$S_1'\ K_s(\ulcorner \neg p \urcorner) \rightarrow \neg p$

$S_2'\ K_s(\ulcorner K_s(\ulcorner \neg p \urcorner) \rightarrow \neg p \urcorner)$

---

① D. Kaplan, R. Montague. A Paradox Regained. *Notre Dame Journal of Formal Logic*, 1960 (3): 79－90.

② 同①88. 为了便于阅读，这里的符号做了修改。

S_3' $[I(\ulcorner K_s(\ulcorner\neg p\urcorner)\rightarrow\neg p\urcorner,\ulcorner\neg p\urcorner)\wedge K_s(\ulcorner K_s(\ulcorner\neg p\urcorner)\rightarrow\neg p\urcorner)]\rightarrow K_s(\ulcorner\neg p\urcorner)$

知道者悖论的证明如下①：

1. $S_1', S_4 \vdash \neg p$	命题逻辑
2. $\vdash S_4$	前提
3. $S_1' \vdash \neg p$	1,2
4. $\vdash I(\ulcorner K_s(\ulcorner\neg p\urcorner)\rightarrow\neg p\urcorner,\ulcorner\neg p\urcorner)$	3
5. $\vdash K_s(\ulcorner\neg p\urcorner)$	S_2', S_3',4
6. $S_2', S_3' \vdash K_s(\ulcorner\neg p\urcorner)$	4,5
7. $K_s(\ulcorner\neg p\urcorner) \vdash p$	2
8. $S_2', S_3' \vdash p$	6,7
9. $S_1', S_2', S_3' \vdash \bot$	3,8

这样，在三条公理基础上使用逻辑推理规则就证明了矛盾的存在。克洛斯（Charles B. Cross）认为，上面的 K 谓词的含义并不是很清楚，所以他定义为②：

$$K'(x) =_{def} \exists(K(y)\wedge I(y,x))$$

那么上面的三个公理可以相应地改写为：

S_1'' $K_s'(\ulcorner\neg p\urcorner)\rightarrow\neg p$

S_2'' $K_s'(\ulcorner K_s'(\ulcorner\neg p\urcorner)\rightarrow\neg p\urcorner)$

S_3'' $[I(\ulcorner K_s'(\ulcorner\neg p\urcorner)\rightarrow\neg p\urcorner,\ulcorner\neg p\urcorner)\wedge K_s'(\ulcorner K_s'(\ulcorner\neg p\urcorner)\rightarrow\neg p\urcorner)]\rightarrow K_s'(\ulcorner\neg p\urcorner)$

克洛斯认为，在 K' 的定义下，只需要公理 S_1'' 和 S_2''，不需要公理 S''_3，就可以得出矛盾，即 S''_1，$S''_2\bot$。因为关键在于在 K' 的定义下使用 I 定义可以推出公理 S''_3。据此，克洛斯认为知道者悖论可以不需要认知封闭原则就可以得到。

我不认同克洛斯的看法。我们看看克洛斯的 K' 的定义：

$$K'(x) =_{def} \exists(K(y)\wedge I(y,x))$$

显然，这里的知道定义为一个推理动作，这一点是可取的。同时我们要注意的是，认知主体知道某命题，是在主体正确无误地使用推理规则而获得的。这本身就预设了一个全能主体。

① Charles B. Cross. The Paradox of the Knower without Epistemic Closure. *Mind*, 2001 (110): 321-322. 符号有改动。

② 同①323.

第四节　逻辑全能与演绎证成

1895 年，刘易斯·卡罗尔在《心灵》杂志上发表了阿基里斯和乌龟的戏剧性的对话，提出了逻辑的主要问题：即使是最好、最完美的公理，也不能决定逻辑系统的真；人们必须小心地选择推理规则。换句话说，公理和推理规则也是需要得到合理的解释的。达米特在 1973 年的《演绎的证成》和 1982 年的《达米特的演绎证成》中对演绎推理进行辩护；在 1991 年的著作《形而上学的逻辑基础》中用了大量的篇幅对演绎推理进行了辩护。而中国学者陈波也在 2005 年发文《一个与归纳问题类似的演绎问题》进行了相关的辩护。本书在这些学者的相关辩护基础上，从认知主体角度出发，对演绎进行分析，以挖掘演绎在哪个层面上才需要证成。

一、卡罗尔疑难

1895 年，刘易斯·卡罗尔在《心灵》杂志上发表了阿基里斯和乌龟的一段戏剧性的对话，阿基里斯向乌龟提出了三个命题[①]：

(A) 与同一个对象相等的两个对象也相等。

(B) 三角形的两边都与另外一边相等。

(Z) 三角形的这两边也相等。

乌龟接受 (A) 和 (B)，但是不接受 (Z)，尽管它接受阿基里斯的下面这个命题：

(C) 如果 (A) 和 (B) 都是真的，那么 (Z) 一定为真。

阿基里斯认为，乌龟接受 (A)、(B) 和 (C) 命题，就应该接受 (Z)，但是它还是不接受 (Z)。这样疑难就来了：为什么乌龟不接受 (Z) 呢？

这里有两点需要我们注意：一是乌龟接受 (C) 命题，二是乌龟需要在 (C) 命题基础上的更多的前提。这样问题就出来了：给定了满足分离规则 (MP) 的前提，乌龟也接受分离规则，那么，为什么它会拒绝接受 (Z) 命题呢？换句话说，这提出了逻辑的主要问题，即分离规则的使用

---

① Lewis Carroll. What the Tortoise Said to Achilles. *Mind*, 1895, 4 (14): 278 - 280.

问题。分离规则说的是，我们可以从条件句“如果 P 那么 Q”和“P”推出“Q”。

对于这个疑难，有着不同的理解，恩格尔（P. Engel）总结了当前主要的四种解读。①

（1）有人认为这是一个前提与结论之间的一种无穷倒退。

（2）逻辑规则也需要证成。乌龟不否认“如果（A）和（B）都是真的，那么（Z）一定为真”。但是它就是不接受（Z）命题，表现出对逻辑规则有效性的怀疑。也就是说它怀疑演绎，这正如休谟对归纳的怀疑。

（3）从认识论角度来看，人们知道，如果 P 那么 Q，当他知道 P 时，他就能够知道 Q；当他知道 P 时而不知道 Q，这仅仅是表明他没有理解如果 P 那么 Q。

（4）逻辑的力量与人们行动之间的关系。乌龟怀疑迫使逻辑推理的力量，问题就成为：逻辑怎么改变人们的心灵？

第一种理解认为存在一个无穷倒退，可以表示如下：

（A）与同一个对象相等的两个对象也相等。

（B）三角形的两边都与另外一边相等。

（1）如果（A）和（B）都是真的，那么（Z）一定为真。

（2）如果（A）、（B）和（1）都是真的，那么（Z）一定为真。

…………

（n）如果（A）、（B）、（1）……和（n-1）都是真的，那么（Z）一定为真。

（Z）三角形的这两边也相等。

卡罗尔自己却声称：“我的疑难表明这样一个事实，在一个条件句中，前件的真、后件的真与序列的有效是三个不同的命题。”② 卡罗尔强调区分了推理规则、前提以及结论，使得推理规则不能够和条件句相混淆。换句话说，我们不能把推理规则看成条件句或者是前提。这样乌龟就不能把推理规则当作前提而添加到前提中，自然这种无穷倒退不复存在。但是，这依然无法回答为什么乌龟不接受这个结论。

第二种理解认为推理规则需要得到合理的辩护。大多数学者都聚集在

① P. Engel. Dummett，Achilles and the Tortoise//R. E. Auxier，L. E. Hahn（eds.）. *The Philosophy of Michael Dummett*. Chicago：Open Court，2007：725-746.

② 同①725.

这一个层面来讨论这个疑难。如达米特 1973 年的《演绎的证成》，以及哈克 1976 年的《演绎证成》。达米特认为，演绎的确有一个证成，这个证成就是可靠性和完全性的证明。不可否认的是，通过可靠性和完全性证明来证成演绎存在着循环论证。但这个循环论证是可以接受的，因为这个论证是解释性的而不是劝说性的。针对这个循环论证，马顿也说道："如果一个论证是解释性的（不是劝说性的），那么这种循环是允许的。这难道不是另一个假设?"①

第三种理解表明乌龟没有理解"如果……那么……"的涵义，或者说，没有理解蕴涵的涵义。也许乌龟会接受这一点，进而问道何谓"如果 p 那么 q"? 马顿试图替阿基里斯给出下面的定义：

"如果 p 那么 q"意思是，如果"如果 p 那么 q"为真，那么如果 p 真那么 q 真。②

糟糕的是，这不是一个很好的定义，首先定义项中包含了被定义项，导致循环定义。其次更为糟糕的是，定义中使用了假设条件句，这样同样面对无穷倒退。结果是无法定义"如果……那么……"。

对于第四种理解，达米特认为，逻辑结论是可以由经验来验证的，如果不相信逻辑结论，那和不相信科学一样会面临困境。③

上面的四种理解可以归结为两个方面。前面两种理解实际上转化为对分离规则的证成，或者说是对演绎规则的证成。达米特和哈克在这方面做了大量的工作。后面两种理解在某种意义上是一种认知的解释，直接走向心灵哲学。在这里我们主要是讨论演绎规则的证成。

二、分离规则的辩护

对于演绎证成，哈克认为："休谟给我们提供了一个困境：我们不能够演绎地证成归纳，因为这样使得当归纳论证的前提都为真时结论也必然为真，这样的话就太强了；同样，我们也不能够使用归纳来证成归纳，因为这样的'证成'将是循环的。我提出另一个困境：我们不能够归纳地证成演绎，因为这样做最多是证明：当一个演绎论证的前提为真时，它的结

---

① Peter Marton. Achilles Versus the Tortoise: The Battle Over Modus Ponens (An Aristotelian Argument). *Philosophia*, 2004 (3/4): 390.

② 同①384.

③ M. Dummett. Reply to Pascal Engel//R. E. Auxier, L. E. Hahn (eds.). *The Philosophy of Michael Dummett*. Chicago: Open Court, 2007: 747－752.

论通常是真的，这样的话就太弱了；同样，我们不能够用演绎证成演绎，因为这样的证成将是循环的。”① 以上论述列表如下：

表 6-1　论证困境

	归纳证成	演绎证成
休谟困境：归纳	循环	太强
新困境	太弱	循环

哈克把对演绎的证成化归于对下面的 **MPP** 规则的证成：

MPP（肯定前件规则）　从 $A \rightarrow B$ 和 A 推出 B。

同时她构造了下面的无效规则 **MM** 与之类似的证成：

MM（肯定后件规则）　从 $A \rightarrow B$ 和 B 推出 A。

她旨在证明：如果对 **MPP** 的演绎证成是适当的，那么，对 **MM** 的类似演绎证成也是适当的；反过来，如果对 **MM** 的演绎证成是不适当的，那么，对 **MPP** 的类似演绎证成也是不适当的。②

A1　如果 A 为真且 $A \rightarrow B$ 为真，那么根据→的真值表，可得，如果 A 为真且 $A \rightarrow B$ 为真，那么 B 也为真。因此，B 一定为真。

这个肯定前件规则的保真性证明，在证明过程中使用了肯定前件规则。

A2　如果 C（如果 A 为真且 $A \rightarrow B$ 为真），如果 C 那么 D（如果 A 为真且 $A \rightarrow B$ 为真，那么 B 也为真）。因此，D（B 一定为真）。

如果这个论证可以接受的话，那么下面这个论证也是可以接受的。

A3　如果 A 为真且 $A \rightarrow B$ 为真，那么根据→的真值表，可得，如果 B 为真且 $A \rightarrow B$ 为真，那么 A 也为真。因此，A 一定为真。

这个肯定后件规则的保真性证明，在证明过程中使用了肯定后件规则。

A4　如果 C（如果 A 为真且 $A \rightarrow B$ 为真），如果 C 那么 D（如果 B 为真且 $A \rightarrow B$ 为真，那么 A 也为真）。因此，D（A 一定为真）。

陈波认为：“这或者是循环论证，或者是在元语言层次上的无穷倒退！”③ 如果我们区分语形和语义，那么上述证明就是一个语义证明，而不是循环论

① S. Haack. The Justification of Deduction. *Mind*，1976（85）：112.

② Chen Bo. The Epistemic Justification of Deduction：A Critical Review and Reconstruction. *Social Sciences in China*，2003（3）：112.

③ 陈波．一个与归纳问题类似的演绎问题：演绎的证成．中国社会科学，2005（2）：88.

证。如果能够接受这个证明，那么需要证成的就转化为对逻辑联结词的语义解释。我们可以直接通过真值表的方法来判定分离规则是否具有保真性（见表 6-2)。

表 6-2　真值表

A	B	$A\to B$
1	1	1
1	0	0
0	1	1
0	0	1

显然，在真值表中显示了 A 和 $A\to B$ 都为真的情况下，B 的取值只有一种情况，即为真。这样我们在证明时就避免了循环论证。由于逻辑联结词的意义间接来源于经验事实，所以这个证明具有相对性。

达米特认为："从整体论的观点看，对逻辑规律的任何辩护既不可能也没有必要。从组合的意义理论的观点看，逻辑规律一般需要辩护；而这种辩护可以借助合乎该意义理论的语义学来给出。"① 选择后一种解释的学者认为，逻辑系统的可靠性和完全性在一定的程度上可以或者解决了这个问题。但是我们知道，逻辑系统的可靠性和完全性是建立在 **MP** 规则的基础上的，这难免有元语言的无穷倒退或者循环论证之嫌疑。② 但在某种程度上表明逻辑系统的可靠性和完全性是一个相对的概念，只是逻辑系统的必要条件，而不是充分条件。这样证成的一个结果就是把对逻辑系统的证成归结到了对系统当中逻辑常项的解释的证成。而逻辑常项通常由语义给出，或者在某种程度上来说，系统中的公理也是逻辑常项的意义阐释。逻辑常项意义的改变意味着公理和推理规则的改变。正是从这一层面上来看，蒯因和哈克认为逻辑在原则上是可以修正的。面对这种结局，这就意味着科学的大厦是建立在一个极其不牢靠的基础上的，这有违我们的直觉。从此，不存在绝对的知识，没有绝对的真，只有相对的真，即使是逻辑真。于是一部分学者认为，逻辑规则是不需要证成的。也就是说，我们在建构逻辑系统的过程当中，一些逻辑规律是必须完全依靠约定而得到的。那么，是否在某种意义上存在着为被规定而不是导出来的逻辑规律辩

① 达米特．形而上学的逻辑基础．北京：中国人民大学出版社，2004：232.

② 陈波．逻辑哲学．北京：北京大学出版社，2005：57.

护的方法？达米特认为："除非我们有某些证明手段，否则，我们不可能有一个证明理论。因此，如果有为逻辑规律进行辩护的普遍的证明程序，它没有被不相干的证明理论观念所污染，那么一定有某些最初全靠约定而无需辩护的逻辑规律，以用作其他规律的证明理论辩护的基础。……这种规律叫做自我辩护的规律。"①

三、逻辑全能的一种解答

认知逻辑也许可以为我们提供一个新的视角。经典逻辑背后隐藏了认知主体，这个主体就是整个人类，从这个角度来说经典逻辑是有别于卡罗尔疑难的。而乌龟只是主体中的一员，这就是认知逻辑所刻画的。从某种意义上来说，乌龟的质疑就是对认知封闭原则的质疑。那么，从人类整体来说，演绎是不需要也无法证成的。而从个体的认知角度来说，则是需要证成的。这时对演绎的证成转化为对认知封闭原则的证成。这样，卡罗尔疑难可以重新表述为如下形式：

（A′）乌龟知道与同一个对象相等的两个对象也相等。

（B′）乌龟知道三角形的两边都与另外一边相等。

（Z′）乌龟知道三角形的这两边也相等。

乌龟接受（A′）和（B′），但是不接受（Z′），尽管它接受阿基里斯的下面这个命题：

（C′）如果乌龟知道（A′）和（B′）都是真的，那么（Z′）一定为真。

这显然是一个认知封闭原则的表述：乌龟知道（A′）和（B′），并且知道（A′）和（B′）蕴涵（Z′），那么它就知道（Z′），可是乌龟却宣称不接受（Z′）。显然，乌龟质疑的是认知封闭原则。这个时候阿基里斯要做的，就是对认知封闭原则的辩护。

我们在描述乌龟的知识心灵状态时，把（A′）和（B′）归属给了它，同时也把（Z′）也归属给了它。这里有一点是很清楚的，那就是（A′）和（B′）是前提，（Z′）是结论，是主体对前提正确使用推理规则而得到的。因此，我们在把前提（A′）和（B′）归属给乌龟时没有问题，因为这是乌龟的初始状态，而要把结论（Z′）也归属给乌龟，那么这背后就一定预设了乌龟能够自始至终正确使用推理规则，而这恰恰就是认知封闭原

① 达米特．形而上学的逻辑基础．北京：中国人民大学出版社，2004：233.

则所预设的。显然，一个理性的主体是在某一时间段可以正确使用推理规则，而不是所有的时间段。那么，在乌龟不能够确保它是否正确使用了推理规则的情况下，自然不会接受结论（Z′）。退一步来说，乌龟接受（C′）这个命题，即使是作为一个推理规则（当然，前面已经强调了这不是推理规则），乌龟还是有非常合理的理由不接受结论（Z′）。因为，主体知道一个推理规则，并不能够保证正确使用它。例如，小学生在使用加法原则时，可以对简单的题目正确使用，而对于计算复杂度高的题目，出错的概率就很高。显然，主体不是不知道推理规则，而是对于推理规则无法确保在所有的时间段正确使用。

那么，主体何时正确使用了推理规则？这里就需要一个合理的理性假定，主体对于有限的前提和推理规则，在有限的复杂度中能够正确使用前提和推理规则。因为一个理性的主体有着合乎情理的能力。我们给出一个合理的假定，也就是说，合乎情理的理想化也是必要的。至此，存在一个弱化的认知封闭原则，即是有限制性条件。这个条件就是理性的现实主体，当然这个说法是相当模糊的，但是有一点是非常明确的，对于认知主体来说，弱化的认知封闭原则是需要的，而认知封闭原则不适用于单个的认知主体，适用于整个认知群体。这一点既可以保持整个人类知识的确定性，同时又可以保持不存在全能主体这一直观性，很好地回答了怀疑论的质疑。对于这一点，我们将在下一节展开详细的讨论。

第五节　认知逻辑与怀疑论

怀疑论问题在知识论（甚至认识论）中一直是一个核心问题，如果没有怀疑论者提出的质疑，我们甚至没有必要考虑“知识何以可能”这个问题。那么怀疑论者以什么样的理由认为我们的知识不仅需要得到证成，而且需要得到不断的证成？这就有了一系列的怀疑论的论证。对这些怀疑论的论证进行分析，有助于我们对它的反驳。怀疑论的论证多种多样，典型代表就是“缸中之脑”，这是对笛卡尔经典论证的普遍化。普特南（H. Putnam）对于“缸中之脑”这样描述道：

> 哲学家们经常讨论这样一种科学虚构的可能性：假设一个人（你可以想象是你本人）被一个邪恶的科学家施行了一种手术，他的脑被

从身体上切了下来，放进一个盛有维持脑存活的营养液的大缸里。脑的神经末梢被连接在一台超级科学计算机上，这台计算机能使脑的原有者产生一切情况完全正常的幻觉。对于他来说，似乎人们、物体、天空等等还存在，但实际上，这人（你）所经历的一切都是由计算机向神经末梢输送电脉冲的结果。这台计算机的智力水平很高，如果这人想要抬起手来，计算机的反馈就会使他“看到”并“感到”自己的手举起来了。邪恶的科学家还能够通过改变计算机的程序，按照他的意志使实验品“经历”（或在幻觉中经历）任何境遇或环境。他还能够让实验品丧失被施行过切下大脑手术的记忆，使它觉得自己过去一直就是处于这种境况。实验品甚至可以感到自己正坐在那里阅读描述这个有趣但十分荒唐的假设……脑的神经末梢好像被连接在一台超级科学计算机上，这台计算机能让脑的原有者产生幻觉。①

现在的问题是你是否知道你只是一个缸中之脑？从这个假设来看，答案是否定的。因为你只能够凭借你的经验来判定你是不是一个缸中之脑，而获得的经验无论在缸中之脑中的情形还是在非缸中之脑中的情形都是一样的，那就等于没有什么可以提供给你。如果你真的知道某事，那么新的信息不可能使你改变想法。在这个意义上，知识是不可错的。知识的经典概念所具有的不可错属性要求认知主体具有一些知识，使得他必须能够消除所有与讨论命题相关联的可能性错误。因此，所有世界集都要考虑。然而，可能世界集太丰富了以致不能够全部覆盖。这种世界集中包含一些非常奇异的世界，在其中，所有知道者都会以这样或那样的方式发生错误，并且可能包括矛盾为真的世界。如果这些世界得到考虑，怀疑主义将始终处于有利地位。正如辛提卡所说，认知逻辑是以同样的任务去给出情境划分的核心。然而，因为知识的各种界说的一些主要属性，包括著名的不可错性，完全不能够根据可能世界来定义，划分世界一开始就需要认识论。隔离错误来捍卫知识的策略是知识和信念的一个基本原则。“逻辑可能”指的是与错误的可能性相关，这些错误的可能性是任何知识界说必须排除在外的。这包括可想象的情境，在其中，知识的可能性遭到了破坏，如缸中之脑，恶意的上帝，等等。这种通过限制可引用的可能世界承载可能的错误来回答怀疑论的方法被亨德里克斯称为“力迫”。当提到怀疑论证将会破

① 普特南．理性、真理与历史．沈阳：辽宁教育出版社，1988：7－8. 文字有改动。

坏知识的可能性，认识论学者在他们的论证中必须依靠各种“力迫”来证明怀疑的可能性在真正相关的意义上是不成立的。这将会产生这样一种情形，人们无论如何都要确定知识的定义。在这个意义上，使用力迫的认知逻辑假定了怀疑论已经不成立，并且论证了构造方式，人们满足于模型知识。

西方知识论对怀疑主义难题提出了许多解决方案，这些方案大体可分为四类：怀疑主义的解决方案、摩尔式解决方案、否认闭合论的解决方案和语境主义解决方案。[①] 怀疑主义的解决方案接受怀疑论论证，认为我们没有关于外部世界的知识；而后三种方案则认为我们有关于外部世界的知识，因此也可以看作对怀疑主义的批判。这些方案的讨论已远远超出本书的讨论范围，故在此不做阐述。当然，回应外部世界怀疑论挑战的第一步是弄清楚怀疑论论证的结构。外部世界怀疑论论证目前有两种最普遍的论证形式：基于认知封闭原则（Epistemic Closure Principle，ECP）的怀疑论论证和基于不充分决定性原则（Underdetermination Principle，UP）的怀疑论论证。这两种论证之间的关系存在很大的争议。我们将在后面小节中讨论不充分决定性原则、认知封闭原则与怀疑论论证的关系。

一、基于不充分决定性原则的怀疑论论证

不充分决定性原则来源于笛卡尔的怀疑论论证方法。笛卡尔并不是怀疑论者，在采用怀疑论方法来为知识构造一个绝对可靠的基础时，怀疑论论证就自然产生了。笛卡尔的怀疑论论证在历史上是非常著名的，该论证主要体现在《第一哲学沉思集》的第一个沉思中。笛卡尔认为我们的知识来自感官或者通过感官产生出来，但是我们的感官对我们来说往往具有欺骗性。笛卡尔写道：“我就想起来我时常在睡梦中受过这样的一些假象的欺骗。想到这里，我就明显地看到没有什么确定不移的标记，也没有什么相当可靠的迹象使人能够从这上面清清楚楚地分辨出清醒和睡梦来，这不禁使我大吃一惊，吃惊到几乎能够让我相信我现在是在睡觉的程度。”[②]这就是说，如果一组证据并不有效地排除与一个结论不相容的其他可能性，那么它就不可能对那个结论提供恰当的支持。徐向东把笛卡尔的怀疑论论证重述如下：

1. 只有当一个人具有的证据能够排除与他的知识主张不相容的那些可能性时，他才能够声称自己知道某个东西。

---

① 曹剑波．怀疑主义难题的解答．哲学动态，2005（8）：43.

② 笛卡尔．第一哲学沉思集．北京：商务印书馆，1986：16.

2. 对一个人持有的关于外在世界的任何信念，他用来支持那个信念的证据就是他的感觉经验。

3. 有可能的是，一个人只是在做梦，而“他在做梦”这个可能性与他关于外在世界的信念是不相容的。

4. 因此，只有当一个人的感觉经验能够排除“他在做梦”这个可能性时，他才能够声称自己知道关于外在世界的某些东西。(1，2，3)

5. 但是，一个人的感觉经验无法排除“他在做梦”这个可能性。

6. 因此，没有任何人知道关于外在世界的任何东西。(4，5)[①]

1 和 2 表明，知识需要恰当的证据或充分的证据。这后来表述为不充分决定性原则。[②]

不充分决定性原则（UP）：对于所有的 S、ϕ 和 φ，如果 S 的证据支持 ϕ 不超过支持某一不相容的假设 φ，那么 S 的证据没有证成 ϕ。

根据这一原则，假设 A 表示一些平常的经验主义断言（如，我有一双手），H 表示那古怪的怀疑性假设（如，我是一个缸中之脑），那么就有如下怀疑论论证：

（U1）如果我的证据支持 A 不超过支持 H，那么我的证据没有证成 A。　（UP）

（U2）我的证据支持 A 不超过支持 H。　（前提）

（U3）我的证据没有证成 A。　（U1、U2 分离）

（U4）所以，我不知道 A。　（U3 知识定义）

从论证角度来看，U1 就是不充分决定性原则，U2 是经验前提，U3 是对 U1、U2 使用分离规则得到的，U4 是对 U3 使用知识定义（A 得到证成是 A 成为知识的必要条件）得到的。如果要排斥这个论证的结论 U4，那么只能从 U1、U2 入手，因为 U3 是使用逻辑规则推导出来的。从某种意义上来说，U1、U2 都是经验命题，虽然 U1 的可接受性明显会比 U2 的可接受性要强，但并不意味只需质疑 U2。对于经验证据的讨论，已不在本书的范围之内，故不再阐述。

① 徐向东．怀疑论、知识与辩护．北京：北京大学出版社，2006：52.

② 布鲁克勒、科恩、普里查德对于不充分决定性原则的表述略有不同。这里采用的是科恩的定义，科恩是在布鲁克勒的表述上删除了信念，而普里查德的表述是在布鲁克勒的表述上增加了知道这一限制。采用科恩的表述是因为这一原则表述的对象就是认知，故认为相信和知道可以被略去。

二、基于认知封闭原则的怀疑论论证

认知封闭原则是在怀疑论论证和反怀疑论论证中都会用到的原则。怀疑论者指出，如果人们知道一个普通常识命题（如，人们有手）是真的，而且也知道这一命题蕴涵怀疑论的假设（如，无手脚的缸中的大脑，所有的体验都是幻觉），根据认知封闭原则，人们不知道怀疑论的假设为假，因而人们并不知道自己所知道的为真。另外，反怀疑论者可能坚持认为我们知道的常识命题为真，因此，在认知封闭原则下，我们可以知道，持怀疑论的假设是假的。虽然反怀疑论者有时使用认知封闭原则，但是有一些学者认为拒绝认知封闭原则才是反驳怀疑论者的关键。

我们依然采用常见的怀疑论论证的形式，A 表示一些平常的经验主义断言，H 表示那古怪的怀疑性假设，这通常有两种形式①：

M 版本

（M1）$A \to \neg H$（如，如果在你面前有一张桌子，那么你不是缸中之脑。）

（M2）$KA \to K\neg H$（如，如果你知道你面前有一张桌子，那么你知道你不是缸中之脑。）

（M3）$\neg K\neg H$（如，你不知道你不是缸中之脑。）根据分离规则，有

（M4）$\neg KA$（如，你不知道你面前有一张桌子。）

P 版本

（P1）$K(A \to \neg H)$（如，你知道，如果在你面前有一张桌子，那么你不是缸中之脑。）

（P2）$KA \to K\neg H$（如，如果你知道你面前有一张桌子，那么你知道你不是缸中之脑。）

（P3）$\neg K\neg H$（如，你不知道你不是缸中之脑。）根据分离规则，有

（P4）$\neg KA$（如，你不知道你面前有一张桌子。）

这两个版本在逻辑形式上稍微有一些差别：M 版本从 M1 导出 M2，需要使用单调导出规则，即$\vdash A \to B \Rightarrow \vdash KA \to KB$；而 P 版本从 P1 导出 P2，需要使用认知封闭原则（ECP）以及分离规则，即 $K(A \to B) \to (KA \to KB)$和$(A \to B) \wedge A \Rightarrow B$。其实，M 版本比 P 版本预设得更多，因为单调导出规则需要预设认知封闭原则。如果我们把 M 版本的 M1 去掉，那么 M 版本的 M2 还是需要预设认知封闭原则；类似，P 版本也可以去掉 P1。

① P. K. Schotch. Skepticism and Epistemic Logic. *Studia Logica*，2000（65）：188.

这样两个版本就合成一个版本：

（1）$KA\rightarrow K\neg H$（如，如果你知道你面前有一张桌子，那么你知道你不是缸中之脑。）

（2）$\neg K\neg H$（如，你不知道你不是缸中之脑。）根据分离规则，有

（3）$\neg KA$（如，你不知道你面前有一张桌子。）

而有意思的是，反怀疑论者使用相同的论证来反转结果：

（1）$KA\rightarrow K\neg H$（如，如果你知道你面前有一张桌子，那么你知道你不是缸中之脑。）

（2′）KA（如，你知道你面前有一张桌子。）根据分离规则，有

（3′）$K\neg H$（如，你知道你不是缸中之脑。）

从前提（1）和（2）得到（3），这中间使用了一个公式：

$$(KA\rightarrow K\neg H)\wedge\neg K\neg H\rightarrow\neg KA$$

这个公式就是认知封闭原则的假言易位的一种表现形式，通常写为：

$$K(A\rightarrow H)\wedge KA\rightarrow\neg KH$$

而这个公式在反怀疑论论证中是直接用到的，即从前提（1）和（2′）得到（3′）。从相同的前提出发使用了相同的逻辑规则却得到截然相反的结论。显然，逻辑推理规则是不会出现问题的，问题只能出现在前提上。这些前提在某种经验程度上真假难以确定，更不用说严格要求的自明性。

认知封闭原则这个公式对于单个认知主体来说不是个有效式，主体知道 $A\rightarrow H$，也知道 A，但是依然可以不知道 H。因为这里实际上是认知主体根据前提条件 $A\rightarrow H$ 和 A 正确使用分离规则才能够得到 H，但是我们不能够确保主体在所有的时刻都能够正确使用推理规则。如果认知封闭原则失效了，那么怀疑论论证自然就不复存在。且慢，这只是对于单个的主体来说的，那如果是整个人类这个认知主体呢？我们前面说过，认知封闭原则对于整个认知主体来说是有效的。至此，怀疑论论证又复活了。对此，我们需要重新分析整个人类这个认知主体。对于所有的命题，整个人类这个认知主体看来是可知的，但是就某一阶段，有可能存在一个命题还无法认知。如果承认这一点的话，那么，对于（2）这一前提，我们可以作为一个虚假的前提而排除，怀疑论论证自然不复存在。同样，对于（2′）这一前提，由于其真假值可以确定，因而可以确定怀疑论的假设是假的，从而驳斥了怀疑论论证。

以上讨论显示了认知封闭原则与这些根本性的哲学问题密切关联，其进一步研究必将促进逻辑与哲学的互动，从而进一步体现出其研究的价值。

三、两种怀疑论论证之间的关系

怀疑论既可以理解为某种不充分决定性原则的必然结果，也可以理解为某演绎闭合原则的产物。[①] 这两种认知原则和论证方式紧密关联。德雷茨克（Fred Dretske，1970）和诺齐克（Robert Nozick，1981）则认为，怀疑论论证必须遵循认知封闭原则，其他任何认知原则都是多余的。布鲁克勒（Anthony Brueckner，1994）和亚尔钦（Ümit D. Yalçin，1992）认为，怀疑论论证必须诉诸不充分决定性原则，其他的原则都是多余的。科恩（Stewart Cohen，1998）、沃格尔（Jonathan Vogel，1990，1993，2004，2005）等认为，这两种论证可以独立地回应怀疑论，但是科恩认为这两种论证还是有关联的。可布鲁克勒认为，这两种论证在一定的条件下是等价的。这个观点也得到了普里查德（Duncan Pritchard，2005）的支持。此外，如果封闭原则论证和不充分决定性原则论证是不同的怀疑论论证，那么仅仅否认封闭性原则或不充分决定性原则不足以消除怀疑论的威胁。

德雷茨克和诺齐克则认为，怀疑论论证是建立在认知封闭原则的基础上的，其他任何认知原则都是多余的。但是，他们认为要拒斥怀疑论就需要反对认知封闭原则，给知识重新定义。[②]

（1）$KA \to K\neg H$　　前提

（2）$\neg K\neg H$　　前提

（3）$\neg KA$

没有认知封闭原则，上述怀疑论论证也就没法成立。然而，布鲁克勒认为前提（1）需要认知封闭原则，前提（2）需要不充分决定性原则，怀疑论论证可以不依赖认知封闭原则。布鲁克勒为了阐释怀疑论论证的结构，提出了一个类似认知封闭原则的证成封闭原则。[③]

证成封闭原则（CJP）：对于所有的 S、ϕ 和 φ，如果 S 证成了信念 ϕ，且($\phi \to \varphi$)，那么 S 证成信念 ϕ。

在这个证成封闭原则上，上面的怀疑论论证可以改写为下面这种形式[④]：

---

① 阳建国．怀疑论论证的结构．哲学研究，2006（12）：69.

② 详情参见 F. Dretske. Epistemic Operators. *Journal of Philosophy*，1970（67），1007－1023；R. Nozick. *Philosophical Explanations*. Cambridge，MA：Harvard University Press，1981。

③ A. Brueckner. The Structure of the Skeptical Argument. *Philosophy and Phenomenological Research*，1994（54）：831.

④ 同③831－832.

（U1）如果我的证据证成信念 A，那么我的证据证成信念$\neg H$。（CJP）

（U2）如果我的证据支持信念$\neg H$ 不超过支持信念 H，那么我的证据没有证成信念$\neg H$。（UP）

（U3）我的证据支持信念$\neg H$ 不超过支持信念 H。（前提）

（U4）我的证据没有证成信念$\neg H$。（U2、U3）

（U5）我的证据没有证成信念 A。（U1、U4）

（U6）所以，我不知道 A。

布鲁克勒认为证成封闭原则（CJP）可以和下面的 CJP′等价。

CJP′：对于所有的 S、ϕ 和 φ，如果 S 证成了信念 ϕ，且 ϕ 和 φ 不一致，那么 S 证成信念$\neg\varphi$。

同时，布鲁克勒认为不充分决定性原则（UP）可以和下面的 UP′等价。

UP′：对于所有的 S、ϕ 和 φ，如果 S 证成了信念 ϕ，且 ϕ 和 φ 不一致，那么 S 证成信念 ϕ 超过证成信念 φ。

CJP′和 UP′有着相同的前件，却有着不同的后件：S 证成信念$\neg\varphi$；S 证成信念 ϕ 超过证成信念 φ。布鲁克勒认为，如果 CJP′明显证成 ϕ，那么该原则等价于 UP′。这样的话，我们只需要一个原则 UP，所以怀疑论论证重构如下：

（U1）如果我的证据支持信念 A 不超过支持信念 H，那么我的证据没有证成信念 A。（UP）

（U2）我的证据支持信念 A 不超过支持信念 H。（前提）

（U3）我的证据没有证成信念 A。（U1、U2）

（U4）我的证据没有证成信念 A。（U3）

布鲁克勒认为上面的三种怀疑论论证形式没有哪一种具有优先的权利，但如果我们需要诉诸不充分决定性原则的话，那么我们就可以不需要多余的认知原则。

科恩同意布鲁克勒的观点，如果你假设 CJP′和 UP′的前件，就有可能推出 UP′的结果。但是，科恩不同意 UP′可以推导出 CJP′。如果布鲁克勒认为 UP′可以推导出 CJP′，那么如下论证就应该成立。

（1）如果我的证据证成信念 A，且 A 和 H 不一致，那么我的证据证成信念 A 超过证成信念 H。（UP′）

（2）我的证据证成信念 A，A 和 H 不一致。（CJP′的前件）

（3）我的证据证成信念 A 超过证成信念 H。（1、2）

（4）我的证据证成信念 $\neg H$。（2、3）

科恩反对从（2）和（3）推出（4）。他表示从这些前提到（4）的唯一方法是假设 CJP′是真的。根据科恩的说法，（3）直接由（2）得到。既然（3）直接由（2）得到，那么（4）在推导时不需要（3）。也就是（4）是由（2）推导出来的，而这需要假定 CJP′是真的或诉求其他的原则。①这意味 CJP′无法单从 UP′推导出来。

在上文中，我们讨论了两种常见的怀疑论论证之间的关系：认知封闭原则和不充分决定性原则。这两种论证究竟是两种不同的论证还是本质上相同的论证取决于 CJP′和 UP′是否等价。科恩提出了 CJP′和 UP′的等价性依赖于其他原则，并且这个原则独立于它们。如果 CJP′和 UP′是等价的，那么两种怀疑论论证也是等价的。如果这两个原则是截然不同的，那么对于怀疑论来说，这两个原则即认知封闭原则和不充分决定性原则就是两个独立的论据。由于这些论证是独立的，不充分决定性原则至少在一种重要的怀疑论论证中起着关键作用。因为不充分决定性原则是相对没有争议的，而认知封闭原则的合法性存在争议。

① 详情参见 S. Cohen. Two Kinds of Skeptical Argument. *Philosophy and Phenomenological Research*，1998（58）：143－159。

参考文献

［1］阿里尔·鲁宾斯坦．有限理性建模．北京：中国人民大学出版社，2005.

［2］曹剑波．缸中之脑知道“我不是缸中之脑”吗?：怀疑主义的普特南式解答议评．自然辩证法通讯，2006，28（2）：25－31.

［3］曹剑波．怀疑主义难题的解答．哲学动态，2005（8）：42－50.

［4］陈波．逻辑哲学．北京：北京大学出版社，2005.

［5］陈晓华，尹凡凡．不可能世界的逻辑辨析．广西民族师范学院学报，2013（1）：64－67.

［6］陈晓华．基于汉语短语结构歧义的蒙太格型语义排歧．湘潭师范学院学报（社会科学版），2007，29（4）：25－27.

［7］陈晓华．逻辑全能问题研究述评．哲学研究，2007 增刊：197-203.

［8］陈晓华．认知逻辑研究述评．哲学动态，2008（8）：89－94.

［9］陈晓华．解决逻辑全能基本制约性标准及哲学反思．湘潭大学学报（哲学社会科学版），2008（6）：154－157.

［10］陈晓华．指称模糊性：从克里普克三大论证来看．湖南科技大学学报（社会科学版），2010（4）：32－36.

［11］陈晓华，穆彦君．克里普克信念之谜的认知解读．自然辩证法研究，2010（10）：1－5.

［12］陈晓华．演绎证成的认知解读．燕山大学学报（哲学社会科学版），2012（2）：16－19.

［13］程显毅，石纯一．避免逻辑全知的 BDI 语义．软件学报，2002（5）：966－971.

［14］J. 范·本特姆．认知逻辑与认识论之研究现状．世界哲学，2006（6）：71－81.

[15] 杜国平．经典逻辑与非经典逻辑基础．北京：高等教育出版社，2006.

[16] 方立．逻辑语义学．北京：北京语言文化大学出版社，2000.

[17] 弓肇祥．可能世界理论．北京：北京大学出版社，2003.

[18] 弓肇祥．认知逻辑新发展．北京：北京大学出版社，2004.

[19] 弓肇祥．认知逻辑的新发展．哲学动态，2002 (3)：38－41.

[20] 侯世达．哥德尔、艾舍尔、巴赫：集异璧之大成．北京：商务印书馆，1997.

[21] 黄玉兰，陈晓华．认知封闭原则与逻辑全能问题．湖南科技大学学报（社会科学版），2014，17 (1)：27－32.

[22] 贾国恒．模态逻辑可能世界与情境．学术研究，2007 (2)：40－44，159.

[23] 贾国恒．情境语义学与可能世界语义学比较研究探析．自然辩证法研究，2006 (10)：27－30.

[24] 康德．康德著作全集 第 9 卷：逻辑学、自然地理学、教育学．北京：中国人民大学出版社，2010.

[25] 奎因．真之追求．北京：三联书店，1999.

[26] 李斌，吕建，朱梧槚．基于情境演算的智能体结构．软件学报，2003 (4)：733－742.

[27] 李金厚，蒋静坪．逻辑全知佯谬．浙江大学学报（工学版），2005 (10)：1496－1500.

[28] 李小五．动态认知逻辑专题研究（英文版）．广州：中山大学出版社，2010.

[29] 刘奋荣．动态偏好逻辑．北京：科学出版社，2010.

[30] 刘虎，鞠实儿．信念逻辑的逻辑全知问题．求是学刊，2007 (6)：31－34.

[31] 刘瑞胜，孙吉贵，刘叙华．认识逻辑 (4)：关于认识逻辑的可判定性．计算机学报，1998，21 (s1)：9－16.

[32] 刘瑞胜，孙吉贵，刘叙华．认识逻辑 (1)：关于知识和信念的逻辑框架．计算机学报，1998，21 (7)：627－637.

[33] 刘瑞胜，孙吉贵，刘叙华．认识逻辑 (2)：多认识主体的认识逻辑 MEL. 计算机学报，1998，21 (7)：638－641.

[34] 刘瑞胜，孙吉贵，刘叙华．认识逻辑 (3)：基于语义 tableau 的

证明理论．计算机学报，1998，21（s1）：1－8.

［35］刘新文．论可能世界的名字．哲学研究，2005（9）：114－119，128.

［36］罗·格勃尔．哲学逻辑．北京：中国人民大学出版社，2008.

［37］罗伯特·奥曼．不一致的达成．湖南科技大学学报（社会科学版），2006，9（5）：36－37.

［38］迈克尔·达米特．形而上学的逻辑基础．北京：中国人民大学出版社，2004.

［39］穆彦君．命题态度的逻辑结构研究．湘潭大学，2012.

［40］潘天群．群体对一个命题可能的知道状态分析．自然辩证法研究，2003，19（11）：35－38，43.

［41］潘天群．建立在"笛卡尔公理"上的一个怀疑逻辑系统．湖南科技大学学报（社会科学版），2004，7（5）：35－38.

［42］潘天群．三分的认知世界与怀疑逻辑的独立性．湖南科技大学学报（社会科学版），2005，8（5）：39－41.

［43］苏珊·哈克．逻辑哲学．北京：商务印书馆，2003.

［44］唐晓嘉，郭美云．现代认知逻辑的理论与应用．北京：科学出版社，2010.

［45］徐向东．怀疑论、知识与辩护．北京：北京大学出版社，2006.

［46］杨鲲，陈建中，孙德刚，等．认知逻辑中逻辑全知问题及其解决方法．吉林大学自然科学学报，1999（3）：40－43.

［47］叶闯．信念之谜弗雷格式解决的有效性分析．西南民族大学学报（人文社科版），2007，28（11）：123－128.

［48］曾伟，丁潇君．基于情境演算理论的情境服务研究．计算机工程与科学，2006，28（10）：98－100，123.

［49］张建军．逻辑悖论研究引论．南京：南京大学出版社，2002.

［50］张建军．逻辑全能问题与动态认知逻辑．自然辩证法研究，2000，16（zl）：7－9，18.

［51］周昌乐．认知逻辑导论．北京：清华大学出版社，2001.

［52］邹崇理．逻辑、语言和信息．北京：人民出版社，2002.

［53］S. Artemov，R. Kuznets. Logical Omniscience as Infeasibility. *Annals of Pure and Applied Logic*，2014，165（1）：6－25.

［54］C. A. Anderson，J. Owens. *Propositional Attitudes：The Role of Content in Logic，Language，and Mind*. Stanford：Center for the

Study of Language and Information, 1990.

[55] N. Alechina, B. Logan, H. Nguyen, and A. Rakib. Reasoning about Other Agents' Beliefs under Bounded Resources//J. - J. Ch. Meyer, J. Broersen (eds.). *Knowledge Representation for Agents and Multi-Agent Systems*. Berlin: Springer, 2009: 1 - 15.

[56] M. O. Bacharach, P. Mongin, L. A. Gerard-Varet. *Epistemic Logic and the Theory of Games and Decisions*. Boston: Kluwer Academic Publishers, 1997.

[57] J. Barwise. *The Situation in Logic*. Stanford: Center for the Study of Language and Information, 1989.

[58] J. Barwise, J. Perry. *Situations and Attitudes*. Cambridge, MA: The MIT Press, 1986.

[59] R. C. Bayer, L. Renou. Logical Omniscience at the Laboratory. *Journal of Behavioral and Experimental Economics*, 2016 (64): 41 - 49.

[60] J. C. Bjerring. Impossible Worlds and Logical Omniscience: An Impossibility Result. *Synthese*, 2013, 190 (13): 2505 - 2524.

[61] J. C. Bjerring, M. Skipper. A Dynamic Solution to the Problem of Logical Omniscience. *Journal of Philosophical Logic*, 2019, 48 (3): 501 - 521.

[62] F. Berto. Impossible Worlds and Propositions: Against the Parity Thesis. *The Philosophical Quarterly*, 2010, 60 (240): 471 - 486.

[63] I. Boh. *Epistemic Logic in the Later Middle Ages*. New York: Routledge, 1993.

[64] H. Burdick. A Logical Form for the Propositional Attitudes. *Synthese*, 1982, 52 (2): 185 - 230.

[65] M. Cadoli, M. Schaerf. Approximate Reasoning and Non-Omniscient Agents//Yoram Moses (ed.). Theoretical Aspects of Reasoning about Knowledge. *Proceedings of the Fourth Conference* (TARK' 92). San Francisco, CA: Morgan Kaufmann Publishers, 1992: 169 - 183.

[66] C. Cherniak. *Minimal Rationality*. Cambridge, MA: The MIT Press, 1986.

[67] D. Christensen. Putting Logic in Its Place: Formal Constraints on Rational Belief. New York: Oxford University Press, 2004.

[68] M. Cohen, M. Dam. Logical Omniscience in the Semantics of BAN Logic. *Proceedings of the Foundations of Computer Security*, 2005: 121 - 132.

[69] M. Cozic. Impossible States at Work: Logical Omniscience and Rational Choice. *Contributions to Economic Analysis*, 2006 (280): 47 - 68.

[70] C. B. Cross. The Paradox of the Knower without Epistemic Closure. *Mind*, 2001, 110 (438): 319 - 333.

[71] C. B. Cross. A Theorem Concerning Syntactical Treatments of Nonidealized Belief. *Synthese*, 2001, 129 (3): 335 - 341.

[72] C. B. Cross. More on the Paradox of the Knower without Epistemic Closure. *Mind*, 2004, 113 (449): 109 - 114.

[73] Donald Davidson. *Problems of Rationality*. Oxford: Clarendon Press, 2004.

[74] R. Demolombe, A. Herzig, I. Varzinczak. Regression in Modal Logic. *Journal of Applied Non-Classical Logics*, 2003, 13 (2): 165 - 185.

[75] R. Demolombe, M. P. Pozos-Parra. A Simple and Tractable Extension of Situation Calculus to Epistemic Logic//Z. W. Raś, S. Ohsuga (Eds.). *Foundations of Intelligent Systems*. ISMIS 2000. Charlotte, NC: Springer-Verlag, 2000: 515 - 524.

[76] Z. Dienes, J. Perner. A Theory of Implicit and Explicit Knowledge. *Behavioral and Brain Sciences*, 1999, 22 (5): 735 - 808.

[77] S. Dogramaci. Solving the Problem of Logical Omniscience. *Philosophical Issues*, 2018, 28 (1): 107 - 128.

[78] Guoping, Du, Xiaohua, Chen, Hongguang, Wang. Intuitive Implication Predicate Logic System//Da Ruan (Eds.) . *Computational Intelligence: Foundations and Applications. Proceedings of the 9th International FLINS Conference*. Beijing: World Scientific, 2010: 198 -203.

[79] H. N. Duc. Logical Omniscience vs. Logical Ignorance on a Dilemma of Epistemic Logic//*Progress in Artificial Intelligence. 7th Portuguese Conference on Artificial Intelligence*, EPIA'95. Berlin: Springer, 1995: 237 - 248.

[80] H. N. Duc. Reasoning about Rational, but not Logically Omnis-

cient, Agents. *Journal of Logic and Computation*, 1997, 7 (5): 633 – 648.

[81] H. N. Duc. Resource-Bounded Reasoning about Knowledge. PhD. thesis, The University of Leipzig, 2001.

[82] J. F. e Cunha. Compositionality and Omniscience in Situation Semantics//M. Filgueiras, L. Damas, N. Moreira, A. P. Tomás (Eds.). *Natural Language Processing*. EAIA 1990. New York: Springer-Verlag, 1991: 206 – 224.

[83] R. A. Eberle. A Logic of Believing, Knowing, and Inferring. *Synthese*, 1974, 26 (3): 356 – 382.

[84] R. L. Factor. Newcomb's Paradox and Omniscience. *International Journal for Philosophy of Religion*, 1978, 9 (1): 30 – 40.

[85] R. Fagin, J. Y. Halpern, Y. Moses, and M. Y. Vardi. *Reasoning about Knowledge*. Cambridge, Massachusetts: The MIT Press, 1995.

[86] R. Fagin, J. Y. Halpern. Belief, Awareness, and Limited Reasoning. *Artificial Intelligence*, 1987, 34 (1): 39 – 76.

[87] R. Fagin, J. Y. Halpern, M. Y. Vardi. A Nonstandard Approach to the Logical Omniscience Problem. *Artificial Intelligence*, 1995, 79 (2): 203 – 240.

[88] M. Fasli. Reasoning about Knowledge and Belief: A Syntactical Treatment. *Logic Journal of IGPL*, 2003, 11 (2): 247 – 284.

[89] M. Fitting, R. L. Mendelsohn. *First – order Modal Logic*. Boston: Kluwer Academic, 1998.

[90] B. Frances. Contradictory Belief and Epistemic Closure Principles. *Mind & Language*, 1999, 14 (2): 203 – 226.

[91] Francesco Berto. Impossible Worlds//Edward N. Zalta (Ed.). *The Stanford Encyclopedia of Philosophy* (Fall 2009 Edition). http: //plato. stanford. edu/archives/fall2009/entries/impossible-worlds/.

[92] D. Gabbay, J. Woods (Eds.). *Logic and the Modalities in the Twentieth Century*. Amsterdam: Elsevier, 2006.

[93] F. J. Garijo, M. Boman. Subjective Situations//F. J. Garijo, M. Boman (Eds.). *Multi-Agent System Engineering*. MAAMAW 1999. Berlin: Springer, 1999: 210 – 220.

[94] J. Gerbrandy. The Surprise Examination in Dynamic Epistemic

Logic. *Synthese*, 2007, 155 (1): 21 - 33.

[95] E. Gettier. Is Justified True Belief Knowledge?. *Analysis*, 1963, 23 (6): 121 - 123.

[96] P. Gochet, P. Gribomont. Epistemic Logic//D. M. Gabbay, J. Woods (Eds.). *The Handbook of the History of Logic*. Vol. 7. Amsterdam: Elsevier, 2006: 99 - 196.

[97] S. Haack. The Justification of Deduction. *Mind*, 1976 (85): 112 - 119.

[98] S. Haack. Dummett's Justification of Deduction. *Mind*, 1982 (91): 216 - 239.

[99] J. Y. Halpern. Reasoning about Knowledge: An Overview// J. Y. Halpern (Ed.). *Theoretical Aspects of Reasoning about Knowledge. Proceedings of the 1986 Conference*. Los Altos, California: Morgan Kaufmann Pubishers, 1986: 1 - 17.

[100] J. Y. Halpern. Reasoning about Knowledge: A Survey//D. M. Gabbay, C. J. Hogger, J. A. Robinson (Eds.). *Handbook of Logic in Artificial Intelligence and Logic Programming*. Vol. 4. Oxford: Clarendon Press, 1995: 1 - 34.

[101] J. Y. Halpern, R. Pucella. Dealing with Logical Omniscience// *Proceedings of the 11th Conference on Theoretical Aspects of Rationality and Knowledge*. New York: ACM, 2007: 69 - 176.

[102] J. Y. Halpern, R. Pucella. Dealing with Logical Omniscience: Expressiveness and Pragmatics. Artificial Intelligence, 2011, 175 (1): 220 - 235.

[103] Vincent Hendricks, John Symons. Epistemic Logic//Edward N. Zalta (Ed.). *Stanford Encyclopedia of Philosophy* (Spring 2019 Edition). URL=https: //plato. stanford. edu/archives/spr2019/entries/logic - epistemic/.

[104] V. F. Hendricks. Active Agents. *Journal of Logic, Language and Information*. 2003, 12 (4): 469 - 495.

[105] V. F. Hendricks. *Mainstream and Formal Epistemology*. New York: Cambridge University Press, 2006.

[106] V. F. Hendricks, J. Symons. Where's the Bridge? Epistemology and Epistemic Logic. *Philosophical Studies*, 2006, 128 (1): 137 - 167.

[107] J. Hintikka. *Knowledge and Belief*: *An Introduction to the Logic of the Two Notions*. Ithaca, New York: Cornell University Press, 1962.

[108] J. Hintikka. Knowing that One Knows' Reviewed. *Synthese*, 1970, 21 (2): 141-162.

[109] J. Hintikka. Impossible Possible Worlds Vindicated. *Journal of Philosophical Logic*, 1975, 4 (3): 475-484.

[110] J. Hintikka. Situations, Possible Worlds, and Attitudes. *Synthese*, 1983, 54 (1): 153-162.

[111] J. Hintikka. Reasoning about Knowledge in Philosophy: The Paradigm of Epistemic Logic//J. Y. Halpern (Ed.). *Theoretical Aspects of Reasoning about Knowledge. Proceedings of the 1986 Conference*. Los Altos, California: Morgan Kaufmann Publishers, 1986: 63-80.

[112] J. Hintikka. A Second Generation Epistemic Logic and Its General Significance//V. F. Hendricks, K. F. Jørgensen, S. A. Pedersen (Eds.). *Knowledge Contributors*. Dordrecht: Springer, 2003: 33-55.

[113] J. Hintikka, M. B. P. Hintikka. The Logic of Epistemology and the Epistemology of Logic: Selected Essays. Dordrecht: Springer, 1989.

[114] M. O. Hocutt. Is Epistemic Logic Possible?. *Notre Dame J. Formal Logic*, 1972, 13 (4): 433-453.

[115] Z. Huang, K. Kwast. Awareness, Negation and Logical Omniscience//J. van Eijck (Ed.). Logics in AI. JELIA 1990. Berlin: Springer-Verlag, 1990: 282-300.

[116] M. Jago. Rule-based and Resource-bounded: A New Look at Epistemic Logic//T. Agotnes, N. Alechina (Eds.). *Proceedings of the Workshop on Logics for Resource Bounded Agents*. Nancy, France: FoLLI. 2006: 63-77.

[117] J. Jaspars. Logical Omniscience and Inconsistent Beliefs//M. de Rijke (Ed.). *Diamonds and Defaults*. Dordrecht: Springer, 1993: 129-146.

[118] A. N. Kaplan. *A Computational Model of Belief*. PhD. thesis, University of Rochester, 2000.

[119] A. N. Kaplan, L. K. Schubert. A Computational Model of Belief. *Artificial Intelligence*, 2000, 120 (1): 119-160.

［120］ D. Kaplan. A Problem in Possible-World Semantics//Walter Sinnott-Armstrong，Diana Raffman，Nicholas Asher (Eds.). *Modality, Morality and Belief: Essays in Honor of Ruth Barcan Marcus*. New York：Cambridge University Press，1995：41 - 52.

［121］ D. Kaplan，R. Montague. A Paradox Regained. *Notre Dame Journal of Formal Logic*，1960，1 (3)：79 - 90.

［122］ G. Keene. Omnipotence and Logical Omniscience. *Philosophy*，1987，62 (242)：527 - 528.

［123］ T. Kelly. The Rationality of Belief and Some Other Propositional Attitudes. *Philosophical Studies*，2002，110 (2)：163 - 196.

［124］ T. Q. Klassen，S. A. McIlraith，H. J. Levesque. Towards Tractable Inference for Resource-Bounded Agents. *2015 AAAI Spring Symposia*，Menlo Park：AAAI Press，2015.

［125］ K. Konolige. *A Deduction Model of Belief*. San Francisco：Morgan Kaufmann Publishers，1986.

［126］ K. Konolige. What Awareness Isn't：A Sentential View of Implicit and Explicit Belief//Joseph Y. Halpern (Ed.). *Theoretical Aspects of Reasoning about Knowledge, Proceedings of the 1986 Conference*. Los Altos：Morgan Kaufmann Publishers，1986：241 - 250.

［127］ B. Kooi，E. Pacuit. Logics of Rational Interaction//P. Girard，O. Roy，M. Marion (Eds.). *Dynamic Formal Epistemology*. Dordrecht：Springer，2011：5 - 32.

［128］ A. Kukla. Criteria of Rationality and the Problem of Logical Sloth. *Philosophy of Science*，1991，58 (3)：486 - 490.

［129］ H. E. Kyburg. Thinking about Reasoning about Know-ledge. *Minds and Machines*，1997，7 (1)：103 - 112.

［130］ G. Lakemeyer. Steps towards a First-Order Logic of Explicit and Implicit Belief//Joseph Y. Halpern (Ed.). *Theoretical Aspects of Reasoning about Knowledge, Proceedings of the 1986 Conference*. Los Altos：Morgan Kaufmann Publishers，1986：325 - 340.

［131］ G. Lakemeyer. Only Knowing in the Situation Calculus//Luigia Carlucci Aiello，Jon Doyle，Stuart C. Shapiro (Eds.). *Proceedings of the Fifth International Conference on Principles of Knowledge Rep-*

resentation and Reasoning (*KR'96*). Cambridge, Massachusetts: Morgan Kaufmann Publishers, 1996: 14 - 25.

[132] H. J. Lakemeyer, G. Levesque. Aol: A Logic of Acting, Sensing, Knowing, and only Knowing//Anthony G. Cohn, Lenhart K. Schubert, Stuart C. Shapiro (Eds.). *Proceedings of the International Conference on Principles of Knowledge Representation and Reasoning*. Cambridge, Massachusetts: Morgan Kaufmann Publishers, 1998: 316 - 327.

[133] K. Lambert. *Philosophical Problems in Logic: Some Recent Developments*. Dordrecht: Springer, 1970.

[134] R. Lavendhomme, T. Lucas. From Logical Omniscience to Partial Logical Competence//M. Bacharach, LA. Gerard-Varet, P. Mongin and H. S. Shin (Eds.). *Epistemic Logic and the Theory of Games and Decisions*. Dordrecht: Kluwer, 1997: 107 - 128.

[135] W. Lenzen. Recent Work in Epistemic Logic. *Acta Philosophica Fennica* , 1978 (30): 1 - 219.

[136] Wolfgang Lenzen. Epistemic Logic//I. Niiniluoto, M. Sintonen, J. Woleński (Eds.). *Handbook of Epistemology*. Dordrecht: Springer, 2004: 963 - 983.

[137] D. Lewis. *On the Plurality of Worlds*. Oxford: Blackwell, 1986.

[138] Jinhou Li, Jingping Jiang. Is Logical Omniscience Problem There or Not: A Critical View. *30th Annual Conference of IEEE Industrial Electronics Society*, 2004 (3): 2207 - 2212.

[139] B. L. Lipman. An Axiomatic Approach to the Logical Omniscience Problem//Ronald Fagin (Ed.). *Theoretical Aspects of Reasoning about Knowledge*, *Proceedings of the Fifth Conference* (TARK 1994). San Francisco: Morgan Kaufmann Publishers, 1994: 182 - 196.

[140] B. L. Lipman. Decision Theory without Logical Omniscience: Toward an Axiomatic Framework for Bounded Rationality. *Review of Economic Studies*, 1999, 66 (2): 339 - 361.

[141] L. Lismont, P. Mongin. On the Logic of Common Belief and Common Knowledge. *Theory and Decision*, 1994, 37 (1): 75 - 106.

[142] S. Lukes. Some Problems about Rationality. Cambridge, Mas-

sachusetts: The MIT Press, 1994.

[143] S. Luper. The Epistemic Closure Principle//E. N. Zalta (Ed.). *The Stanford Encyclopedia of Philosophy*. 2012, http: //plato.stanford.edu/archives/fall2012/entries/closure-epistemic.

[144] C. Lutz. Complexity and Succinctness of Public Announcement Logic//Hideyuki Nakashima, Michael P. Wellman, Gerhard Weiss, Peter Stone. *Proceedings of the 5th International Joint Conference on Autonomous Agents and Multiagent Systems*, 2006: 137-143.

[145] S. Maitzen. The Knower Paradox and Epistemic Closure. *Synthese*, 1998, 114 (2): 337-354.

[146] E. D. Mares. Who's Afraid of Impossible Worlds?. *Notre Dame Journal of Formal Logic*, 1997, 38 (4): 516-526.

[147] P. Marton. Achilles versus the Tortoise: The Battle over Modus Ponens (an Aristotelian Argument). *Philosophia*, 2004, 31 (3): 383-400.

[148] G. L. McArthur. Reasoning about Knowledge and Belief: A Survey. *Computational Intelligence*, 1988, 4 (3): 223-243.

[149] J. McCarthy. Circumscription—A Form of Non-Monotonic Reasoning. *Artificial Intelligence*, 1980, 13 (1/2): 27-39.

[150] J. McCarthy. Applications of Circumscription to Formalizing Common Sense Knowledge. *Artificial Intelligence*, 1986, 28 (1): 89-116.

[151] J. McCarthy, P. J. Hayes. Some Philosophical Problems from the Standpoint of Artificial Intelligence. *Machine Intelligence*, 1969 (4): 463-502.

[152] J.-J. Ch. Meyer. Epistemic Logic//L. Goble (Ed.). *The Blackwell Guide to Philosophical Logic*. Oxford: Wiley-Blackwell, 2001.

[153] J.-J. Ch. Meyer, W. van der Hoek. *Epistemic Logic for AI and Computer Science*. Cambridge: Cambridge University Press, 1995.

[154] A. Moreno. Avoiding Logical Omniscience and Perfect Reasoning: A Survey. *AI Communications*, 1998, 11 (2): 101-122.

[155] A. Moreno, U. Cortés, T. Sales. Subjective Situations//F. J. Garijo, M. Boman (Eds.). *Multi-Agent System Engineering*. MAAMAW 1999. Berlin:

Springer, 1999: 210 - 220.

[156] A. Moreno, U. Cortés, T. Sales. Avoiding Logical Omniscience by Using Subjective Situations//M. Ojeda-Aciego, I. P. de Guzmán, G. Brewka, L. Moniz Pereira (Eds.). *Logics in Artificial Intelligence* (JELIA 2000). Berlin: Springer-Verlag, 2000: 284 - 299.

[157] A. Moreno, U. Cortés, T. Sales. Inquirers: A General Model of Non-Ideal Rational Agents. *International Journal of Intelligent Systems*, 2000 (15): 197 - 215.

[158] A. Moreno, U. Cortés, T. Sales. Modeling Rational Inquiry in Non-Ideal Agents. *AI Communications*, 2001, 14 (1): 63 - 64.

[159] A. Moreno, U. Cortés, T. Sales. Subjective Situations and Logical Omniscience. *Studia Logica*, 2002, 72 (1): 7 - 29.

[160] A. Moreno. *How to Avoid Knowing it All*. Research Report DEI-RR - 97 - 013, Computer Science Department, Universitat Rovirai Virgili, 1997.

[161] A. Moreno, T. Sales. Limited Logical Belief Analysis//L. Cavedon, A. Rao, W. Wobcke (Eds.). *Intelligent Agent Systems: Theoretical and Practical Issues*. IAS 1996. Berlin: Springer, 1996: 104 - 118.

[162] Antonio Moreno. *Modeling Rational Inquiry in Non-Ideal Agents*. PhD. thesis, Universitat Polit ecnica De Catalunya, 2000.

[163] L. Morgenstern. A First Order Theory of Planning, Knowledge, and Action//Joseph Y. Halpern (Ed.). *Theoretical Aspects of Reasoning about Knowledge, Proceedings of the 1986 Conference*. Los Altos: Morgan Kaufmann Publishers, 1986: 99 - 114.

[164] M. Morreau, S. Kraus. Syntactical Treatments of Propositional Attitudes. *Artificial Intelligence*, 1998, 106 (1): 161 - 177.

[165] Y. Moses. Resource-Bounded Knowledge//Moshe Y. Vardi (Ed.). *Proceedings of the 2nd Conference on Theoretical Aspects of Reasoning about Knowledge*. San Francisco: Morgan Kaufmann Publishers, 1988: 261 - 275.

[166] I. Niiniluoto, M. Sintonen, J. Wolénski. *Handbook of Epistemology*. Boston: Springer, 2004.

[167] D. Nolan. Impossible Worlds: A Modest Approach. *Notre Dame*

Journal of Formal Logic, 1997, 38 (4): 535 - 572.

[168] D. E. Over. On Kripke's Puzzle. *Mind*, 1983 (92): 253 - 256.

[169] R. Parikh. Knowledge and the Problem of Logical Omniscience//Zbigniew W. Ras, Maria Zemankova (Eds.). *Proceedings of the Second International Symposium on Methodologies for Intelligent Systems*. Amsterdam: North - Holland, 1987: 432 - 439.

[170] R. Parikh. Recent Issues in Reasoning about Knowledge//Rohit Parikh (Ed.). *Theoretical Aspects of Reasoning about Knowledge, Proceedings of the 3rd Conference*. San Francisco, CA: Morgan Kaufmann, 1990: 3 - 10.

[171] R. Parikh. Logical Omniscience//D. Leivant (Ed.). *Logic and Computational Complexity. LCC 1994*. Berlin: Springer, 1994: 22 - 29.

[172] R. Parikh. Social Software. *Synthese*, 2002, 132 (3): 187 - 211.

[173] R. Parikh. Logical Omniscience and Common Knowledge: WHAT Do We Know and What do WE Know? //Ron van der Meyden (Ed.). *Theoretical Aspects of Rationality and Knowledge. Proceedings of the 10th Conference*. Singapore: National University of Singapore, 2005: 62 - 77.

[174] R. Parikh. Sentences, Belief and Logical Omniscience, or What Does Deduction Tell Us? //Horacio Arló-Costa, Vincent F. Hendricks, Johan van Benthem (Eds.). *Readings in Formal Epistemology*. Cham: Springer, 2016: 627 - 647.

[175] P. Girard, O. Roy, M. Marion (Eds.). *Dynamic Formal Epistemology*. Dordrecht: Springer, 2011.

[176] G. Priest. Contradiction, Belief and Rationality. *Proceedings of the Aristotelian Society*, 1985 (86): 99 - 116.

[177] G. Priest. What's So Bad about Contradictions. *The Journal of Philosophy*. 1998, 95 (8): 410 - 426.

[178] G. Priest, J. C. Beall, B. P. Armour Garb (Eds.). *The Law of Non-Contradiction: New Philosophical Essays*. Oxford: Clarendon Press, 2004.

[179] R. Pucella. *Reasoning about Resource - Bounded Knowledge*. PhD. thesis, Cornell University, 2004.

［180］ W. Quine. Intensions Revisited. *Midwest Studies in Philosophy*，1977 (2)：5－11.

［181］ V. Rantala. Impossible Worlds Semantics and Logical Omniscience. *Acta Philosophica Fennica*，1982 (35)：106－115.

［182］ M. S. Rasmussen. Dynamic Epistemic Logic and Logical Omniscience. *Logic and Logical Philosophy*，2015 (24)：377－399.

［183］ R. Reiter. The Frame Problem in the Situation Calculus：A Simple Solution (Sometimes) and a Completeness Result for Goal Regression//Vladimir Lifschitz (Ed.). *Artificial Intelligence and Mathematical Theory of Computation*：*Papers in Honor of John McCarthy*. San Diego，CA：Academic Press，1991：359－380.

［184］ R. Reiter. *Knowledge in Action*：*Logical Foundations for Specifying and Implementing Dynamical Systems*. Cambridge，MA：The MIT Press，2001.

［185］ N. Rescher. *Epistemic Logic*：*A Survey of the Logic of Knowledge*. Pittsburgh：University of Pittsburgh Press，2005.

［186］ J. Rivieres，H. J. Levesque. The Consistency of Syntactical Treatments of Knowledge (How to Compile Quantificational Modal Logics into Classical FOL). *Computational Intelligence*，1988，4 (1)：31－41.

［187］ F. H. Robert. Logical Omniscience，Semantics，and Models of Belief. *Computational Intelligence*，1988，4 (1)：17－30.

［188］ G. N. Schlesinger. *The Range of Epistemic Logic*. New Jersey：Humanities Press，1985.

［189］ D. Scott. Advice on Modal Logic//K. Lambert (Ed.). *Philosophical Problems in Logic*. Dordrecht：Springer，1970：143－173.

［190］ K. M. Sim. Epistemic Logic and Logical Omniscience：A Survey. *International Journal of Intelligent Systems*，1997，12 (1)：57－81.

［191］ K. M. Sim. Epistemic Logic and Logical Omniscience II：A Unifying Framework. *International Journal of Intelligent Systems*，2000 (15)：129－152.

［192］ W. Sinnott-Armstrong，R. B. Marcus，D. Raffman，and N. Asher. *Modality*，*Morality*，*and Belief*：*Essays in Honor of Ruth Barcan*

Marcus. New York: Cambridge University Press, 1995.

[193] N. Skovgaard-Olsen. The Problem of Logical Omniscience, the Preface Paradox, and Doxastic Commitments. *Synthese*, 2017, 194 (3): 917 - 939.

[194] D. Smithies. Ideal Rationality and Logical Omniscience. *Synthese*, 2015 (192): 1 - 25.

[195] R. Sorensen. Formal Problems about Knowledge//P. K. Moser (Ed.). *The Oxford Handbook of Epistemology*. Oxford: Oxford University Press, 2002: 539 - 595.

[196] D. Sosa. The Import of the Puzzle about Belief. *Philosophical Review*, 1996, 105 (3): 373 - 402.

[197] R. Stalnaker. The Problem of Logical Omniscience I. *Synthese*, 1991, 89 (3): 425 - 440.

[198] R. Stalnaker. Impossibilities. *Philosophical Topics*, 1996, 24 (1): 193 - 204.

[199] R. Stalnaker. *Context and Content*. New York: Oxford University Press, 1999.

[200] R. Stalnaker. The Problem of Logical Omniscience II//R. Stalnaker. *Context and Content*. New York: Oxford University Press, 1999: 255 - 274.

[201] R. Stalnaker. On Logics of Knowledge and Belief. *Philosophical Studies*, 2006, 128 (1): 169 - 199.

[202] B. Stroud. Inference, Belief, and Understanding. *Mind*, 1979, 88 (1): 179 - 196.

[203] P. F. Syverson. An Epistemic Logic of Situations: Extended Abstract//Ronald Fagin (Ed.). *Theoretical Aspects of Reasoning about Knowledge, Proceedings of the Fifth Conference* (TARK 1994). San Francisco, CA: Morgan Kaufmann Publishers, 1994: 109 - 121.

[204] W. Taschek. Would a Fregean be Puzzled by Pierre?. *Mind*, 1988, 97 (385): 99 - 104.

[205] R. H. Thomason. A Note on Syntactical Treatments of Modality. *Synthese*, 1980, 44 (3): 391 - 395.

[206] J. F. Thomson. What Achilles Should Have Said to the Tor-

toise//Steven Cahn (Ed.). *Thinking about Logic: Classic Essays*. New York: Routledge, 2011: 3 - 8.

[207] G. Uzquiano. The Paradox of the Knower without Epistemic Closure?. *Mind*, 2004, 113 (449): 95 - 107.

[208] J. van Benthem. Epistemic Logic and Epistemology: The State of Their Affairs. *Philosophical Studies*, 2006, 128 (1): 49 - 76.

[209] J. van Benthem. *Situation Calculus Meets Modal Logic*. Technical Report PP - 2007 - 02, ILLC, Amsterdam, 2007.

[210] W. van der Hoek, R. Verbrugge. Epistemic Logic: A Survey. *Game Theory and Applications*, 2002 (8): 53 - 94.

[211] W. van der Hoek, M. Wooldridge. Towards a Logic of Rational Agency. *Logic Journal of IGPL*, 2003, 11 (2): 135 - 159.

[212] Hans van Ditmarsch, Joseph Y. Halpern, Wiebe van der Hoek, and Barteld Kooi (Eds.). *Handbook of Epistemic Logic*. Milton Keynes: College Publications, 2015.

[213] H. van Ditmarsch, A. Herzig, T. de Lima. Optimal Regression for Reasoning about Knowledge and Actions//Anthony Cohn (Ed.). *Proceedings of the 22nd Conference on Artificial Intelligence (AAAI - 07)*. Menlo Park: AAAI Press, 2007: 1070 - 1075.

[214] H. van Ditmarsch, W. van der Hoek, B. P. Kooi. *Dynamic Epistemic Logic*. Dordrecht: Springer, 2007.

[215] H. P. van Ditmarsch, W. van der Hoek, B. P. Kooi. Playing Cards with Hintikka: An Introduction to Dynamic Epistemic Logic. *The Australasian Journal of Logic*, 2005 (3): 108 - 134.

[216] D. A. Vander Laan. The Ontology of Impossible Worlds. *Notre Dame Journal of Formal Logic*, 1997, 38 (4): 597 - 620.

[217] D. Vanderveken. Neither Logically Omniscient nor Completely Irrational Agents: Principles for a Fine - Grained Analysis of Propositional Attitudes and Attitude Revision//P. Girard, O. Roy, M. Marion (Eds.). *Dynamic Formal Epistemology*. Dordrecht: Springer, 2011: 227 - 237.

[218] M. Y. Vardi. On Epistemic Logic and Logical Omniscience// Joseph Y. Halpern (Ed.). *Theoretical Aspects of Reasoning about Knowledge, Proceedings of the 1986 Conference*. Los Altos, California:

Morgan Kaufmann Publishers, 1986: 293 - 305.

[219] M. Y. Vardi. On the Complexity of Epistemic Reasoning//Rohit Parikh (Ed.). *Proceedings of the Fourth Annual Symposium on Logic in Computer Science*. Menlo Park: AAAI Press, 1989: 243 - 252.

[220] W. H. R. Verbrugge. Epistemic Logic: A Survey. *Game Theory and Applications*, 2002 (8): 53 - 94.

[221] F. Voorbraak. The Logic of Objective Knowledge and Rational Belief//J. van Eijck (Ed.). Logics in AI. JELIA 1990. Berlin: Springer-Verlag, 1990: 499 - 515.

[222] R. J. Wang. Knowledge, Time, and the Problem of Logical Omniscience. *Fundamenta Informaticae*, 2011, 106 (2): 321 - 338.

[223] H. Wansing. A General Possible Worlds Framework for Reasoning about Knowledge and Belief. *Studia Logica*, 1990, 49 (4): 523 - 539.

[224] H. Wansing. A Reduction of Doxastic Logic to Action Logic. *Erkenntnis*, 2000, 53 (1): 267 - 283.

[225] T. A. Warfield. When Epistemic Closure does and does not Fail: A Lesson from the History of Epistemology. *Analysis*, 2004, 64 (281): 35 - 41.

[226] M. Whitsey. Logical Omniscience: A Survey. Unpublished Paper, 2003.

[227] William G. Lycan. *Modality and Meaning*. Dordrecht: Kluwer Academic, 1994.

[228] M. Wooldridge. An Abstract General Model and Logic of Resource-Bounded Believers//Michael T. Cox and Michael Freed (Eds.). *Representing Mental States and Mechanisms—Proceedings of the 1995 AAAI Spring Symposium*. Menlo Park, California: AAAI Press, 1995: 136 - 141.

[229] M. Wooldridge, N. R. Jennings. Agent Theories, Architectures, and Languages: A Survey//M. Wooldridge, N. R. Jennings (Eds.). *Intelligent Agents*. ATAL 1994. Berlin: Springer, 1995: 1 - 39.

[230] M. J. Wooldridge. *The Logical Modeling of Computational Multi - Agent Systems*. PhD. thesis, The University of Manchester, 1992.

[231] K. J. Wu. On (c. kk*) and the KK-Thesis. *Journal of Philo-*

sophical Logic，1975，4 (1)：91－95.

［232］Takashi Yagisawa. *Worlds and Individuals*，*Possible and Otherwise*. New York：Oxford University Press，2010.

［233］A. Yap. Idealization，Epistemic Logic，and Epistemology. *Synthese*，2014，191 (14)：3351－3366.

索　引

G

H

J

K

L

M

N

P

Q

R

S

T

W

X

Y

Z

后　记

偶然之间走进了逻辑之门，注定要结下不解之缘。听够了蛙声鸟叫，看腻了山清水秀，在换一种活法的引诱下，2001 年我从奋斗了八年的家乡讲台走进了南大这座宝塔，踏上了逻辑旅途。初来南大时，4 月的天，一阵小雨把校园装扮得格外清新美丽。那行色匆匆的莘莘学子和主干道两旁的参天大树相互辉映，构成一道亮丽的风景。我为之动容。此情此景下，我初识了南大逻辑学教研室的老师们。我深知自己的根基，老师们对我的宽容让我潸然泪下。金色的初秋没有夏日的骄阳与炎热，在收获的喜悦之后，我不敢懈怠，因为笨鸟要飞起来是要勤奋的。老师们的宽与严，同学之间的情谊，给三年硕士生的读书生活涂上了一道道亮丽的色彩，至今还历历在目。宛如儿时奢侈的冰棍，还是这么回味无穷。转眼之间，博士生的读书生活也要在 2008 年的驿站上终结。在驿站短暂休憩时，回头检索一下自己这几年来的大事，实在是没有可圈可点的，而老师们的宽与严，同学之间的情谊，依然是点击率最高的。

说到宽严相济的各位恩师，我首先要向授业导师张建军教授表达感激之情。入学之初，先生给我们布置了读书任务，其实也不是特别艰难，我们没有下十分的功夫，自然不能按质按量达标。先生有点失望，特意留下一段时间给我们讲王浩先生的故事，而后讲做学问的风范。其实，先生自己体味出来的“三十二字方针”，就是一个典范。当我遇到一个疑难弄不通的时候，先生总是轻轻地说，“慢慢来，不用急”，一个对学生宽厚有加的胸怀，溢于言表之中。如先生所说，做学问最需要尽心静心。我为生计所迫，来回穿梭于南京、湘潭两地，不能时常享受到先生的深邃思想，实为遗憾。我一回来，只要一有空，先生就与我揣摩论文。从材料到观点，从文眼到篇章布局，无不渗透着先生的一片心血。论文进入焦灼状态之时，先生的一席之谈让我茅塞顿开。论文的形成各阶段，都是经过先生的修改，每次修改，论文就重生一次。其情其景，难能不为之动容。

杜国平教授是我的硕士生导师，良师益友，不为过。先生有一句名言：十二分的要求，十分的努力，八分的效果。一句话彰显先生的胸怀。良师不用多表，学生深受其益。先生的学识与睿智，无不让我倾倒。他的求学之路，永远都鼓励我这个已经快奔四而依旧没有立业的人。

其他的先生也是一样，我就不一一表述。衷心感谢郁幕镛教授、潘天群教授、王克喜教授、王义师等授业恩师。感谢为我们创造求学条件的南大哲学系各位老师。感谢湘潭大学的王向清教授对我的生活、工作倍加关照，在我人生非常艰难之时伸出援助之手，让我在人生异地备感温暖。感谢台湾“中央研究院”的沈观茂教授无私地将资料发送给我。同时对帮助过我的同学也一并表示感谢：顿新国、夏素敏、贾国恒、张高荣、夏卫国、张立娜、唐允、蔡亦骅、傅光全、张志武等，还要特别感谢肖雷波、周龙生，是他们不厌其烦地帮我借书、复印、下载电子资料。在这里还要感谢刘小力、吕清平，在我来宁期间替我解决一些生活上的问题，同时为我的论文写作无偿提供电脑，患难真情，莫过于此。同时将这份迟到的感谢送给远在老家的朋友刘晓春，远在北京的朋友符爱明，他们在需要援助之时毫不犹豫地拉我一把，其暖如雪中送炭，其甘如饴。

最后，感谢我的父母亲为我做出的奉献，从小到大一如既往地支持我的求学，“新起点，新奋斗”，从乡村教师到大学教员，是他们的鼓励让我走到今天。同时感谢妻子为我做出的牺牲，她人如其名：色如玉，香如兰，黄玉兰也；更为之动容之处乃是自己求学之时，她还得相夫教子，其担之重实难言表。而在双双求学期间，经济之窘迫，同嚼菜根，同住陋室，徒有四壁，清贫之状，非常人所能忍受，但她毫无怨言。最后将感谢之情献给可爱的儿子，在我前往南京求学之时常说：“你要好好学习，不用挂念我们。”其言其行，终生难忘。

谨将此书献给所有关爱我的人！

图书在版编目（CIP）数据

逻辑全能问题研究/陈晓华著．--北京：中国人民大学出版社，2023.11

国家社科基金后期资助项目

ISBN 978-7-300-32259-9

Ⅰ.①逻… Ⅱ.①陈… Ⅲ.①逻辑学—研究 Ⅳ.①B81

中国国家版本馆 CIP 数据核字（2023）第 203152 号

国家社科基金后期资助项目

逻辑全能问题研究

陈晓华　著

Luoji Quanneng Wenti Yanjiu

出版发行	中国人民大学出版社		
社　　址	北京中关村大街 31 号	**邮政编码**	100080
电　　话	010－62511242（总编室）		010－62511770（质管部）
	010－82501766（邮购部）		010－62514148（门市部）
	010－62515195（发行公司）		010－62515275（盗版举报）
网　　址	http://www.crup.com.cn		
经　　销	新华书店		
印　　刷	唐山玺诚印务有限公司		
开　　本	720 mm×1000 mm　1/16	**版　　次**	2023 年 11 月第 1 版
印　　张	15.5 插页 2	**印　　次**	2023 年 11 月第 1 次印刷
字　　数	253 000	**定　　价**	78.00 元